TQMの考え方とその推進

光藤義郎 著

日科技連

はじめに―自己診断も兼ねて―

　表1のチェック表はTQMを導入／推進している企業の社員が常々感じている，ある意味でホンネを表した言葉を集めたものである．
　読者のみなさんは，これらの意見に対してどう思うだろうか？
　まずはあまり深く考えず，直感的に判断して，以下の記号を各々のチェック欄に記入してみてほしい．
　　○：そうだ．その通りだと思う
　　×：いや，その考え方は間違っていると思う
　　？：よくわからない
　さあ，チェックした結果はどうなっただろうか？
　○や？がどのくらい付いただろう．また，○や？の付いた項目にはどんなものがあっただろうか．もし，○や？の数が多いようであれば，まずは本書に書いてあることをしっかり読んで，真のTQMに対する理解度を深めてほしい．逆に，ほとんどの項目に×を付けた読者であれば，あなたはすでにTQMに対する正しい理解がある程度できていると自負してよいと思われる．とはいえ，さらにその理解度を深める意味で，改めて本書で復習し，確認してもらいたい．
　なお，このチェック表は個人レベルの自己診断にも役立つが，ある程度の人数がいる組織の構成員に対して行うと，その回答分布の形状によって，その組織のTQMに対する理解度の傾向をつかむことができる(図1)．もし，この分布が右の方に大きく偏った形を呈していたら，その組織はかなりTQMに対する誤解があるということになり，逆にこの分布が左の方に大きく偏っていたら，その組織はTQMに対する理解度がすでに十分あるということになろう．

はじめに―自己診断も兼ねて―

表1 TQM理解度チェック表

TQMに対する意見・疑問・考え方	チェック
1. TQMといっても，もともとは品質管理だ．モノを作っている会社（部門）がやればいい．ウチのようなサービスを提供する会社（部門）には**必要ない**	
2. 定型的な仕事が継続しているようなところではやりやすい．ウチみたいに**非定型的な仕事**ばかりしているところに TQM はなじまない	
3. 何で今更 TQM なのか，もっと外にやるべきことがあるはずだ	
4. トップがやると言うから**仕方なし**にやっているが，本音を言えばこんなことして何になるのかといつも思っている	
5. 本に書いてあるから／先生が言ったからでは**納得できない**．なぜそうしなければならないのか理由がわからない	
6. オレは元々**形式が大嫌いだ**．なぜ型にはめようとするのか	
7. 会社が決めたことだからどうしようもない．取りあえずやってるフリだけしておくか	
8. "悪さを出せ"なんて，本気で言っているとは思えない．**本音**はやっぱり"クサイモノにはフタ"じゃないのか	
9. 改善なんてもう古い．そんなことしてたら世の中のスピードには追い付けない	
10. あの指導会とか発表会なんか時間のムダだ．早くやめてほしい	
11. "**TQM＝資料作り**"じゃないか．つまらない資料ばかりが増えて肝心の仕事が全然進まない	
12. TQM なんかやらなくたって優れた会社が世の中には一杯ある．なんでウチがやらなきゃいけないのか	
13. 責任がないから勝手なことが言えるんだ．**実務を知らない**大学の先生に何がわかるか	
14. データ，データとうるさいな．データなんかなくたって仕事はできるんだ	
15. "管理"って，結局は人をしばることでしょ	
16. TQM をやり出してからどうもみんな，萎縮してしまい，**おおらかさ**がなくなった	
17. 折角やる気があったのに，TQM がみんなのやる気を削いでしまった	
18. ただでさえ**忙しい**のに，そんなことやっていられるか．そんなにやりたきゃ自分でやればいいんだ	
19. TQM は自由な発想や**創造性**を阻害するので，ウチみたいな**技術中心**の会社（部門）には適さない	
20. ウチは ISO 9001 を取ったから TQM なんかやらなくてもいいんだ	
21. QC サークルの発表を聞いていると，何かウサン臭さをいつも感じてしまう	

はじめに—自己診断も兼ねて—

	TQM に対する意見・疑問・考え方	チェック
22.	ゴチャゴチャ言わないでほしいな，**オレにはオレのやり方があるん**だから	
23.	プロセスがどうだこうだと言うが，**結局は結果が良ければそれでい**いんじゃないのか	
24.	本当に品質第一なのか，**企業はやっぱり利益第一**じゃないのか	
25.	問題解決ばかりやっていても会社は良くならない，**今必要なのは改革**だ	
26.	ほんの少しの辛抱だ，嵐が過ぎ去るまで**ガマン**，**ガマン**	
27.	やりたい奴だけやればいい，**オレはやらないよ**	
28.	トップや先生の前ではカッコいい話ばっかりするが，**実態は全然違**うじゃないか	
29.	**山のような標準**はできたけど，そこに書いてあることと実際にやっていることとは全然違うじゃないか	
30.	改善改善と言うけれど，肝心の TQM 自体が何も改善されていないじゃないか．もう何年同んじことをやらせるんだ，**マンネリ化も**いいとこだ	

〈集計〉

○	×	?
／30	／30	／30

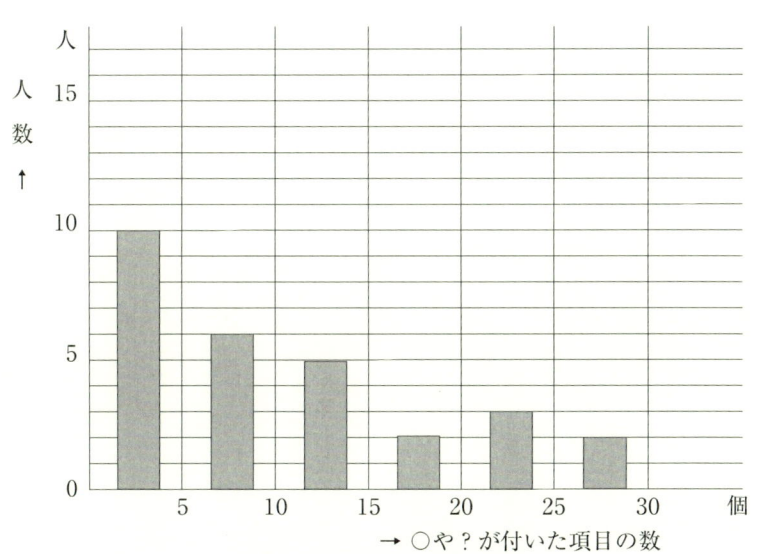

図1　TQM 理解度分布の例

v

はじめに―自己診断も兼ねて―

　バブル崩壊後,「失われた10年」を経て, 21世紀に突入して早十数年, 日本の企業を取り巻く経営環境は, バブル後遺症による金融不安, 米国流会計制度への大幅な変更, 国際テロに端を発した世界同時不況など, すさまじい変化を見せ, しかも, その変化がおどろく程のスピードで進んでいくため, 各企業は, 基本的価値観から始まって経営管理の思想/パラダイム/方法論など, あらゆる面にわたって大幅な見直しを早急, かつ根本的に行う必要性に迫られてきた.

　このように, 企業経営そのものが根本からの改革/変革を求められるようになってきた現在, 経営管理のツールとして位置付けられるTQMも同様の観点で自らの改革/変革を大幅かつスピーディーに行っていかなければならない. もし, TQMがこのような世の中の変化に対応できず, 従来の延長線上の発想や考え方/方法論から脱却できないとすると, 早晩, 経営管理の道具立てから消えていく運命をたどる可能性も高い.

　しかし, TQMが培ってきた考え方や方法論の中には, 世の中がどう変化しようと, 今後とも組織の経営管理にとって有効かつ不可欠なものが数多く含まれていることも確かである. したがって, そういった有効性の高いものをうまく引き出すとともに, 時代のニーズに合わないものは思い切って改良/改善していくことが大切である. 言い換えれば, そのような改革/変革をより積極的に推し進めていくことが, TQMを重要な経営管理のツールとするものの責任とも言えるし, それがまた, 結果としてTQM自体の改革/変革にもつながるものと確信する.

　そこで本書は, TQMの考え方や方法論のうち, 組織の経営管理にとって特に役立つと思われるものを厳選するとともに, 今の時代ニーズに対応できるよう必要と思われる改良/改善を適宜加え, その基本から推進のしかたまでを網羅的にまとめることとした.

　本書の構成は大きく第Ⅰ部と第Ⅱ部に分かれている.

　第Ⅰ部は, 主にTQMの基本的考え方や, その中核である品質保証についてまとめてある. また第Ⅱ部はTQMを組織の中に展開していく際の推進方法や考え方を中心に記述してある.

はじめに—自己診断も兼ねて—

したがい，TQMの基本から学びたいと思っている読者は，第Ⅰ部から順を追って読んでいただくことをお薦めする．一方，ある程度TQMのことは理解できていて，むしろその推進に悩んでいるといったような読者の場合は，第Ⅰ部はリファレンスする程度にとどめ，第Ⅱ部を中心に読んでいただければよいだろう．

今回は，紙幅の都合でかなりの部分を省略あるいは簡略化せざるを得なかった．その結果，舌足らずになった部分や，論理の飛躍とも思えるような記述がアチコチに出てしまった点も否めない．すべて筆者の不徳といたすところであり，ご容赦いただければ幸いである．いずれ機会があれば，省略／簡略化した部分について改めて記述していきたい．

本書が何とか形あるものとして出版の運びまで辿り着けた背景には，学生時代から今日に至るまで30有余年に亘って筆者をご指導／育成いただいた池澤辰夫先生（早稲田大学名誉教授）および狩野紀昭先生（東京理科大学名誉教授）の存在が何よりも大きい．この両先生の存在なくして現在の筆者は存在しなかったし，本書の出版もなかったであろう．当然，本書に記したTQMに関する多くの記述や考え方も両先生から学んだ数限りない知見がそのベースとなっている．特に重要と思われる箇所については，脚注に両先生からいただいた貴重な知見であることを記載したつもりだが，両先生の知見が余りにも膨大なため，そのすべてをオチ／モレなく記載できたかどうかは甚だ不安である．この場を借りて，その非礼を心からお詫びするとともに，長年に亘るご指導・ご鞭撻に心から感謝の意を表したい．

さらに，筆者自身のTQM像がこのような形で形成されてきた過程には，池澤／狩野両先生を初めとして，山岡建夫氏（JUKI㈱最高顧問），上田日出海氏（元JUKI）など，実に多くの方々との相互交流／相互啓発／情報交換／検討・討論／助言／切磋琢磨といったTQM生成プロセスの存在があったことを述べておかねばならない．これら関係のあったすべての方々との交流やご指導・ご支援・ご助言があったればこそ，本書は誕生で

きたものと確信している．この場を借りて，関係のあったすべての方々に対し，深く感謝申し上げる．

　最後に，筆の遅い筆者を叱咤激励していただいた日科技連出版社出版部の方々に，この場を借りてお礼申し上げる．本書が無事刊行の日を迎えられたのもすべて出版部の方々のご協力のおかげで，改めてここに感謝申し上げる．

2014年1月

光藤 義郎

TQMの考え方とその推進
目次

はじめに―自己診断も兼ねて―　iii

第Ⅰ部　TQMの基本

第1章　TQM発展の歴史―その考え方の変遷―　3

1.1　品質および保証概念の誕生 3
　1.1.1　モノの売買における責任と主張の関係　3
1.2　品質の意味の拡大 7
1.3　品質保証方法の変遷 10
1.4　品質保証のしくみ化 14
　1.4.1　品質を保証するための活動(デミングサイクル)　14
　1.4.2　品質活動を組織に展開し「見える化」する(品質保証体系図)　16
1.5　品質保証のための組織とその役割 19
　1.5.1　組織の形　19
　1.5.2　品質保証に関するヨコ糸の機能　20
　1.5.3　品質保証のための部門横断的組織体の必要性　21

第2章　TQMを支える基本的な考え方　23

2.1　全体観 23
2.2　Qの考え方(Quality thinking) 24
　2.2.1　品質第一／品質最優先　24
　2.2.2　マーケットイン／お客様第一／お客様満足／Win-Win　26

ix

目 次

　　2.2.3　後工程はお客様　　27
2.3　M の考え方（Management thinking）………………………28
　　2.3.1　目的志向　　28
　　2.3.2　PDCA サイクル／管理のサイクル　　29
　　2.3.3　プロセス管理／システム志向　　31
　　2.3.4　源流管理　　32
　　2.3.5　再発防止／未然防止／予測予防　　34
　　2.3.6　潜在問題の顕在化　　35
　　2.3.7　問題の認識と解決（問題解決型 QC ストーリー）　　36
　　2.3.8　課題の設定と達成（課題達成型 QC ストーリー）　　39
　　2.3.9　標準化　　41
2.4　S の考え方（Statistical thinking）………………………………42
　　2.4.1　事実に基づく活動　　42
　　2.4.2　パレートの原則／重点志向　　43
　　2.4.3　バラツキの管理　　45
　　2.4.4　三現主義　　47
　　2.4.5　母集団とサンプル　　48
2.5　T の考え方（Total thinking）……………………………………50
　　2.5.1　総合的な視点　　50
　　2.5.2　トップダウンとボトムアップ　　52
　　2.5.3　部門別管理と機能別管理　　54
　　2.5.4　全部門／全員が積極的に関わる活動　　55
　　2.5.5　人間性尊重／人重視　　57

第 3 章　TQM と品質保証　　59

3.1　品質保証活動の概要……………………………………………59
　　3.1.1　品質保証の意味　　59
　　3.1.2　品質保証活動の基本　　59

3.1.3 品質目標の設定とその管理　60
3.1.4 総合的品質管理(TQM)の実践　60
3.1.5 継続的改善　60
3.1.6 製品法規制などの順守　61
3.1.7 品質保証の機能と体系　61

3.2 要素別品質保証における TQM の実践 … 68

3.2.1 評価／監査／検査の TQM　68
3.2.2 計測管理と TQM　70
3.2.3 品質情報管理と TQM　70
3.2.4 安全性管理(PL 管理を含む)と TQM　78
3.2.5 信頼性管理と TQM　81
3.2.6 環境性管理と TQM　85
3.2.7 品質コストと TQM　86
3.2.8 変化点管理(初物管理を含む)と TQM　87
3.2.9 初期流動管理と TQM　89
3.2.10 設備管理と TQM　90
3.2.11 物流(量)管理と TQM　91
3.2.12 アウトソーシングと TQM　92
3.2.13 教育／訓練と TQM　93
3.2.14 品質トラブル処理と TQM　94

第Ⅱ部　TQM の推進

第4章　TQM 推進の基本　101

4.1 TQM 推進の基本構造 … 101

4.1.1 TQM の推進とは　101
4.1.2 TQM 推進の基本構造　102

4.2 TQM 推進の戦略と計画 103
4.2.1 戦略と計画の違い　104
4.2.2 TQM 推進の戦略とは　107
4.2.3 TQM 推進計画とは　108
4.3 TQM 推進組織とその運営 108
4.3.1 TQM 推進組織の形　108
4.3.2 TQM 推進組織の運営　110
4.4 方針管理／日常管理とその推進 111
4.4.1 方針管理の考え方　111
4.4.2 日常管理の考え方　141
4.4.3 方針管理／日常管理を推進していく上での留意点　151
4.5 標準化とその推進 170
4.5.1 標準化を巡るいくつかの課題　170
4.5.2 社内標準化のあり方　175
4.5.3 社内標準化を推進していく上でのアイデア　183
4.6 品質教育とその推進 184
4.6.1 教育を仕かける側から見た問題　184
4.6.2 教育を受ける側から見た問題　187
4.6.3 教育をめぐる課題とその処方箋　189

第 5 章　TQM 推進のキーポイント　203

5.1 TQM の受け止め方 203
5.1.1 まずは知ることからスタート　204
5.1.2 知るレベルを理解するレベルに引き上げる　204
5.1.3 「共感」／「納得」をベースに受け止める　206
5.1.4 一般と特殊の違いを認識する　207
5.1.5 ニーズ(必要性)を元に導入の目的を明確化する　208
5.1.6 TQM の何が役立つかを考える　209

  5.1.7 役立たせるための工夫をする 210
  5.1.8 TQM 自体の PDCA を回す 211
 5.2 状況の違いによって TQM の進め方は変わるか 211
  5.2.1 「導入期」／「推進期」／「定着期」による違い 212
  5.2.2 組織機能による違い 213
  5.2.3 組織の階層による違い 215
  5.2.4 業種／業態による違い 216
 5.3 TQM 推進の極意 219
 5.4 TQM 推進におけるその他のポイント 237

付表 249
おわりに 263
参考文献 265
索引 267

第Ⅰ部

TQM の基本

第1章
TQM 発展の歴史
―その考え方の変遷―

　総合的品質経営(TQM：Total Quality Management)のオリジンは品質管理であり，品質管理誕生のもとは，品質保証にある．したがって，TQM 発展の歴史を語ることは，品質保証発展の歴史を語ることとほぼイコールとなる．もちろん，TQM は手段の体系であるから，品質保証のためだけでなく，他の多くの目的にも活用可能であるが，本書では理解しやすくするため品質保証を中心に話を進めていくこととする．

1.1　品質および保証概念の誕生

1.1.1　モノの売買における責任と主張の関係

　まず，見通しをよくするため，身近な事例を以下にいくつか紹介してみよう．

例-1)　おにぎり3個　　　腹を空かした子供が5人

3個の奪い合い，力の強さが支配する

例-2)　ベニスの商人　　　競売

一番金を払う者に売る，売りたくない者には売らない

例 - 3)　お腹空いた，飯でも食おう，A 店は行列，B，C 店はガラガラ，でも時間がない…

まあ，どこでもいいか　⇒　ゲッ，マズイ，でも仕方ないか

例 - 4)　閉店間際，一山 100 円のリンゴ

半分近くは腐っていた　⇒　一山 100 円だから仕方ないか

これらの事例からわかることは，
- 供給＜需要という状況下では……，
  　手に入るだけで満足してしまうので，質以前の問題となる
- 供給＝需要（選択権は買手側）という状況下では……，
  　買った方の責任ということで，リスクは買手が負うことになる

結局，このようなシチュエーションでは品質の概念はなかなか生まれてこない．

しかし，選択を失敗したお客は次からの購買行動が変化してくる．つまり，買う際に，リンゴの状態を十分チェックするようになり，良いリンゴと悪いリンゴとを区分けし，良いリンゴだけを選択するようになる．その結果，腐ったリンゴは売れ残り，商品廃却のリスクは売手が被るようになってくる．

ここに，どうであれば良いリンゴで，どうであれば悪いリンゴかという，

いわゆる「モノの良し悪し」という概念が生まれてくる.
　さらに，似たようなお店がアチコチに増えてくると，
　　・「もう，この店に入るのは止めよう」
　　・「騙された！　もう一山 100 円のリンゴを買うのは止めよう」
という具合に，商品のみの選択に止まらず，お店の選択ということすら買手サイドに芽生えてくる.
　そういったお客が増えてくると，腐ったリンゴを売っていた店や，まずいラーメンを出す店にはお客が寄り付かなくなり，いずれつぶれていくことになる.
　つまり，買手側に選択という行為が生まれ，かつ売手側に競争原理（市場原理）が働き出すと，そこには商品としての「モノの良し悪し」という概念が生まれてくることがわかる.
　すなわち，
　　・モノ　⇒　シナモノ　⇒　品
　　・良いモノと悪いモノの違い　⇒　良し悪し　⇒　質
ということから，モノの良し悪し＝「品質」という概念が誕生することになる．こういう考え方が誕生するのは，人の住む世の中が経済の発展に伴って変わってきたという背景があるからで，すべては人の営みとそれに基づく価値観の変化によっていることになる.
　次に別の事例を考えてみよう.

例 - 5)　高級レストランで年代モノのワインを注文

ちょっと酸っぱい　⇒　文句を言って換えてもらう

例-6) 高級フルーツパーラーで贈り物用に1万円のマスクメロンを買った

包装紙が破れていた　⇒　文句を言って換えてもらう

　このように，商品としての価値（多くの場合，それは価格に反映される）が高まると，お客も文句をつけて交換要求（クレーム）するようになる．
　つまり，供給＞需要という条件のもとで，買手側が事前に期待していたことと現実とのバランスが崩れ，現実が顧客の期待に添わないといった事態になると……，
　　・売手：店をつぶさないため
　　・買手：失敗しないようにするため
　　　⇒　どちらも品質を意識せざるを得なくなる（図1.1）

　こういうシチュエーションになってくると，「ウチは常に良い品質のモノを提供しています，もし悪いモノがあったら良いモノと交換します」という思想が売手側に生まれ，買手側もそれを求めるようになってくる．ここに，「良い品質であることを明示し，もし問題があれば良品と取り替えることを顧客に約束する行為」すなわち，「品質補償」の概念が誕生してくることになる．
　しかし，多くの顧客は良品交換によって納得するが，一部の顧客は品質やそういう商品を販売する売手に対して不安や不信を抱くようになる．良い品質の商品を常に提供してくれる他の店があれば，悪いものがあれば交換しますよという店より安心／信用できるということで，そちらを選択していくようになる．当然，そこに競争原理が働くので，安心や信用の度合が勝負の対象となってくる．
　つまり，「私たちは常に良い品質の商品をお客様にお届けすることをお

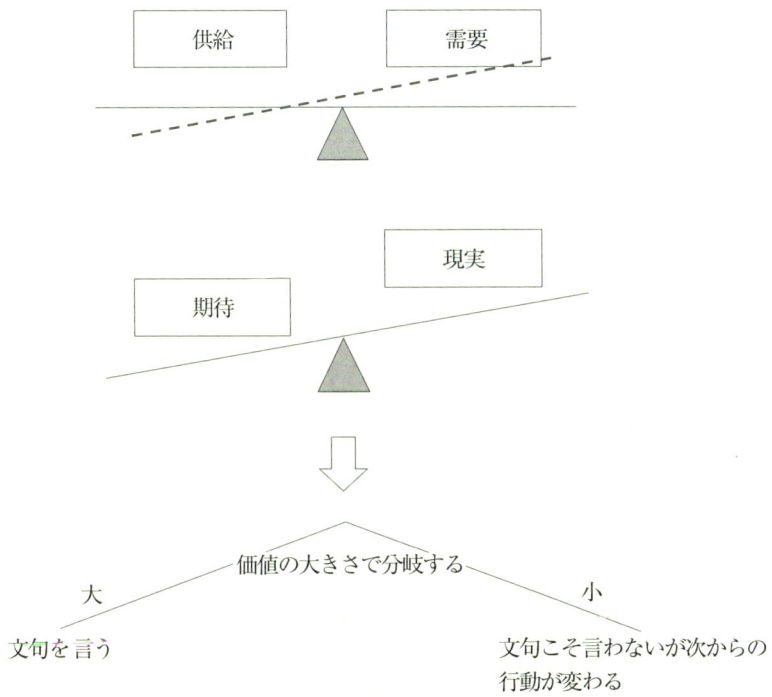

図 1.1　品質概念の誕生

約束いたします．私たちを信頼してください．その信頼の証(あかし)をここにお示しします」という新たな「保証」という概念が誕生し，品質補償が「品質保証」に変わっていく．

そして，このように誕生した「品質保証」の概念も，世の中がさらに変化していくにつれて，その保証の中身，すなわち品質の中身がさらに大きく変化していった．以下，その品質概念の変遷について述べていく．

1.2　品質の意味の拡大

ここで，エンピツ(書く道具)というモノについて考えてみる．

- エンピツとは？　　⇒　紙の上に文字や絵を描く
　　　　　　　　　　　　きれいに書ける／折れない／……

| | ⇒ | モノを買っているのではなく「書く」というハタラキ(機能)を買っている |

- ボールペンでもいい？ ⇒ 字が消せるというハタラキが失われる（逆にエンピツは字が消えるという欠点がある）
しかし紙以外にも書けるという別のハタラキが付加される

- シャープペンシルは？ ⇒ 削らなくてはならないというエンピツの欠点が補完される
短くならずいつまでも使える
しかし，芯の交換が必要，また芯が詰まるなど，故障すると書けなくなる

つまり，基本的ハタラキ(書く)は同じでも，それを具現化した実体としてのモノはユニークに定まるものではなく，さまざまな形があり得る．そして，その実現された形によって基本機能以外のモノに付随する別のハタラキも新たに付加されてくるということがわかる．

さて，ここで小学生の A 君に登場してもらおう．A 君はディズニーのミッキーが大好きで，ミッキーのキャラクターグッズをいろいろ集めていた．中でも，ミッキーのエンピツはお気に入りであり，これは彼にとって自慢のタネの1つだった．

A君：ほら，ミッキーだよ
B君：あっ，いいなぁ

- A君はB君に自慢する ⇒ 持っていること自体に価値がある
もったいないから書いたりせず，筆箱の中に大事にしまっておく．当然，削

　　　　　　　　　るなんてことは絶対にしない

　この場合，A君にとってミッキーのエンピツは，筆記するための道具という意味はほとんどなく，「宝物」という別の価値に変わっている．

　これは，モノとしての形は同じでも，その使用者や取り巻く環境などの状況が変わるとそれに与えられたハタラキがまったく別のものになっていくという品質の特徴を示している．

　ところが，このエンピツにも以下に示すような落し穴が潜んでおり，そこからまったく意図していない想定外のハタラキも新たに必要となってくる場合がある．

- きれいに削ったエンピツ，でも尖った先でB君がケガした！
- テーブルの上にあったエンピツを赤ちゃんが食べてしまった！
  - ⇒　本来のハタラキとは異なるところで思わぬトラブルが起きる
    本来のハタラキが良いだけではダメ
    取り巻く環境（使用者／第三者など）との接点　⇒　安全／安心
    周りの環境とうまく融合していること　⇒　社会的品質

こういった面から見た品質も存在するという認識が必要である．

　結局，以下のようなことがポイントとなる．
  ①　品質とはモノの良し悪しではなくハタラキの良し悪し
    　⇒　「品」とは機能，「質」とは良し悪しを意味する
  ②　その機能と良し悪しは買手の思いによって決まる
    　⇒　品も質も買手の思いが基準となる
  ③　その思いはそれによって得られるであろう価値で決まる
    　⇒　「どんな価値を期待しているか」がポイントとなる
  ④　価値は発揮されたハタラキと費やされたコストとの関数
    　⇒　品質とコストは独立ではない
  ⑤　買手が期待する期間，そのハタラキは持続しないといけない
    　⇒　品質は時間の関数　⇒　信頼性／保全性
  ⑥　周りの環境ともうまく融合していること
    　⇒　安全性／環境性の確保

第1章　TQM発展の歴史―その考え方の変遷―

⑦　実体としての品質は事前期待との合致度で決まる
　　⇒　事前期待とのギャップが品質評価の対象
⑧　しかし，買手の期待する価値は一様ではない
　　⇒　「お客は誰か」がすべてのスタート
⑨　また，期待価値はモノのみでは実現しない
　　⇒　ハードとソフトのセット
⑩　であれば，サービス／仕事にも品質がある
　　⇒　あらゆるものに品質は存在する

1.3　品質保証方法の変遷

　品質や品質保証の意味が拡大していくに従い，それを実業の中で具現化し，さらにより良いものに改善していきたいと願う世界も同様に広がっていった．ここでは，品質およびその保証を確実にしていくための方法論，すなわち品質の管理がどのように生まれ，どのように発展していったのかについて，身近な例を引き合いに出しながら簡単に述べる．

（1）　検査による品質保証の誕生
例-7）　1人で切り盛りする町のラーメン屋，その場で作って出す

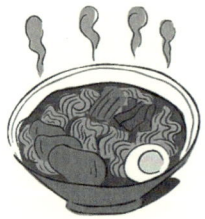

へい，お待ちどぉ，一丁あがり
アレッ，チャーシュー入ってないよ
コリャどうも，すみません　忙しくって……
⇒　1人ですべての作業をこなさなければならず，余裕がなくなってくると，品質の確認にオチ／モレが出る

例-8) 高級レストランでハンバーグを注文

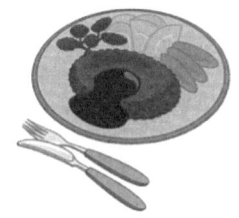

⇒ さて厨房では…
料理が完成してもすぐには配膳しない
お客に出す前，シェフがチェックし，皿の汚れや盛付けを直させた
⇒ シェフのチェックが入ることで，提供する料理の品質がある一定のレベルに保たれる

いずれにしても，モノづくりにおける品質保証の最も基本的な形は，お客様に商品を提供する直前に品質の状態を確認し，良いものと悪いものを選別し，良いものだけをお客様に提供するという形になっていく．

すなわち，品質保証を確実にするための活動の第一歩は，最終プロセスでの品質のチェック（検査）となる．ここに，「検査による品質保証」という考え方が誕生し，品質管理の基礎（すなわち，TQM のスタート）がここから始まることになる（図 1.2）．

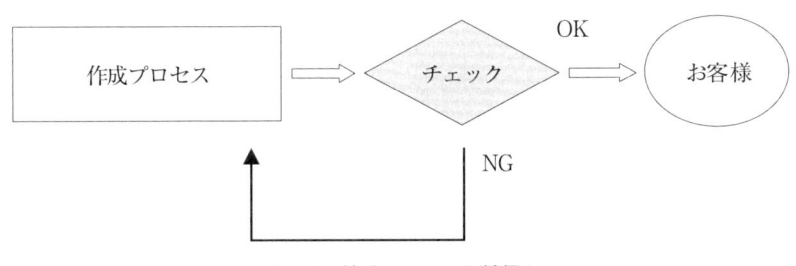

図 1.2　検査による品質保証

（2）　工程管理による品質保証の誕生

とはいえ，現実にはいろいろと問題が起きてくる．例えば，
- 昼時で忙しくなるとシェフのチェックも疎かになる
  - ⇒　ヒューマンエラーはつきもの
- ハンバーグの中に髪の毛が入っていた
  - ⇒　中身まではチェックできない
- 半熟玉子はどうするの？
  - ⇒　チェックした瞬間に商品にならなくなる
- 入れ過ぎた塩は元に戻らない
  - ⇒　不良品は廃棄するしかない

つまり，チェック（検査）だけでは品質は保証できないし，また効果的かつ効率的とは言えないということもわかってくる．

さて，ここで次の例を考えてみよう．

> **例-9)**　半熟玉子の作り方は？
> 　冷蔵庫から取り出し，10分放置し，40℃のお湯に入れ，中火で5分．そうすれば，自然と半熟玉子が完成する．

これはどういうことを示しているかというと……，
① 作り方の手順を定める
  - ⇒　こうすればこうなるという因果の論理を探求し，それをベースにモノづくりのプロセスを定める（工程を設計する）
② それを具体化する
  - ⇒　設計されたモノづくりのプロセスをより詳細な項目（5つのM：Man, Machine, Material, Method, Measurement）に展開し，規定化する（モノづくりの標準化）
③ 規定通り実行する
  - ⇒　定められたプロセスを定められた通り作業する（作業管理：作業の提示→教育／訓練→実施→評価→処置のサイクルを回

す)

つまり，検査だけで品質を保証するのではなく，品質は作成プロセスを通じて工程の中で作り込むという考え方になる．ここに，「工程管理による品質保証」という考え方が誕生し，品質管理(TQMへの発展過程)の進むべき方向性が広がっていくことになった．

(3) 源流管理による品質保証の誕生

しかし，この半熟玉子も，実は一様ではなく，人によって半熟のレベルが異なり，好みが違うということが見えてくる．

- 「好みに合わなきゃ，お客は来てくれません」
    ⇒ お客の要求／期待に合ったモノを作らないとダメ！
- 「お客の好みに合った半熟玉子はどう作っていけばいいのか」
    ⇒ 硬さはどのくらいに致しましょうか？
    ⇒ ねらい通りの硬さを作るための論理の探求
    ⇒ 論理通りのモノづくりプロセスの設定

これはどういうことかというと……．
① まずはお客の好みを聞く
    ⇒ 良い品質はお客が決める(顧客ニーズの調査)
② 好みに合わせてねらいを決める
    ⇒ ねらい通りの品質を設定する(品質企画)
③ 設定された品質を具現化する
    ⇒ 品質具現化のための情報変換(品質設計)

つまり，品質はお客の要求／要望を調査／探索し，それをもとに，品質のねらいを定め，そのねらいを実現する方法を生み出していく活動からやっていかないと，品質の保証はできないという考え方になり，ここに，「源流管理による品質保証」という考え方が誕生し，品質管理(TQMへの発展過程)の進むべき方向性がさらに広がっていくことになった．

1.4 品質保証のしくみ化

1.4.1 品質を保証するための活動(デミングサイクル)

ここでも先の例のいくつかを引き合いに解説してみよう.

★一山100円のリンゴ

こういう世界では,多少キズのあるリンゴが入っていても,「まあ一山100円だから仕方ないね」と大体の人は納得する.

★高級フルーツパーラーの1個1万円のメロン

しかし,高級フルーツ店で購入した1個1万円のメロンの場合,単に包装紙が汚れていたというだけでお客は怒り出す.

これらの違いはどこからくるのだろうか？

それはもともと,お客がその商品に期待していた価値がまったく違っていたというところにある.つまり,期待している価値と提供された価値とが合っていればお客は満足する.言い換えれば,期待価値と提供価値のバランスを確保することが品質を保証することだということがわかってくる.

ここで,さらに深読みしてみよう.

もし一山100円のリンゴでも結構いいものが入っていたらどうなるか,恐らくお客はまったく別の意味での「お買得感」を新たに感じるようになるだろう.

つまり，当初期待していたこと以上の価値が別に提供されると，お客の感じる満足感はさらに増大していくということが見えてくる．

一方，包装紙が破損していたメロンの場合も，その不具合を指摘した際，単に包装紙を取り替えただけでなく，例えば，キチンと謝罪した上で，素早く新品と取り替え，お詫びの印としてパイナップルを1個サービスしたという新たな価値が付加されると，そのお客は包装紙に不具合があったという事実を忘れるばかりでなく，不具合に対する対応が期待以上だったということで，お店に対する信頼感がさらに増大していくことになる．

つまり，品質を保証するとは，

① まず，顧客に対し，「あなたの期待している価値を満たすような良い品質を私たちは提供します」ということを約束する
② 次に，その約束を確実に果たすための活動を展開し，顧客に初めから良いものを提供していくことを推し進める
③ その上で，もし約束を果たせない事態が起きたら誠心誠意対応する
④ さらには，顧客の期待を上回るような新たな顧客価値も併せて提供する

という活動を徹底することにほかならない．

そのためには，品質意識をベースに，以下のような品質保証のためのPDCAサイクル（2.3.2項参照）を回転させていくことが必要で，これを企業の組織活動として観れば，

- 顧客の要求を調査し，作り込むべき品質を企画する
- 企画された品質を具現化するための品質を設計する
- 設計された品質を具体的なモノやサービスに具象化するための品質を製造する
- 製造された品質を正しい形で顧客に提供する
- 提供した品質が顧客の期待に応えているか確認し，問題があれば必要な是正処置を取る

といった活動に落とし込んでいくことになり，こういった一連の活動の流れを「デミングサイクル」と呼んでいる（図1.3）．

第1章 TQM発展の歴史―その考え方の変遷―

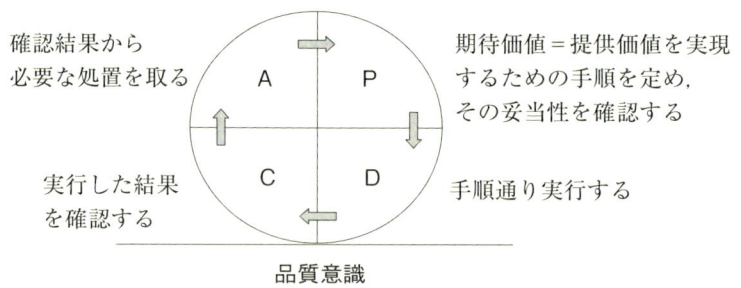

品質保証のための活動 ⇒ デミングサイクルを確実に回す

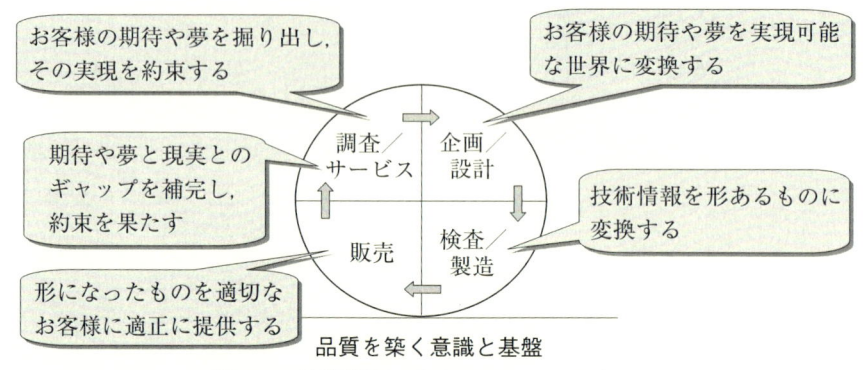

図1.3 品質保証のためのPDCAサイクル

1.4.2 品質活動を組織に展開し「見える化」する（品質保証体系図）

このようなデミングサイクルの考え方を具体的に組織に展開していくにはどうしたらいいのか，それを次に考えていくことにしよう．

例-10) 屋台ラーメン屋の親父

すべての作業を1人でこなす
⇒ 作業の仕方は親父1人の頭の中に入っていればよい

例 - 11) 大工の棟梁

家一軒建てるには多くの人を使って整然と進めなければいけない
⇒ 仕事を細分化し，役割分担を決める必要がある

　家を建てるための工程(プロセス)を順次リストアップしていくと，大体図1.4のような細分化された仕事(ステップ)に展開され，これらは，時系列な仕事の流れ(業務フロー)として整理されていくことになる．
　さらに，こういった家を建てるために必要となる一連の業務の流れとしてのプロセスは，とても1人でこなすことは不可能で，多くの人の参画が必要となってくる．
　となると次は，このプロセスのどの時点で／誰が／何のために／前の人たちから何を引き継ぎ(インプット)／どんな行動を取って／何を次の人たちに受け渡す(アウトプット)べきなのか，ということを明確化していく必要性が生まれてくる．
　しかし，これも単純なプロセス，かつ少ない人数で分担しても十分達成できる程度の世界なら，リーダーの頭の中だけで処理することは可能だろう．しかし，ちょっとでも規模が大きくなったり，関係者の人数が多くなったりすると，途端に混乱を来たすことになる．
　この混乱を防止する1つの道は，こういった一連の業務の流れを図1.5のように，誰が見ても一目でわかるようなフロー図の形に落し込むことで

| 顧客との折衝 | ⇒ | 要望確認 | ⇒ | 図面化 | ⇒ | 契約 | ⇒ | 資材発注 | ⇒ | 資材受入 |
⇒ | 資材搬入 | ⇒ | 整地 | ⇒ | 縄張り | ⇒ | 基礎工事 | ⇒ | 柱立 | ⇒ | 棟上げ | ⇒ | 外壁 |
⇒ | 内壁 | ⇒ | 内装 | ⇒ | 外溝 | ⇒ | 検査 | ⇒ | 引渡し |

図1.4　家を建てる際の仕事の流れ

第1章　TQM発展の歴史—その考え方の変遷—

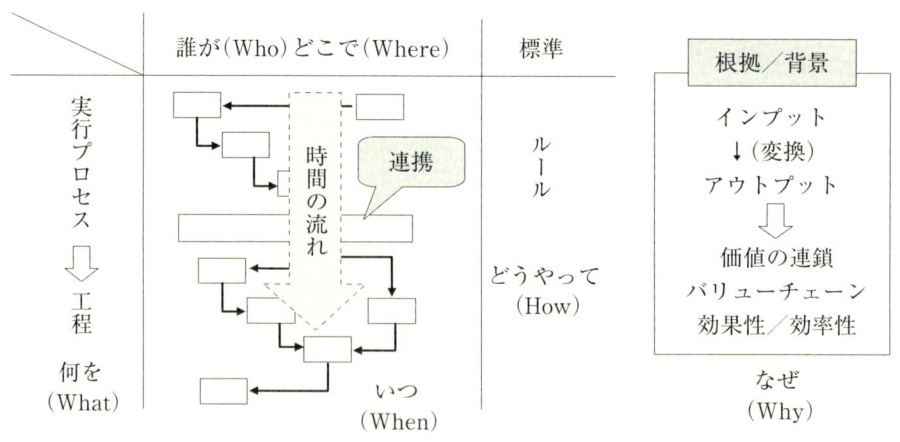

図1.5　業務を「見える化」した体系図

ある．これを業務の「見える化」と呼び，やや難しい言い方をすると「体系図」と呼んでいる．

　このフロー図では，縦方向に実行プロセスとしての工程(What)，横方向に各業務を担当する組織や人(Who／Where)を配置した上で，それらの関係性を業務の流れとしてフロー化(When)し，その横に組織活動としての運用ルール(How)を示していく．さらに，各プロセスでの情報のI／O (Input／Output)変換に基づく価値の連鎖や効果性／効率性の観点から，なぜそういうプロセスと業務の流れが必要となるのかという根拠／背景(Why)が意味付けされる．ここに，いわゆる業務の5W1Hがフローの形で一覧化されることになる．

　多くの複雑な業務から構成されている品質保証活動のステップを多くの人たちが，それぞれ分担し合う形で作られている品質保証のための組織的活動もこれとまったく同様である．すなわち，品質保証活動の全体像は品質保証体系図として整理されることによって，品質保証プロセスの「見える化」が図られることになる．

　さらに，この品質保証活動の「見える化」が図られると，品質保証のプロセスが標準化されるため，その元で日々の改善活動，すなわち「品質保証に関するSDCAサイクル」(2.3.9項参照)が回り出すとともに，品質保

1.5 品質保証のための組織とその役割

```
「見える化」──┬─→ プロセスの標準化  ⇒  SDCAサイクル  ⇒  改善のベース
              └─→ 誰でもわかる    ⇒  第三者による点検  ⇒  システム診断
```

図 1.6 「見える化」の効用

証のしくみが誰にでもわかるようになるので，「第三者によるシステム診断」も可能となってくる(図1.6)．

1.5 品質保証のための組織とその役割

1.5.1 組織の形

　組織形態の中で最も効率性と有効性を求められるものが，敵と戦うための組織，すなわち軍隊の組織である．一般に，組織の効率性と有効性は，組織に流れる情報管理(収集，集約，解析，指示，伝達など)の一元化にディペンドし，主として，上意下達で行われる「命令→実行効率／スピード」に重きを置いている．したがい，軍隊組織の形は，組織階級をベースとした階段状の機能部門型組織(ファンクショナルな組織)，すなわちピラミッド型の組織となっていく(図1.7)．

　世の中の組織形態はさまざまだが，多くの場合，組織の効率性と有効性を優先したこの軍隊型組織を手本にタテ系列のピラミッド型となるのが一般的である．

　しかし，この組織形態は，機能部門がタテに並んでしまうため，部門間のカベができやすく，ヨコの連携(クロスファンクショナルな活動)が極端

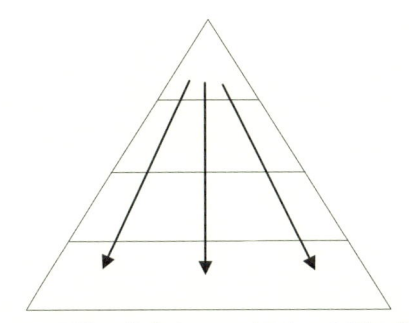

図 1.7　軍隊に代表されるピラミッド型の組織

19

第1章　TQM発展の歴史—その考え方の変遷—

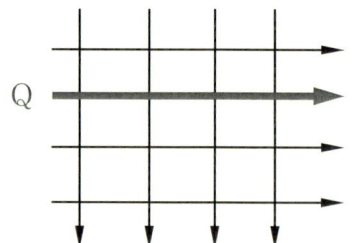

組織　⇒　織物　⇒　タテ糸とヨコ糸

品質保証　⇒　全部門が負うべき機能

品質保証専門組織はヨコ糸を通す機能

図1.8　ヨコ糸を通すクロスファンクショナルな活動

に難しくなる欠点を持っている．したがって，組織目的をより効果的／効率的かつ有効性を持って達成していくためには，ヨコの連携を強化するための組織的工夫が求められるようになる．

品質保証活動は，先の一軒家建築の例でも述べたように，多くの業務の流れが多くの人たちの整合化された活動によって支えられなければ成功しない体系的活動であり，これはまさにクロスファンクショナルな活動なのである．

したがって，タテ系列のファンクショナルな組織において，いかにヨコ糸を通すような組織活動ができるか，いかにセクショナリズムを打破して組織が一体となって活動できるかが，品質保証の目的，すなわちお客様に喜んでもらえるかどうかのカギを握っている(図1.8)．

1.5.2　品質保証に関するヨコ糸の機能

ここで，品質保証に関するヨコ糸を通す機能について，以下，簡単に整理しておく．

① **品質経営の推進**
- 品質方針の起案
- 品質状況(特に市場品質)のモニタリング
- 品質保証上の問題点／課題の発見／設定
- 品質保証活動のPDCA

② **品質保証体制／体系の維持と改善**
- 品質保証関連規定の体系化

- 品質保証体制の改善
- 品質監査／診断の実施
- 品質報告書の発行

③ **部門間連携／調整／整流化**
- 品質問題の振り分け
- 品質保証に関する会議体の運営
- 重要品質問題に基づくPDCA

④ **品質保証のための教育／啓発／推進**

⑤ **品質保証活動（狭義）**
- クレーム処理の推進
- 品質管理の推進　など

1.5.3　品質保証のための部門横断的組織体の必要性

　各部門のタテ／ヨコ連携が日常管理の中でスムーズに回っていくようになれば，特に余計なことをする必要はない．しかし，現実には，以下のような問題があって，なかなか思うように進まないのが実態である．

- 部門間のカベ
- 情報伝達の不備
- 時間／空間の隔たり　など

　したがって，こういった問題を解決して品質保証を確実に推進していくためには，組織運営上の何らかの工夫が必要となってくる．多くの場合，滞っている情報伝達／情報共有と意思疎通の機能を強化することがポイントとなるため，関係する各部門の人々が一同に会し，

- 持っている情報の交換／共有
- フェイス to フェイスの話合い
- 問題／課題の共有　など

を行って，問題を解決したり，しくみを見直したりする活動がしやすい組織運営が望まれる．例えば，品質会議，品質責任者連絡会といった主に部門の責任者が会する会議体やタスクフォース，CFT（クロスファンクショナルチーム），WG（ワーキンググループ）といった専門スタッフが集まる

部門横断的プロジェクト活動，さらには，役員で構成する品質保証委員会などの機能別委員会がその代表例となる．

第2章
TQM を支える基本的な考え方

　第1章では，品質保証を中心に TQM 発展の歴史を述べてきた．これは本書の読者に，目的と手段の位置関係を常に意識してほしかったからである．
　つまり，TQM はあくまで手段であって，目的ではない．「品質保証を効果的／効率的に行うために品質管理（TQM）がある」という捉え方である（図 2.1）．

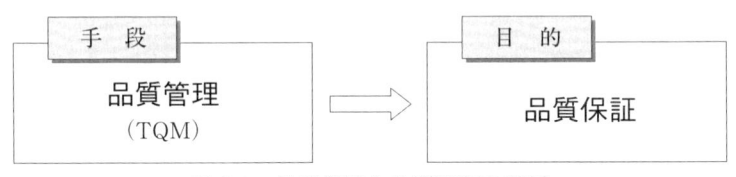

```
   手　段                    目　的
  品質管理          ⇒        品質保証
  （TQM）
```

図 2.1　品質保証と品質管理の関係

　とはいえ，こうやって発展してきた TQM の考え方は，手段の体系であるがゆえに，逆に品質保証という目的以外の他の目的，例えば生産／販売量の最適化，原価の最適化，人材の育成，地球環境の保全，安全の確保といったさまざまな目的にも有効に機能する道具立てとなっていることも忘れてはならない．

　以下，TQM の基本的な考え方／思想（フィロソフィー）について解説する．

2.1　全体観

　TQM の考え方は，さまざまな書物や学会，国際規格などで規定され，キチンとした定義がなされているが，本書では，あえてそれらの定義とは別の視点に立ち，定義というよりは，解説という感覚で，以下に述べていくこととする．

第 2 章　TQM を支える基本的な考え方

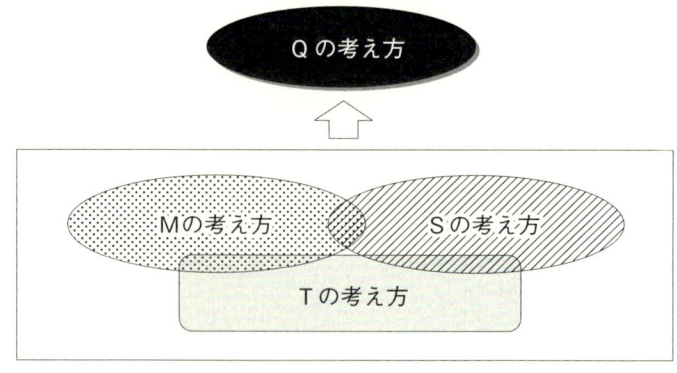

図 2.2　Q，M，S，T の位置関係

★　TQM の基本的考え方は，
　　Q（品質の考え方：Quality thinking）
　　M（管理の考え方：Management thinking）
　　S（事実に基づく考え方：Statistical thinking）
　　T（総合化の考え方：Total thinking）
という 4 つの要素から成り立っており[1]，その頂点に立つのが，Q の考え方である．つまり，Q を目的化しつつ，そのために M と S と T の考え方が Q の考え方を補完しているという構造になる（図 2.2）．

2.2　Q の考え方（Quality thinking）

2.2.1　品質第一／品質最優先

まず，「すべての価値基準のトップに品質を置く」，つまり「品質第一」というのが，TQM の基本思想である．どんなに価格やサービスフィーが安くても，またどんなに納期が早くても，基本となる商品の品質が悪ければ，すべてが無に帰してしまうからである．

ここで大切なのは，品質をどう定義するか，つまり「品」とは何を意味し，「質」とは何がどうなることなのかということを明らかにすることで，

---

[1]　早稲田大学名誉教授 池澤辰夫先生が提唱した考え方で，TQM の基本構造を示唆している．

24

2.2 Qの考え方(Quality thinking)

これが TQM 活動の出発点となる．この出発点を決めるのは組織のトップであり，これをどう定めるかによってその組織が進める TQM の方向性が確定してしまう．「ウチの TQM は工場の製品品質に限定する」とトップが言えば，その組織の TQM 活動は工場の製品品質向上にのみ限定される．一方，製品のみに止まらず，サービスの質や仕事の質，さらにはそれを進める人の質や組織の質，あるいは経営の質まで含めて品質を定義するトップがいれば，その組織が進める TQM 活動はほとんど経営活動と同じになるだろう．

このように，TQM 活動の範囲は品質の定義によって決まり，組織として品質をどう定義するかが TQM 推進の基本となる．当然，品質の定義をどこまで拡げられるかが，TQM をより有効化できるかどうかのキーポイントとなっていく．

さらに，「品質最優先」という考え方の根本には，次に述べる「マーケットインの思想」，すなわち提供する側の論理を優先するのではなく，お客様の側から見た論理を優先しようという考え方がある．この「お客様の側に立って考える」ということを突き詰めていくと，いわゆる QCDMSE(品質，コスト，量・納期，モラール，安全，環境)と呼ばれる組織活動の6大目標も，Q は「お客様が求める品質」，C は「お客様が支払うコスト」，D は「お客様が求める量・納期」，そして M は「関係するすべての人の

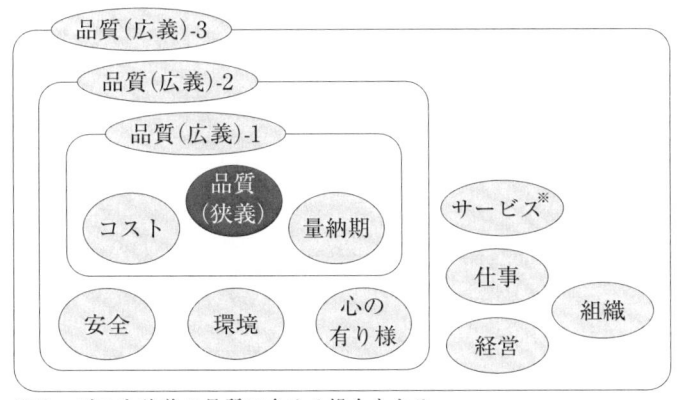

※サービスを狭義の品質に含める場合もある

図 2.3　品質の定義の拡大

心の有り様」，Sは「関係するすべての人の安全」，Eは「地球に住むすべての人／環境の保全」といった意味合いになってくる．すなわち，提供する側の論理ではなく，お客様の論理で品質を定義していけば，品質の定義がどこまでも拡がっていくということである．

結局，品質の概念は，図2.3に示すようにさまざまな要素があり，それを活用しようとする当事者の考え方いかんによって，どのようにでも定義可能だということである．

2.2.2　マーケットイン／お客様第一／お客様満足／Win-Win

品質が定義され，組織活動の第一目的として明示されても，その品質が「誰にとっての品質か」という視点がぼやけてしまうと，せっかくの品質第一の思想があまり意味をなさなくなる．つまり，「良い品質」とはどういうことを言うのか，何をもって品質の良し悪しを判断するのかということである．

TQMでは，この「良し悪しの基準」をすべてお客様に置こうと説いている．自分たちが良いと思っても，お客様が良くないと思えば，それはやはり良くないということである．すべての価値観，すべての良し悪しの基準，真実のすべては，皆お客様のもとにある．お客様によってすべては決まるという捉え方である．これを「マーケットインの思想」と呼び，その反対にすべての価値観や基準を自分たちの側に置く捉え方を「プロダクトアウトの思想」と呼んでいる．この考え方を実践するための第一歩は，お客様の特定である．すなわち「お客様は誰か」をまず明らかにすることが基本となる．

このマーケットインの思想をさらに突き詰めていくと，「私たちの活動は私たちのためにあるのではなくお客様のためにある」，「お客様こそが第一」，「お客様にご満足いただくことが私たちの喜びであり，それが私たちの組織目的となる」，そして「私たちがお届けする品質活動によってお客様にとっての価値が増大していけば，お客様の人生が豊かになり，その豊かさは結果としてお客様とともに歩む私たちの組織にとっての豊かさにもつながっていく」という考え方になっていく．このような「お客様本位の

道を歩むことで，結果として自分たちも繁栄できる」という考え方を「Win-Winの思想」と呼んでいる．

2.2.3　後工程はお客様

　組織活動を相対的に俯瞰すれば，ある組織の活動は，その結果として何らかのアウトプットを生み，そのアウトプットはまたどこか別の組織のインプットとなっていることがわかる．したがって，そのアウトプットを「商品」，組織(自工程)を「作り手」と解釈すれば，そのアウトプットを受け取る組織(後工程)は，作り手にとっては「お客様」と捉えることができるようになる．

　このように，社内の各組織を自工程と後工程，作り手と買い手という関係で捉えれば，マーケットインやお客様満足といった品質の考え方が，組織間のつながりにも適用できるようになり，結果として，すべての組織が良好な関係でつながるようになっていく．

　いくつかの組織が集まった大きな組織になると，個々の組織の置かれた環境や立場が微妙に変化していくため，自ずと組織同士の関係がギクシャクし，いわゆる「組織のカベ」ができてくる．しかし，すべての組織が自分たちの後工程は我々にとってのお客様なのだという考え方が徹底されれば，このカベも徐々に取り払われ，次のお客，次のお客と，提供する価値のつながり(CSバリューチェーン)が各組織を順次流れていき，最終的には社外にいる本当のお客様へ，このバリューチェーンがつながっていくことになる．この考え方が実践されれば，たとえ真のお客様から遠いところにある組織であっても，最終的な真のお客様との強いつながりを意識しながら自分たちの仕事を進められるようになる．これは後述する「全部門／全員参加」という思想にも受け継がれていく．

　大切なのは，「自分にとってのお客様は誰か」ということを常に意識し，部門のカベ／人のカベを作らないこと，そして組織を構成する一人ひとりが「お客様への思いをつないで価値の連鎖となす」という強い意識を持つことである(図2.4)．

図2.4　後工程はお客様の意味

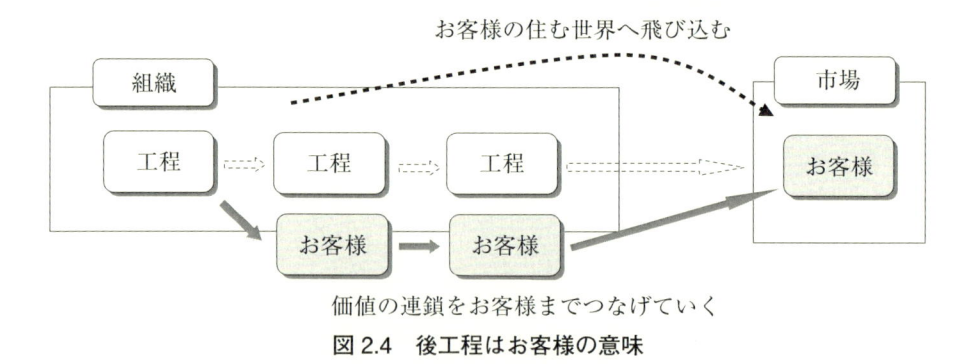

2.3　Mの考え方（Management thinking）

2.3.1　目的志向

　TQMでは，Qを支えるための活動として，合理的なものの見方や考え方を特に重視しており，その一番目として「目的志向」の考え方を提唱している．これは，何をする上でも，まず「目的は何か」ということを先に考え，「今やろうとしていることがその目的に正しく合致しているかどうか」，「その目的を達成するために最も妥当と思える方法／手段になっているか」を冷静に考え，何ごとも合目的的に活動していこうとする考え方をいう．

　そのためには，常に「それは何のためか（For what）」，「なぜそれは必要か（Why-Why）」を自問自答し，より上位の目的に遡っていく思考法のクセをつけることが肝要となる．基本的に，ほとんどの組織活動は目的と手段の連鎖でつながっているので，「それは何のため？」，あるいは「なぜなぜ？」を何回か繰り返していくと，徐々に真の目的に近づいていくことができる．これを「For whatボーリング」とか「目的のなぜなぜボーリング」とかいった呼び方をしている．

　こういう自問自答式の思考ボーリングを何回か行うことで，到達した上位の目的から，今度は「そのためには何をすべきか（What to do for it）」と逆に問いかけ，その上位目的に合致するような合理的手段や方策を，順次，逆展開していくような思考プロセスを踏むと，最初に考えていた方

2.3 M の考え方(Management thinking)

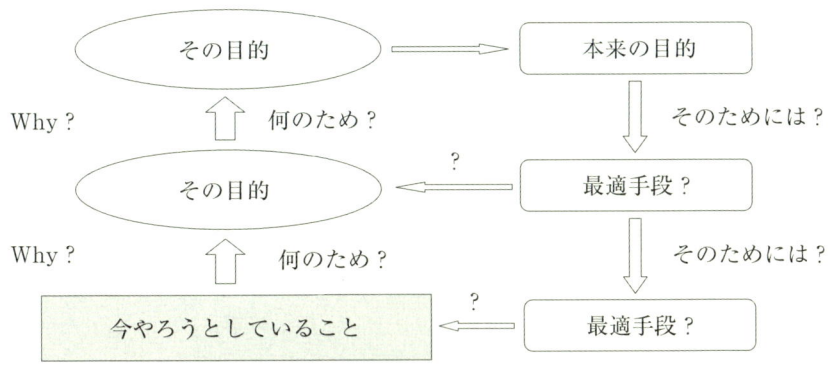

```
Why?    その目的  ⇒  本来の目的
         ⇑                ↓
        何のため?        そのためには?
                ?
Why?    その目的  ⇐  最適手段?
         ⇑                ↓
        何のため?        そのためには?
                ?
     今やろうとしていること ⇐ 最適手段?
```

図 2.5 目的を明確化するための考え方

法／手段の妥当性が確認できる．もし，「For what ボーリング」によって明らかとなった上位目的から逆展開して出てきた方法／手段が，最初に手掛けようとしていた活動と合致していないとすれば，もう一度，原点に戻って「やるべきことは何か」を再考すべきであろう(図 2.5)．

2.3.2 PDCA サイクル／管理のサイクル

PDCA とは，P：Plan(計画)，D：Do(実施)，C：Check(評価)，A：Act(処置)という 4 つの機能(ハタラキ)を意味し，PDCA サイクルとは，この 4 つの機能を一連の活動ステップとして捉え，これをサイクリックに回していく行為，またはその考え方のことを指している．

目的達成活動の基本ステップは，まず計画(P)を立て，その通り実施(D)するのが一般的だが，通常，物事というのはなかなか思うようには行かず，予期せぬ要因が多々発生するため当初の計画通りにはなかなか進まないといった事態がよく起きる．したがって，目的の達成を効果的／効率的に進めようとすれば，適度な頻度で計画と実績とを比較／評価(C)し，もし差異があるようなら，その原因を追究(C)し，必要な処置を速やかに取る(A)といったステップを追加し，逐次修正しながら目的達成に向けて改善活動を進めていくという考え方が科学的アプローチとなってくる．

ただし，TQM が推奨する PDCA の思想は，単に当面する目標の達成に止まらず，「将来の目的達成」のためにプロセスやしくみ，仕事の仕方

第2章 TQMを支える基本的な考え方

をいかに改善していくか，という思想まで含んでいる．この場合，単にPDCAをサイクリックに回しているだけではこれらの改善はほとんど進まない．やはり，活動全体をレベルアップさせるという意識を持ちながらPDCAサイクルを継続的に回していく（スパイラルアップさせながら回す：らせん状に上昇させる）ことが必要となる．活動全体がレベルアップできるかどうかはCheckとActの質にかかっており，事実に基づく深い解析とそれをベースとした「反省の仕方のレベルアップ」がベースとなる．そのため，Cを「評価」と書かず，あえて「反省」と書く場合もある．

したがって，目的達成活動の基本ステップも，いきなり「Pから回す（計画策定活動からスタートする）PDCA」を進めるのではなく，「Cから回す（まず反省から入って仕事の仕方を改善した後，計画策定に入る）PDCA」という考え方が推奨されている[2]．1回転分，事前に回すことで活動全体のレベルアップを先に図り，その改善ベースの上に立って当面の目的達成活動を進めていくという考え方である（図2.6）．

PDCAの考え方は，時として計画－実施－評価－処置をサイクリックに回せばいいのだという風に表面的な解釈をされやすいが，PDCAの本

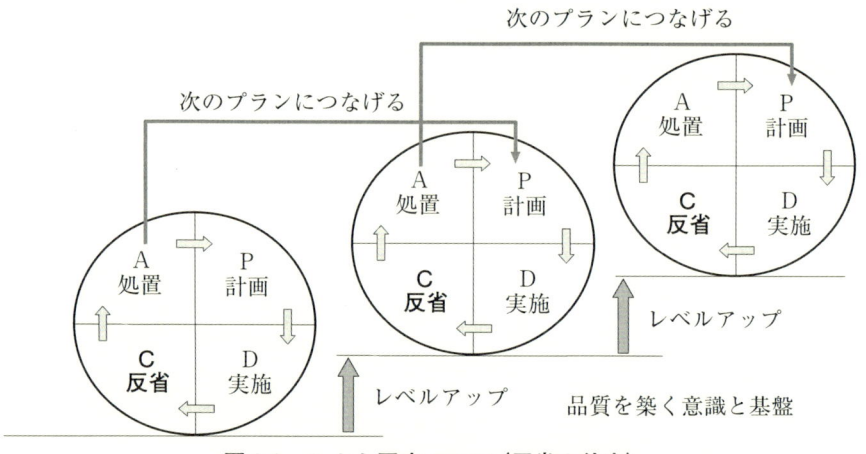

図2.6　Cから回すPDCA（反省の仕方）

---

[2] 早稲田大学名誉教授 池澤辰夫先生が提唱した考え方で，PDCAに関する主要な概念を示唆している．

質は「反省の仕方」と「処置の取り方」にあり，PDCA サイクルを1回転させるたびに PDCA そのものの質をレベルアップさせ，その結果として「組織の財産を蓄積していく」という強い目的志向の姿勢があるかどうかが，最も重要なポイントとなっている．

なお，TQM の世界では，こういった PDCA の思想は，そのまま「管理」という言葉に置き換えられていることを理解しておく必要がある．管理という言葉はさまざまな分野で使用される一般用語ゆえに，かなり固定化された概念で理解されているが，TQM の世界で用いる管理という用語は，実はこの PDCA サイクルを回す活動を意味しているということを理解しておいてほしい．

2.3.3 プロセス管理／システム志向

組織活動の目的が達成したかどうかは，結果としてのアウトプットが目的に合致したかどうかで決まってくる．したがって，多くの人の関心は結果の方に集まっていく．しかし，TQM の考え方は，「結果ではなく，その結果を生み出すプロセスの方により多くの関心を持て」と説く．すなわち，「プロセスを良くすれば，結果は自ずと良くなる」という考え方がその背景にあるからである（図 2.7）．

そのため，かなり逆説的な言い回しとなってくるが，「結果を管理する」

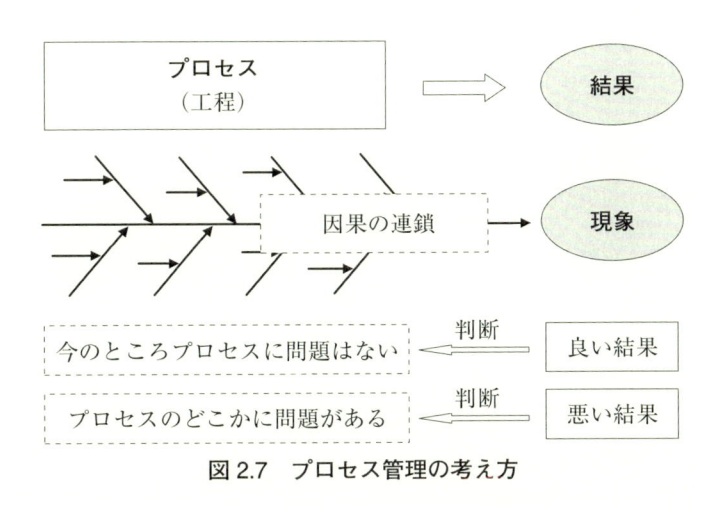

図 2.7　プロセス管理の考え方

のではなく，「結果でプロセスを管理せよ」といった言い方をする．こういう考え方が可能となるのは，「すべての現象は因果の連鎖でつながっている」という真理，すなわち「ものごとはすべて因果律によって支配されている」という論理的世界観がベースとなっている．この「プロセス管理」の考え方が生まれてきた素地は，後述する「母集団とサンプル」の考え方に端を発した「管理図の思想」にある．

　また，混沌とした世界から，個々の目的に応じて，その一部を切り出し，プロセス（工程），プロセスへのインプット，プロセスからのアウトプットなどをそれぞれ特定することによって因果律に基づくプロセスと結果の論理構造を見える化したものを「システム」と呼び，こういう思考法を取ることによって，ものごとの成り立ちを俯瞰的に捉えようとする考え方を「システム志向」と呼ぶ．

2.3.4　源流管理

　システム志向によって，ものごとの成り立ちを俯瞰的に捉え，プロセスと結果の因果関係を意識できるようになると，今度は，そのプロセスをいかに良くしていくかということが TQM の活動目的となってくる．その場合，どのプロセスに着目し，どこに改善のタネを見付ければいいのかということがアプローチの基本となってくるが，TQM では「より源流にさかのぼれ」という言い方で，この問題に対する取り組み方の方向性を示唆している．

　私たちの世界が経験する因果の連鎖は，基本的に時間の流れに乗って生起していることを考えれば，ある結果（話の通りを良くするために，ここではあえて悪い結果ということにしておく）を生じせしめた原因の元は，その現象が生起したプロセスよりも，もっと手前にあるプロセスにて発生した事象，すなわち，「より上流にさかのぼった工程にて生起した過去の事象の中に真の原因がある」ということがわかってくる．したがって，悪い結果を引き起こした真の原因にたどり着くためには，可能な限り源流にさかのぼり，そこで生じた過去のさまざまな事実を地道に探求し，因果の関係を事実に基づいて明らかにしていく粘り強い姿勢が求められる．その

2.3 Mの考え方(Management thinking)

上で，そうやって明らかとなった真の原因に対して何らかの手を打つことができれば，それは最も合理的な処置となっていくに違いない．

なぜなら，その原因によって今後生じたかもしれない同じような悪い結果は二度再び発生しない（これを「再発防止」と呼ぶ）だろうし，さらに，当面の現象とは異なる現象であっても，その原因が同じものであれば，それら多くの類似する好ましくない現象も，この処置によって，同時に将来の発生を防止することができる（これを「未然防止」と呼ぶ）からである．このように，「悪さは元から断て」ということを実践するための考え方を「源流管理」と呼んでいる．

この源流管理の考え方から派生するもう1つ重要な考え方として，「上流にさかのぼればさかのぼるほど対象となる母集団はどんどん拡がっていく」という考え方がある．現象として顕在化した問題点について事実に基づく「なぜなぜボーリング」を行い，より深く，より上流に向かって，その原因を追い究めていくと，いずれはその震源とか源流にぶち当たる．そして，そこで発見された真の原因は，多くの場合，当面する問題を引き起こした原因のみに止まらず，他の多くの問題をも同時に引き起こしていた悪さの原因（これを「元凶」と呼ぶ場合もある）にもなっているという考え方である（図2.8）．

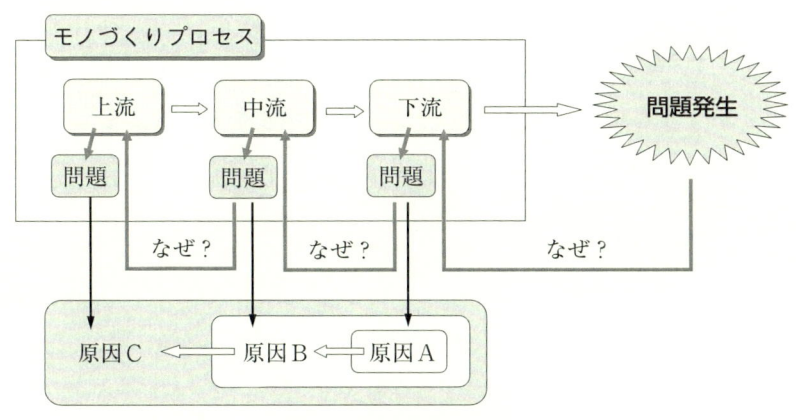

図2.8 源流管理の考え方

2.3.5　再発防止／未然防止／予測予防

　前述の源流管理の項でも示したが，同じ失敗は二度と繰り返さない「再発防止」というのが，TQMが教える重要な考え方の1つとなっている．人は間違いを犯す動物(Error is human)だが，その間違いから学習して将来に活かす知恵も同時に備えており，それが人類をここまで進歩／発展させてきた源泉ともなっている．初めて経験する最初の失敗は誰にでもある．その発生はリスクでもあり，ある程度は仕方がないと諦めもつこう．しかし，同じ失敗を何度も繰り返すのはいかにも愚かであり，人として恥ずかしいことでもある．やはり，犯した失敗を「善き教訓」として今後に活かし，二度と再び同じ失敗は繰り返さないようにする，それこそが人間の英知である．

　また，前述したように，原因の深掘りと教訓の受け止め方がしっかりしてくれば，まだ自分としては経験していない類似の失敗をも未然に防止できるようになってくる．さらには，「対岸の火事」ではなく，「他山の石」として，他人が犯した失敗や貴重な経験をよく観察し，そこから1つの教訓を獲得して自らの活動に活かす(これを「水平展開」とか「ヨコ展開」と呼ぶ)ことにより，将来，自分が犯したかもしれない失敗を未然に防止する活動「未然防止」もできるようになってくる．

　もっと進んで，まだ経験していない未来を先読みし，事前に対応していくことで最初から失敗しないようにする活動(これを「予測予防」と呼ぶ)も，TQMの重要な考え方の1つとなっている．すなわち，今後起こり得るさまざまな事象を事前に検討し，たとえどんな事態が起ころうと，またどんな事態に陥ろうと，「絶対失敗しないようにする」，あるいは「最悪の事態は何とか避けてより安全な状況に導いていく」道筋を事前に用意し，その通りに実行していくことによって，将来の目的を達成していこうとする活動である．

　以上述べた3つの考え方は，対策の取り方を過去／現在／未来という時間軸の上にポジショニングしたものと考えられ，いずれも科学的アプローチとしてのTQMの重要な思想の一端を担っている(図2.9)．

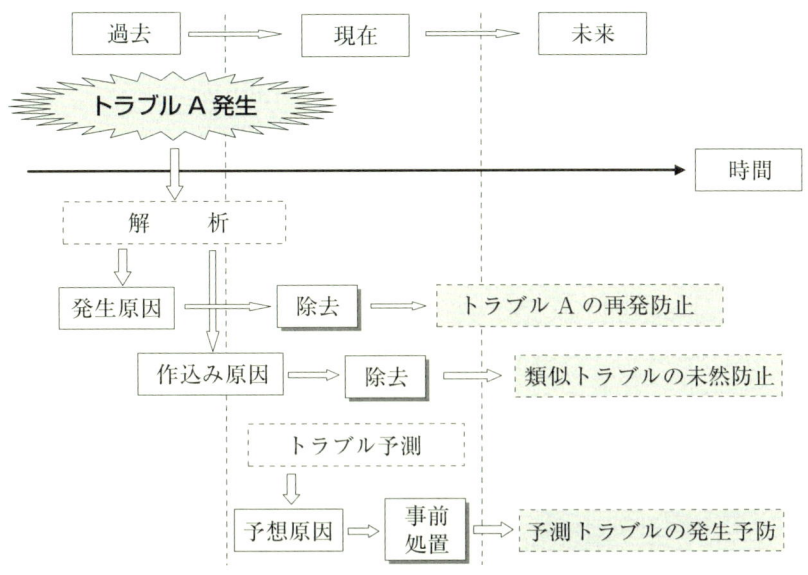

2.3 M の考え方(Management thinking)

図 2.9 過去／現在／未来から見た対策の取り方

2.3.6 潜在問題の顕在化

　私たちが普段，関知している多くの現象や問題は，実は「氷山の一角」にしか過ぎず，実際はその裏により多くの問題が潜んでいる．したがって，それら隠れている問題に気付かないまま，見えている問題だけに対応しようとすると，ものごとの大局を見失う恐れがある．だから普段は見えていないそれらの隠れている問題をまずは見えるように顕在化し，その上で，ものごとの全体観を大局的に捉え，より客観的な視点に立ってものごとの本質に迫る「潜在問題の顕在化」が大切だという考え方を TQM は示している（図 2.10）．

　当然，潜在化している問題はそのまま手をこまねいていても絶対見えてこない．やはり，見えるようにするための工夫「見える化」が必要である．また，心の面でも，意識して見ようとしなければ，たとえ見えるようになっていたとしても何も見えてこない．人というのは見たくないものは見えないし，物理的には網膜に映っていても，それを見ようという意思がなければ脳は反応しないものだからである．

35

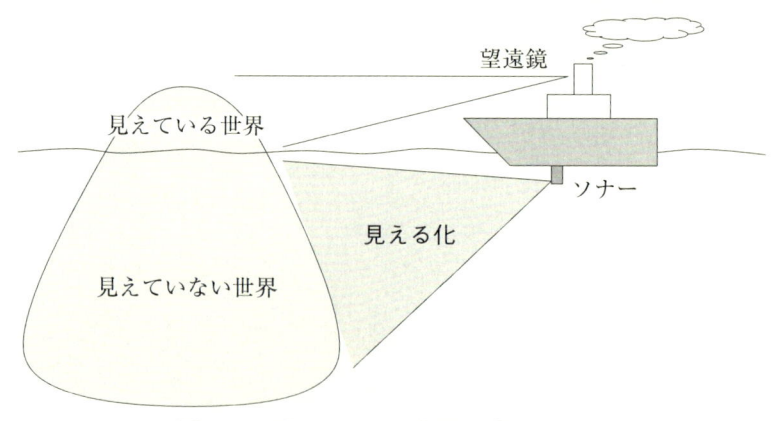

図 2.10　見えていない世界の「見える化」

2.3.7　問題の認識と解決(問題解決型 QC ストーリー)

　問題に対する考え方として，TQM の世界では，「問題は見付かるのではなく見付けるもの」という思想がある．つまり，見付けようという意思や意図が前提となって初めて問題を認識できるのだという考え方である．言い換えると，「問題意識があるからこそ，現実の中から問題を認識できるようになる」という言い方になる．

　一般に，問題とは望ましくない状態の総称として用いられるが，結果として生じている現象それ自体は，あくまで結果にしか過ぎず，それだけで問題かどうかを判断することはできない．その現象が問題かどうかは，そこに何らかの「価値判断をするための基準」が必要で，それをその現象に当てはめ，比較することによって，初めて問題かどうかが特定できるからである．しかし，この問題かどうかを判断するための価値基準は人や組織，文化／習慣などによって千差万別で，一様に定めることは難しい．ただ，価値基準とは基本的に人が定めるものゆえ，当事者としての人がどう思っているかということを前提に「望ましい状態」を価値基準として定義すればいいということはわかってくる．

　そこで，TQM では，人が感ずる望ましい状態を「あるべき姿」という言葉で表現し，これを価値基準とすることによって，問題とは「実態とあるべき姿とのギャップ」であると定義した．つまり，問題かどうかは，そ

2.3 M の考え方(Management thinking)

の人の価値観によって決まる相対的な概念なのである.

　こうやって問題というものが定義されると，次は，その問題をどうやって解決していくかということに関心が移っていく．しかし，前述したように問題自体がかなり属人的かつ主観的な概念であったがゆえに，その問題をどう解決していくかという解決の仕方や方法も，基本的には人によってバラバラかつ属人的であった．歴史的にはデカルトの『方法叙説』など，哲学の分野で問題解決に関する科学的アプローチの一端を垣間見ることはできたが，特に統一的な考え方というものはなかったように思われる．

　TQM の世界でも，当初は問題解決のアプローチとして明示的なものは特になく，管理図の考え方の中で，バラツキを発見し，原因を追究し，原因除去の手を打つといった手順めいた解説がなされた程度であった．その後，企業の QC 指導会などを通じて「改善活動の報告を QC 的に発表する」という考え方が徐々に進化をとげ，自然発生的に「QC ストーリー」という考え方が生まれ，8 つのステップ(発生場所によって 7 つだったり，6 つだったりして特に統一は取れていない)という概念が登場するようになった．この 8 つのステップをベースに問題解決の手順とアルゴリズムが検討され，徐々に問題解決に関する科学的アプローチとしての「QC ストーリー的問題解決法」という考え方が形成されていった．

　このような誕生のいきさつも含め，この QC ストーリー的問題解決法は，学会や JIS によって定義らしきものが提示されてはいるものの，必ずしもその中身は一定ではなく，人によって内容や言い方も微妙に異なってくる点に特徴がある．いずれも，それなりの背景／理由／根拠があり，どれが正しくてどれが間違っているということを必ずしも言えないところに，やや戸惑う人も多い．しかし，こういったあいまいさ，懐の深さにこそ，ものごとを型にはめずに，柔軟に捉えていくことで常に進化を続けていく TQM の良さが反映されていると言っても過言ではない．

　当然，現在も，この QC ストーリー的問題解決法は進化を続けているが，その基本となるステップとしては図 2.11 のような形が 1 つの典型となっている．

　なお，この QC ストーリー的問題解決法という呼び名は，後述する課

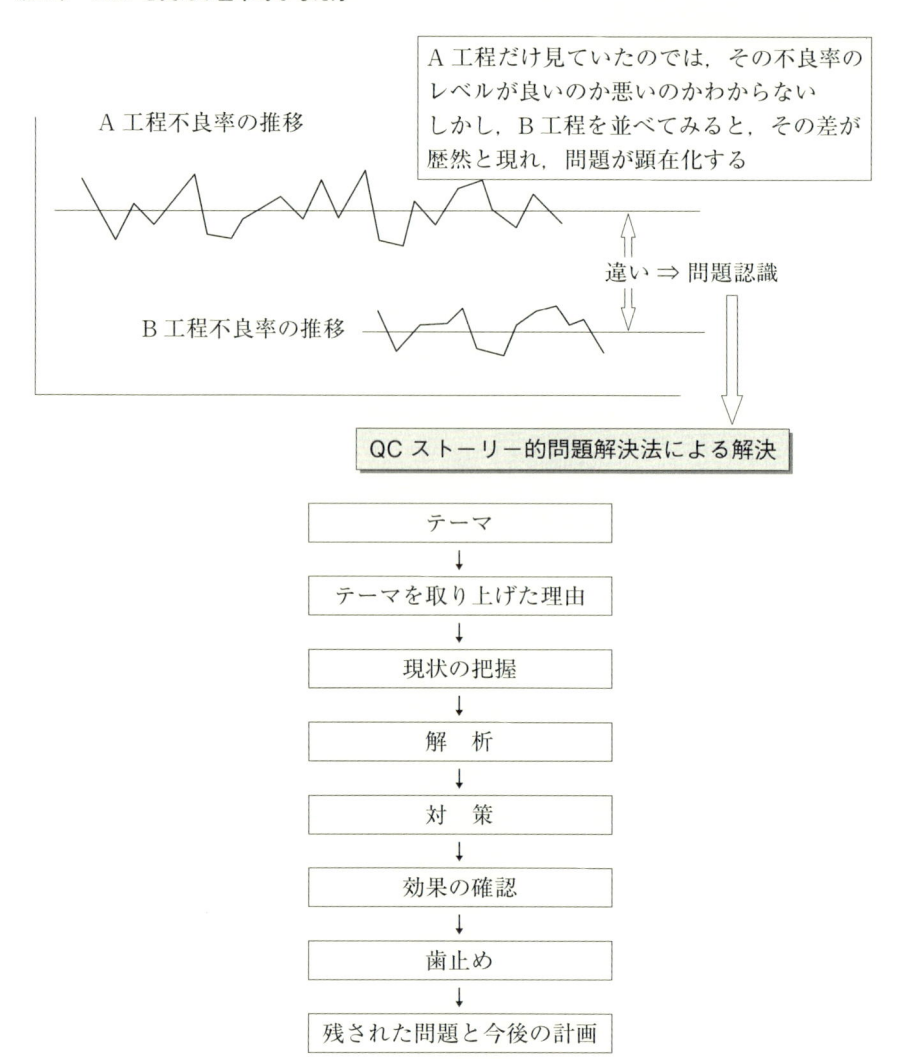

第2章　TQMを支える基本的な考え方

```
A工程不良率の推移

                                    A工程だけ見ていたのでは，その不良率の
                                    レベルが良いのか悪いのかわからない
                                    しかし，B工程を並べてみると，その差が
                                    歴然と現れ，問題が顕在化する

                              違い ⇒ 問題認識

B工程不良率の推移
```

```
        QCストーリー的問題解決法による解決
                    ↓
                 テーマ
                    ↓
            テーマを取り上げた理由
                    ↓
                現状の把握
                    ↓
                 解　析
                    ↓
                 対　策
                    ↓
                効果の確認
                    ↓
                 歯止め
                    ↓
          残された問題と今後の計画
```

図2.11　QCストーリー的問題解決法の基本ステップ

題達成の議論が登場してきた関係で，両アプローチの位置関係を明確にするため，最近では「問題解決型 QC ストーリー」という言い方が一般的となっている．したがい，以後は問題解決型 QC ストーリーという呼び方で記述していく．

2.3.8 課題の設定と達成（課題達成型 QC ストーリー）

前述した問題解決型 QC ストーリーが普及する一方，世の中には，あるべき姿とのギャップだけではどうにも説明のつかない別の世界，すなわち，こうあるべきだというニーズからくるギャップ意識ではなく，「こうあったらいいな」という夢とか希望／ウォンツなどを主体としたギャップ意識の存在が取沙汰されるようになった．そこで TQM では，こういったウォンツに基づくギャップ意識を特定するため，新たに「ありたい姿」と「課題」という概念を登場させ，「ありたい姿と現状とのギャップ」を課題と定義していくことにした．

問題とは，当事者の価値基準によって相対的に決まるものであり，問題意識があるからこそ問題認識ができると説明したように，課題も，まず当事者の「こうありたい」と願うウォンツの価値基準が前提として存在しなければならない．その上で，その強い願いがあるからこそ現状を打破してその夢を実現したいという課題設定ができてくるという考え方になる．つまり，課題は与えられるものではなく自ら設定するものであり，当然，その人の価値観によって課題かどうかも決まってくる．こうあるべきだという思いがあるうちは，現状とのギャップ意識は決して課題の世界ではなく，やはり問題として捉えていることになる．

このようにして課題が設定されると，問題解決と同様，この課題をどうやって達成していったらいいかということに関心の的が移っていく．TQM では，このような課題を科学的に達成していくための方法論として，「課題達成型 QC ストーリー」という考え方を提唱している．ここで多くの人が誤解し混乱していることで，特に注意すべきことは，QC ストーリー的課題達成と課題達成型 QC ストーリーとは似て非なるものだということである．

QC ストーリー的課題達成とは，一言で言えば，問題解決型アプローチの思想を残したまま課題達成を図ろうとする考え方で，基本的にはギャップを生む原因系に着目し，現状からありたい姿の達成を図ろうとする解析的アプローチとも言える．

一方，課題達成型 QC ストーリーは，ギャップを生む原因にはほとん

第2章　TQMを支える基本的な考え方

ど目を向けず，むしろありたい姿の方から系統的に展開して現実の世界に降りてくる演繹的アプローチのことを言う．これは，1960年代に米国を中心に提唱されたシステムデザインの考え方に近いものと言える．したがって，問題解決型アプローチで重要視している現状の把握とか解析といったステップは課題達成型アプローチにはほとんど出てこない．課題達

課題達成とは「夢の実現」
なぜそんな夢を持つのかは，各人の価値観の違いによる

あの山に登りたいなぁ！

なぜそう思う？

A：そこに山があるから！

B：世界一になりたいから！

どうやって登っていくか
↓
課題達成型QCストーリーによる達成
↓

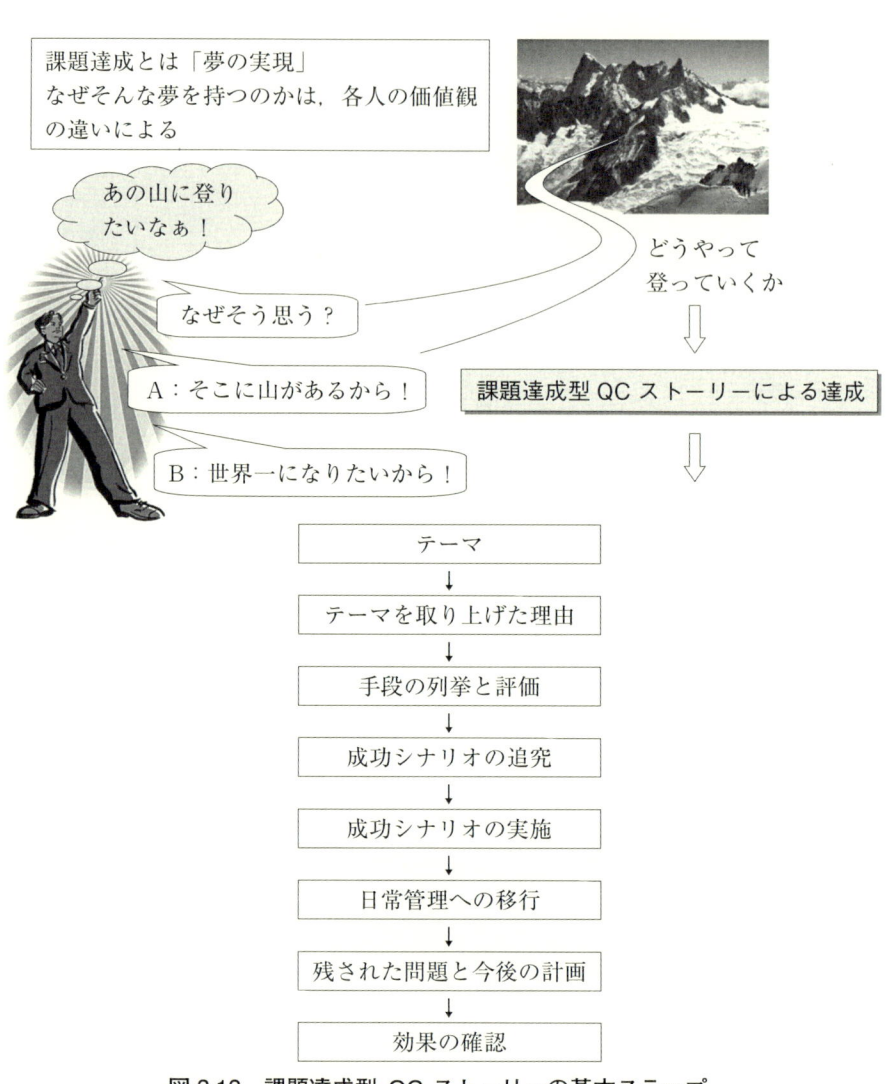

テーマ
↓
テーマを取り上げた理由
↓
手段の列挙と評価
↓
成功シナリオの追究
↓
成功シナリオの実施
↓
日常管理への移行
↓
残された問題と今後の計画
↓
効果の確認

図2.12　課題達成型QCストーリーの基本ステップ

2.3 Mの考え方(Management thinking)

成型アプローチで重視しているのは，「アイデア発想」と「評価／絞込みによる妥当性の高い方策案の抽出」，および「予測／予防によるゴール到達率の確保」である(図2.12)．

ただし，問題解決型QCストーリーがそうであるように，この課題達成型QCストーリーも人によって言うことが微妙に異なり，基本となる考え方にもある程度のズレが見られる点は否めない．特に，QCストーリー的課題達成との区別が明確でないケースが散見される．とはいえ，これもTQMの特徴である懐の深さを基本とした現在進行形の考え方であるから，今後とも進化を続けていく手法であることは間違いない．

2.3.9 標準化

標準化については，第4章で詳しく述べるので，ここではごく簡単な解説に止める．品質活動は結局のところ人間のやる活動であるから，どんなに優れた方法論をもってしても，最後は人間の持つ特性によってその良し悪しが決まってしまう．人間は良い面をたくさん持っているが，弱い面も多い(図2.13の左側)．この「人間が持つ本質的な弱点を補う」のが標準化の基本的役割となる．

標準化は人間の活動をある意味で統制するルールとしてのハタラキを持つため，社会における法律のような意味合いで捉えられやすい．しかし，

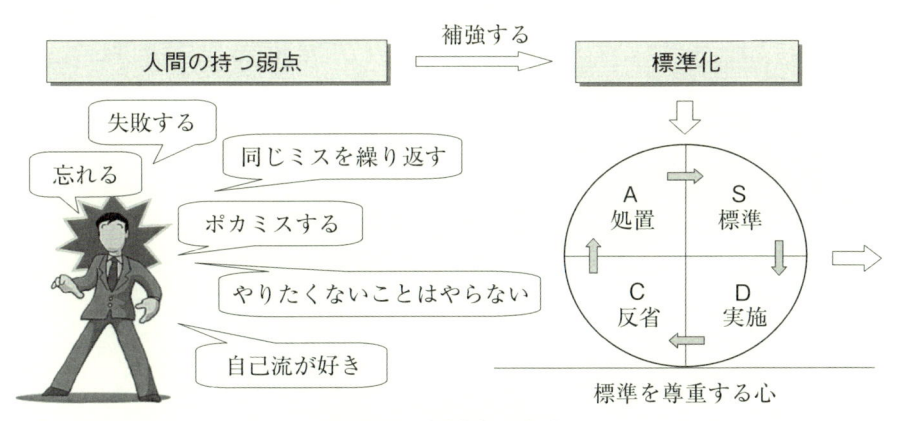

図2.13　標準化の意味

組織内で進める標準化は本質的には「人間を楽にするために存在する」ものであって，法律のように人を縛り規制するようなものではないという理解が必要である．

そして，組織内標準化の活動を一言で表現すれば，「SDCAのサイクルを回せ」ということになる．これは，前述したPDCAのPの部分をS（Standardize：標準策定）という機能に置き換えたものである（図2.13）．重要なのは，標準を作ることだけが標準化ではなく，標準に関する教育／訓練を行い，標準に基づく活動を実施し，実施した結果を評価し，評価に基づいて必要な処置を取るという一連の活動をサイクリックに回し続けるという行為の全体を意味しているということである．

2.4 Sの考え方（Statistical thinking）

2.4.1 事実に基づく活動

TQMが科学的活動と言われるゆえんは，この「事実に基づく活動」が基本にあるからで，いわゆる，「論より証拠」，「事実は小説より奇なり」ということである．科学的活動の基本は「観察」→「仮説の設定」→「実証」という3つのステップを事実に基づいて繰り返しながら，ものごとの

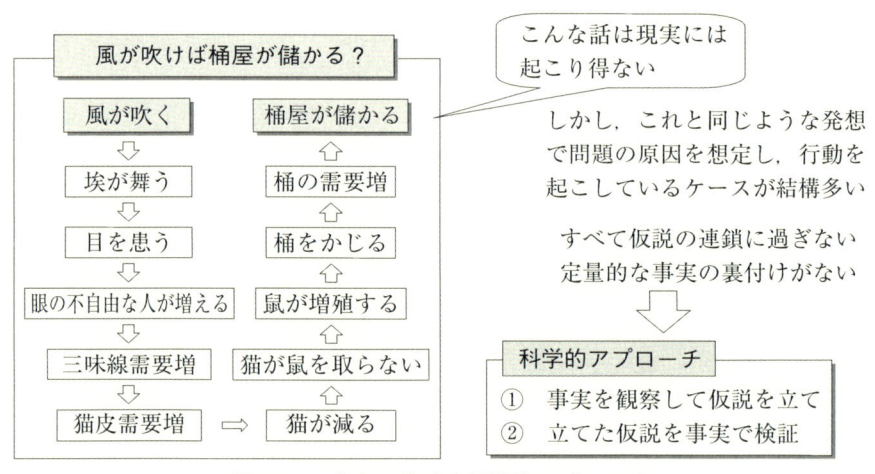

図2.14 事実に基づく科学的アプローチ

真実に迫っていく点にある．当然，TQMの活動も，あらゆる場面において，この3ステップを事実に基づいて進めていくことがすべての基本となってくる(図2.14)．

事実を代表するものがデータである．データというと，何か数値で表されたものというイメージがあるが，データにはさまざまな種類があり，何も数値だけがデータではない．事実を言葉で表わしたものも立派なデータであり，これを言語データという．TQMでは，この事実に基づく考え方を「ものごとはデータで語れ」とか「事実による管理：Fact control」とか「事実に基づく管理：Data based management」といった言い方をする．しかし，必ずしも今取られているデータが事実のすべてを代表しているとは限らず，「データの取り方」が重要なキーポイントとなってくる．中でも，後述する母集団とサンプルの考え方が最も基本となる考え方となる．

2.4.2　パレートの原則／重点志向

世の中の出来事は千差万別で1つとして同じものはないように見える．また，毎日変化する天気など自然の現象もすべてバラバラのように思えてくる．

しかし，見方を変え，共通的な要素という観点から分類していくと，結構，似たもの同士にくくれるし，いくつかの要素に分けることができる．さらに，それらをくくられた事象の数や規模の大きさの順に並べ直してみると，数の多いものはそれほどに多くはなく，数の少ないものほどたくさんあるということがわかってくる．

このような集団としての性質，すなわち「基本的なものはごくわずかしかなく，軽微なものほどたくさんある」という性質は，世の中の出来事や自然現象だけでなく，社会現象や私たちの組織活動の中においても同様に見ることができる．TQMの世界ではこのような集団としての性質を「パレートの原則」と呼び，この性質を元にして「重点志向」という考え方を生み出した(図2.15)．

これは，私たちの組織活動の結果や事象について検討していく場合，すべての結果や事象を検討対象とするとかなり厄介となるが，ある種の視点

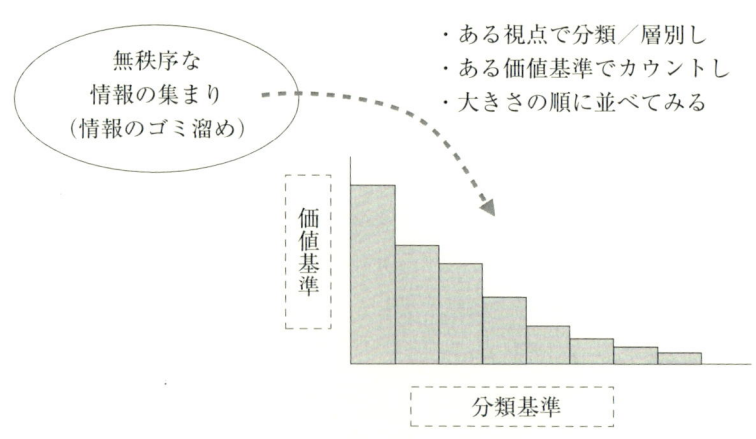

第 2 章　TQM を支える基本的な考え方

図 2.15　重点志向の考え方

- ある視点で分類／層別し
- ある価値基準でカウントし
- 大きさの順に並べてみる

（図中ラベル：無秩序な情報の集まり（情報のゴミ溜め）、価値基準、分類基準）

に立って，この一見複雑に見える事象をいくつかの要素に分類し，パレートの原則によって基本的なものとそうでないものに分けられるのであれば，まずは基本的なものから検討対象としていけば，かなり効率的に進められるはずだという考え方からきている．

　当然，「基本的なもの」として絞り込まれた要素が，重点として「意味あるもの」になっていなければ，せっかく分類できたとしても，それは重点志向したことにはならない．したがって，このパレートの原則に基づいて重点志向を実践していこうとするなら，まずは全体の事象を「何で分類し，何をもってカウントするか」，すなわち「分類するための基準」と「価値判断するための基準」という 2 つの基準が事前に用意されていなければならず，それらが明確になって初めて，何をもって重点と考えるかという意思決定ができるのである．例えば，単に件数が多いというだけで，まったく無批判にトップの項目に着目しているパレート図活用の事例をよく見かけるが，本来は，それに使われた分類基準やカウントした件数の意味をよく考え，本当に「重点」として捉えていいのかどうかをよく吟味した上で，意思決定としての絞込みをしていくことが必要となる．

　ただし，この重点志向で軽微なものを棄てる（または後回しにする）という行為の裏には，「軽微なものを棄てる際のリスクをテイクする」という重要なポイントが隠れていることを忘れてはならない．この棄てるリスクを

2.4 Sの考え方(Statistical thinking)

取る勇気が欠落すると，結局は活動が総花化して重点志向には至らない．4.4.1項で述べる方針管理においても，この棄てるリスクが取れないと，大半の業務が方針に取り上げられ日常管理と区別がつかなくなっていく．

また，パレートの原則が教えるもう1つの視点は次に述べる「バラツキの管理」の話，すなわち「ものごとは分類することで見えてくる」あるいは「分けて観ることによってわかってくる」という考え方である．混沌とした世界をいくら眺めていても何も出てこないし，何の手掛かりも浮かんでこない．そういう時は，まず「分けて観る」ということからスタートしよう．いろいろな視点から縦横無尽に兎に角，混沌の世界を分け，そして観る．何回か分けて観ていくことを繰り返すうちに，混沌とした暗中の世界が，まるで霧が晴れるようにだんだんとわかってくるようになるという考え方である．

2.4.3 バラツキの管理

世の中のすべてのもの，すべての事象は必ず何らかのバラツキを持っている．それは世の中の成り立ちを司る因果の連鎖が互いに入り乱れ，各々ランダムに作用し合っているからである．しかし，そのバラツキはまったくの無秩序かというと，決してそのようなことはなく，それぞれ何らかの形で「バラツキ方の特徴」を持っている．したがって，そのバラツキ方の特徴をうまく把握できれば，そこからその事象が持つ性質や情報をある程度推測していくことが可能となる．そこでTQMでは，このバラツキをデータとして捉え，その性格や性質を解明することによって科学的な活動へ積極的に活かそうという考え方を提唱しており，「バラツキの管理」，「バラツキに注目」といった言い方でこの考え方を普及させている．

バラツキとは「違い」のことであり，違いにはいくつかの種類がある．1つは「個」としての違いであり，もう1つは「集団」としての違いである．例えば，2つのリンゴがあったとすると，その2つの違いが個の違いであり，20個入りのリンゴ箱が2つあったとすれば，その2つの箱の違いが集団としての違いとなる．

問題は，この違いをデータでどう表現するかということになる．例えば，

2つのリンゴをAとBと命名すれば，この2つのリンゴの違いはAやBという記号で説明したことになる．見た印象として，Aの方がBよりも美味しそうだと言えば，AとBの違いを見た目の美味しさという尺度で表現したことになる．次に，大きさに着目すれば，AよりBの方が大きいという言い方でAとBの違いを大きさという指標で説明することもできる．さらに，秤に載せて重さを測ったとすれば，Aは58g，Bは92gという風に重さの違いを数値で示すこともできる．このようなデータの持つ性質の違いを数学的には，名義尺度とか順序尺度／順位尺度とか間隔尺度／比尺度といった言い方をしている．

一方，集団としてのリンゴ箱の違いをどう説明するか．2つの場合と同様，Aの箱とBの箱という風に命名すれば，箱の区別は付けられる．箱の中のリンゴを確認できないので，見た目の美味しさや大きさでAとBの違いを説明することはできないが，もし，箱を秤に載せることができれば，Aが1.6kgでBが2.9kgという風に，重さの違いとして表現することができる．

さて，箱からリンゴを出して大きさの順に並べたとしよう．もし，Aはほぼ同じ大きさのリンゴが20個入っていたのに対し，Bは大小さまざまな大きさのリンゴがバラバラに入っていたとすると，箱全体の重さだけでなく，中身のリンゴの大きさの散らばり方もAとBとでは違うということになる．つまり，集団としての違いには，全体的傾向としての違いと散らばり方としての違いという2つの異なった違いがあるということに気付く．いずれにしても，バラツキにはさまざまな形態があり，これらの性質をうまく抽出することで，対象とする事象の特徴を把握することができ，その情報を元に事実に基づく活動ができるようになる（図2.16）．

先のパレートの原則の項でも述べた「分けて観る」という考え方の裏には，「バラツキに注目」という考え方が含まれていることを理解してほしい．

また，このバラツキの考え方は対象とする事象の特徴を抽出するという機能だけでなく，このバラツキを意図的に層別し，コントロールできるものとできないものに分けることによって，バラツキを意図的に管理の対象

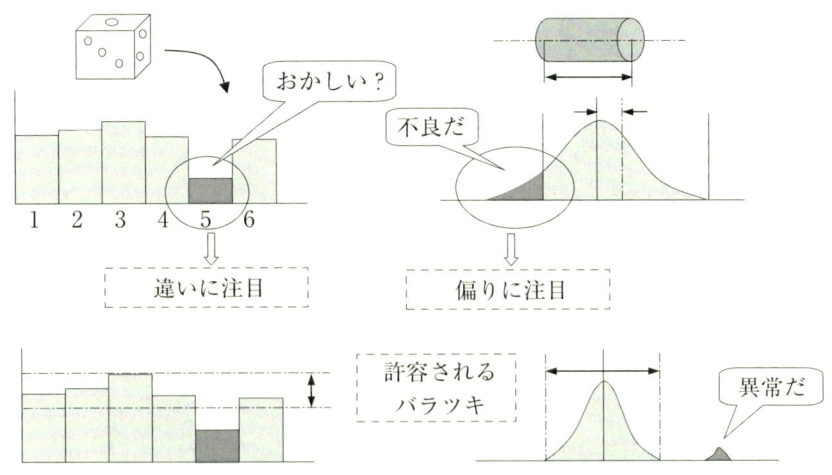

2.4 Sの考え方(Statistical thinking)

図2.16 バラツキの捉え方

としていくといった別の機能にも発展している．これはもともと，管理図の思想から波及してきた考え方であるが，モノづくりの工程だけでなく，すべての管理対象に対して，このバラツキの管理（バラツキに基づいてPDCAを回す）は適用可能である．

2.4.4 三現主義

事実に基づく考え方を実務の中で実践していく場合，TQMでは，その行動規範として「三現主義」という考え方を提唱している．三現主義でいう「三現」とは，「現場」で「現物」を「現実的」に観よという3つの「現」である（図2.17）．この考え方を簡単に言えば，「答えはすべて現場にある」，「モノを見ずにモノを語るな」，「現実から目をそらすな」といった言い方になる．

テレビのサスペンスもので殺人事件に取り組む刑事の姿がよく出てくる．これらの刑事が常に心掛け，必ずと言ってよいぐらい出てくる台詞に，「現場百回」，「犯人の残した遺留品からあたれ」，「行き詰まった時は現場に戻って現実を直視せよ」といった類のものがあるが，これはまさに三現主義そのものと言ってよい．

ついでに言っておくと，この三現のほかに，原理／原則という言葉を加

図 2.17　三現主義とは

えて「五ゲン主義」という言い方も，最近ではよく使われるようになった．これは，ものごとの成立ちには，その背景として必ずや原理や原則がある，だからものごとの真相や真理を追究していく際は，現場／現物／現実だけでなく，原理／原則も含めて総合的に検討せよという科学的活動の態度や考え方を示している．

2.4.5　母集団とサンプル

　事実に基づく考え方の項でも述べたように，事実とデータとは必ずしも同じものではない．データは事実から切り取った一部にしか過ぎず，あくまで事実の代用品であるという認識が大切である．さらに言うと，私たちが五感や計測ツールを使って収集しているあらゆる情報もすべてデータであり，実は事実の一部にしか過ぎないのである．

　目で見た事象，耳で聞いた話，指で触った感触，舌で味わった苦味，鼻で嗅いだ芳香，当然，計測ツールを使って計測したあらゆるデータも含め，いずれも事実ではあるが，それらはすべて事実の一部，すなわち「標本（サンプル）」にしか過ぎない．また，俗に第六感と呼ばれる脳の反応も，このことに大きく関与してくる．実際には目の網膜に投影された事象であっても，脳がそれを見たくない，あるいは見る必要がないと思っていると，それは結局，見えていないのと同じことになる．逆に，そんな実体は存在し

2.4 Sの考え方(Statistical thinking)

ないのに，恐怖という観念が働くと，そこにお化けが見えてしまうということもあり，錯覚と呼ばれる虚構の世界もまた同じ意味合いを持っている．

一方，事実の一部としての標本(サンプル)には，必ずバラツキがつきまとうということも忘れてはならない．バラツキの管理の項で述べたように，もともとの事実が本質的にバラツキを持っているところに加え，事実から採取したデータとしての標本にも，採取した瞬間から標本自体が持つ特別のバラツキが付加されるのである．TQMの分野では，これら事実からデータを採取する際に新しく付加されたバラツキのことを「サンプリング誤差」，「計測誤差」などと呼んでいる．

そうすると，本来の事実とは一体何なのかが気になってくる．私たちが本来知りたかった事実，それは活動の対象であり，また処置すべき対象を指す．しかし，今までの考え方からすると，それは標本のうしろにいて隠れて見えないもの，私たちの五感を通して直接は知覚することができないものということになる．TQMではこれを「母集団」と呼んでいる．つまり，母集団とは，何らかの活動目的によって特定されたアクションを取りたい事実としての対象を指す．私たちはそこからデータとしての標本を採

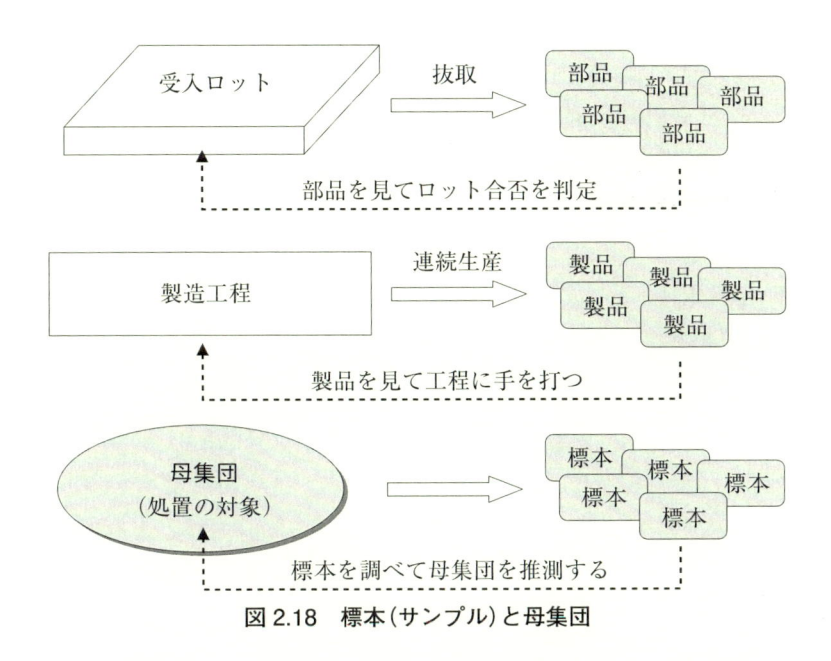

図 2.18　標本(サンプル)と母集団

取することによってのみ，その存在を認識し，その特徴を把握することができるが，それはあくまで「母集団の推測」という行為にしか過ぎないのである（図 2.18）.

当然，「推測の良し悪し」ということが問題となり，母集団を偏りなく推測できること，また精度よく推測できること，さらには効率よく経済的に推測できること，などといった推測の良し悪しを測る基準が議論の対象となってくる．と同時に，推測した際の「判断の誤り」ということも意思決定のリスクとして議論の遡上に上がってくる．この判断の誤りにはいくつかの種類があるが，母集団が二択に分類され，意思決定の判定が二択で指定できるようなケースでは，「アワテモノの誤り」という誤報の類いと「ボンヤリモノの誤り」という見逃しの類いという 2 つのミスに特定することができる．

2.5　T の考え方（Total thinking）

2.5.1　総合的な視点

　TQM は基本的に組織活動の科学的方法論の体系であり，ものごとを総合的かつ俯瞰的に捉えていく姿勢が大切となってくる．簡単に言えば，「部分最適ではなく全体最適を考えてことに当たる」，「すべての問題／すべての答えはバランスの中にある」，「ものごとは鳥の眼と虫の眼で見る」[3]，「Win-Win の関係構築が最後のゴール」といった考え方になる.

　私たちの活動は，ともすると部分の方に目が行きがちだが，まずは全体を俯瞰的に把握し，基本的な目的は何か，どの辺に問題は潜んでいそうか，重点とすべきキーポイントはどの辺にあるかといったことを大雑把に認識することを推奨し，これを「鳥の眼で観る」といった言い方をしている．そういう全体観の上に立って切り込むべき場所を特定し，ようやく部分の方に入っていく．部分に入ったら，今度は虫メガネで観るようなするどい観察を微に入り細に入ってしっかり観察する．これを「虫の眼で観る」と

---

[3]　東京理科大学名誉教授　狩野紀昭先生が提唱している考え方で，総合的な視点の重要性を示唆している．

2.5 Tの考え方(Total thinking)

回りをよく見て家を買え

高い所から見て全体感をつかむ

どうすれば全体のバランスが取れるのか

虫メガネで詳細を調べる

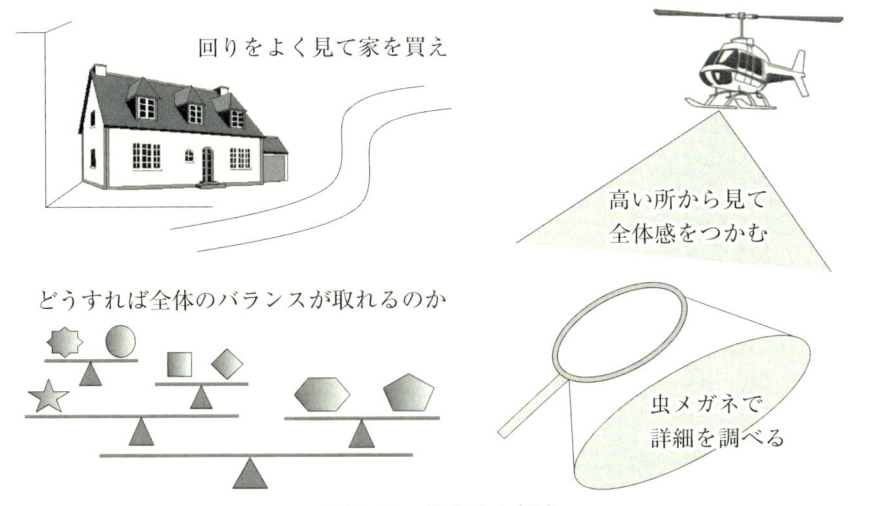

図2.19 総合的な視点

いう言い方をする．このような鳥の眼と虫の眼を交互に繰り返しながらものごとの本質に接近していくような進め方を志向することで，部分最適ではなく全体最適の活動ができるようになってくる(図2.19)．

次に，「何をもって最適というのか」が問題となる．Qの考え方の節でも述べたように，あらゆる活動の結果は大きく分けて，QCDMSEといった複数の目的特性によって構成される．ほとんどの場合，QCDMSEの関係はトレードオフになっている．つまり，「あちらを立てればこちらが立たず」という関係になっている．したがって，本来の最適とは，すべての目的特性がすべて同時に，それぞれの目的をクリアしている状況でなければならない．しかし，現実の世界では，そういう理想的な状態はなかなか存在せず，前提として，どの目的により重きを置くかという優先順位を設定し，より優先度の低い目的の達成を犠牲にしてより優先度の高いものの達成を目指すという考え方が一般化している．

しかし，TQMではそういう考え方をせず，むしろすべての答えはバランスの中にあるという考え方を志向している．つまり，ある一部を犠牲にして他を優先するという思想ではなく，全体のバランスを重視し，すべてバランスの中に答えを見出していこうという捉え方である．

51

逆に言えば，私たちが抱えている問題の大半は何かのバランスが崩れているところで発生している．だから，そのバランスが崩れている箇所を見つけて，そこに手を打てば，全体としてのバランスを取り戻すことができ，そこで発生している問題も解決するはずだという考え方である．

また，ありたい姿を目指す課題達成においても，多くの方策は全体バランスの構築なくしてゴールへの道筋は描けず，全体バランスが取れるような方策をいかに生み出し，それをどううまく配置できるかにかかっているのである．

TQM の最終ゴールはお客様の満足にあるが，それが持続するためには継続的な Win-Win の関係がお客様と私たちの間で構築できていなければならない．これはまさに，お客様と私たちの間で作る究極のバランスと言ってよい．このバランスをどう組織的に構築していけるかが TQM の成否を握っていると言っても過言ではない．

2.5.2　トップダウンとボトムアップ

1.5 節でも述べたが，組織の構造は大体ピラミッドのような階層構造をなしているのが一般的である．つまり，組織の頂点にトップがいて，その下に順次，下部組織が連なっていく形態である．これは水が高いところから低いところに流れていくように，トップの出した方針や指示が実践部隊である第一線の組織まで効率よく伝わり，それを元に組織全体がトップの意思通り機能的に動く「トップダウン」に適した組織形態だからである．したがって，この組織が機能する大前提はトップのしっかりとしたリーダーシップであり，これがなければこういう組織はまったく機能しない．

しかし，トップのリーダーシップだけあればそれで十分かと言えば，答えは No である．なぜなら，すでに述べたように世の中の出来事は必ずバラツキを持つため，トップの指示がいくら徹底していても実際の組織活動はその目論見通りには進まず，ある程度のバラツキを持って変動してしまうからである．さらに厄介なのは，組織を取り巻く環境はコントロールの外にあって常に変化していくものゆえ，その変化の仕方によってはトップ方針自体の前提条件が崩れてしまうこともあるからである．

2.5 T の考え方(Total thinking)

　第一線で日々発生するさまざまなバラツキや環境変化は組織の頂点にいるトップの耳にはなかなか届かない，たとえ届いたとしてもそれは相当の時間が経過した後である．つまり，トップがよほどの天才か神のような全能者でない限り，組織全体で起こっている実態や日々の変化を常に正しく把握していくことは不可能である．そういう状況下では，組織活動は機能せず，組織目的の達成も困難となる．これを防止するためには，第一線の活動情報や環境変化の情報が正確かつタイムリーにトップに届くことが必要となってくる．これは，トップから第一線に向かって流れるトップダウンの流れとは別に，現場の第一線からトップに向かって流れる「ボトムアップ」の流れが必要だということを示唆している．

　さらに，こういった情報の流れだけでなく，組織活動の成否を支える最大のキーポイントは，そこに働く人々の質，すなわち一人ひとりの心と技の有り様にあり，それがもたらす組織の活性化と各人のやる気(モラール)なのである．人というのは上から言われたことを単にこなすだけではモラールは決して高まらず，やはり自らが自らの意思で動く時，そしてそういう動きを他人から認められた時にこそ高まっていくものなのである．したがって，組織を構成する個々の人々のモラールと力量を高めて組織目的をより効果的かつ効率的に達成していくには，現場第一線からの活動，すなわちボトムアップによる活動が必要不可欠なのである．言い換えれば，「ボトムからの盛り上げなくして活性化は望めない」ということを理解しておくべきである．

　TQM では，こういったトップダウンの組織活動を「方針管理」という考え方に，またボトムアップの組織活動を「小集団活動(QC サークル活動)」や「部門別管理」という考え方にそれぞれ展開して，これを実践することを提唱している(第Ⅱ部参照)．そして，これらの組織活動をより効果的/効率的に機能化させていく役割を担うものとして部課長と呼ばれる中間管理職の人たちやそれを補佐するスタッフの人たちの存在を重視している．つまり，「トップとボトムをつなぐのは仲介者の責任」ということである(図 2.20)．

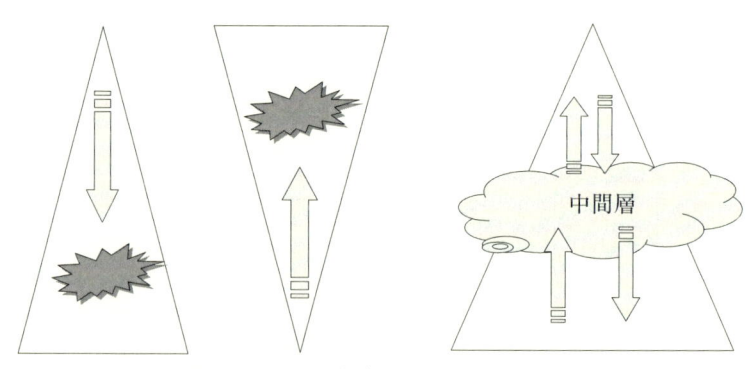

図 2.20　トップダウンとボトムアップ

2.5.3　部門別管理と機能別管理

　屋台のラーメン屋のように1人ですべての機能をこなす世界なら，特に組織活動というものを意識する必要はない．しかし活動の規模が徐々に拡大して複数の人たちで業務を分担しなければならなくなると，とたんに個々の活動のハザマに見えないカベができてくる．

　1.5節でも述べたように，特に，ピラミッド型のタテ型組織においては，それぞれの機能を担う部門がタテ方向に並ぶため，部門間のカベができやすく，ヨコの連携（クロスファンクショナルな活動）が極端に難しくなる欠点を持っている．したがって，組織目的をより効果的／効率的かつ有効性を持って達成していくためには，ヨコの連携を強化するための組織的工夫，すなわちタテ方向の組織管理とヨコ方向の組織管理とをうまく組み合わせて全体の組織をマトリックス的に運営していくといった考え方が大切となる．

　TQMでは，タテ方向の組織管理については「部門別管理」で，またヨコ方向の組織管理については「機能別管理」でそれぞれ対応し，これらを「方針管理」という全体的なマトリックス型の組織活動によって統括／運営していこうという考え方を提唱している（図2.21）．

　「組織のカベはヨコ串を通すことで全体の風通しをよくする」，「階層構造の弱さは筋交いを入れることで補強する」という考え方である．これは，タテ糸とヨコ糸を組合せて生地を織っていく織物，また地震の揺れか

2.5 Tの考え方(Total thinking)

保証すべきラーメンの質
⇒ うまい(Q)
　　安い(C)
　　早い(D)
⇒ QCDのバランス
⇒ お客様の満足！

1人なら
この原則を忘れる
ことはまずない

しかし規模が大きくなって役割が
分かれていくと

私作る人　私伝える人　私聞く人　私売る人

なぜかアチコチに見えない
カベができてくる

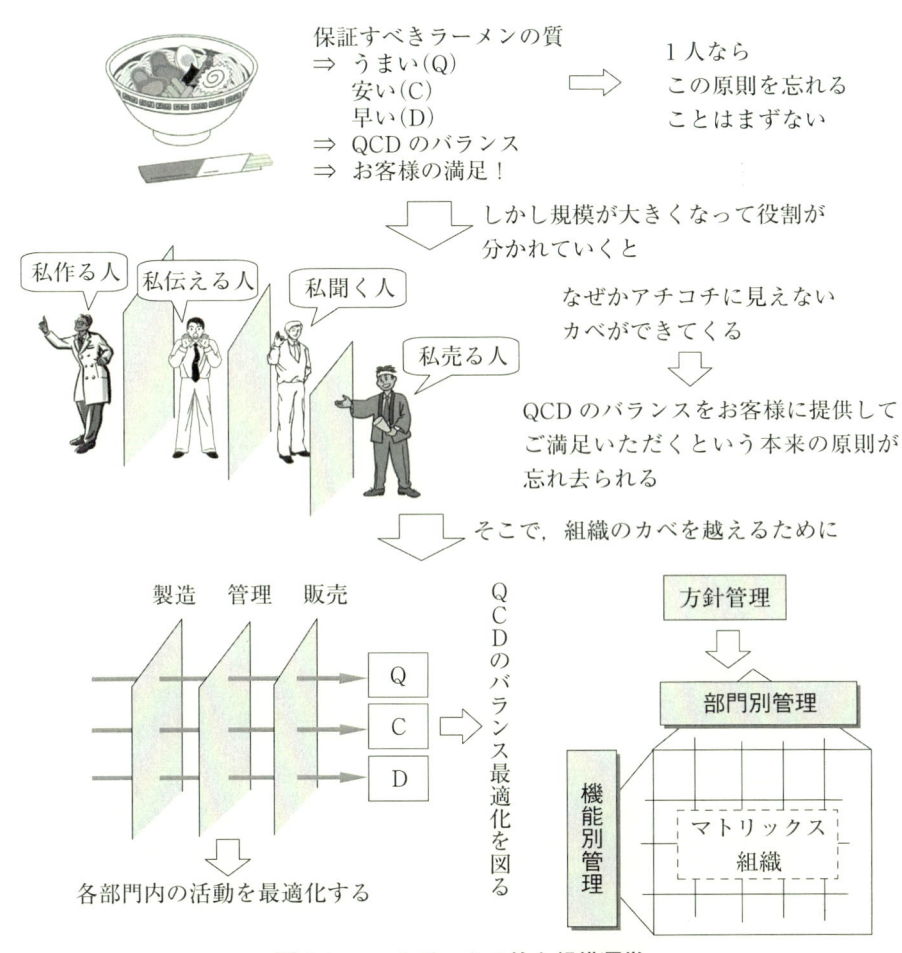

QCDのバランスをお客様に提供して
ご満足いただくという本来の原則が
忘れ去られる

そこで，組織のカベを越えるために

製造　管理　販売　Q C D
QCDのバランス最適化を図る
各部門内の活動を最適化する

方針管理
部門別管理
機能別管理
マトリックス組織

図 2.21 マトリックス的な組織運営

ら守るために筋交いを入れて強度アップを図る建築物などと，その底辺に流れる基本的な思想はまったく同じである．

2.5.4　全部門／全員が積極的に関わる活動

　自動車のような多くの部品から構成されている組立製品を思い浮かべてみよう．このような製品は個々の構成部品の一つひとつがキチンと機能しない限り，全体としての製品は決してねらい通りの機能を発揮し得ないものである．組織も，実はこれとまったく同じ性格を持っている．つまり，

55

第2章　TQMを支える基本的な考え方

　組織という大きな視点から見れば，それを構成する個々の人々は単なる部分（パーツ）にしか過ぎず，個々の部品でしかないように見える．しかし，その一つひとつ，一人ひとりがしっかりと自分に与えられた役割を果たさない限り，その組織は全体としてまったく機能しないのである．

　より良い組織活動が展開されていくためには，それを構成する個々の人々の質（心と技）が保証されていなければならない．そのためには，個々の人たちがどういう意識を持って，その組織に加わっているかという視点が重要となる．

　TQMでは，組織に集う「全部門／全員が積極的に関わろうとする意識」なくして，組織目的の効果的／効率的な達成は望めないといった考え方を提唱している．ここでいう「積極的に関わろうとする意識」とは，すべての部門，すべての人がその組織の目的に賛同／共感し，その目的に向かって全身全霊でぶつかっていくことを公に約束することを意味する．この「積極的に関わろうとする意識」を一言でいうと賛同（commitment）という用語で表現されるかもしれない．通常，個々の人たちの組織への関わり方については，参加（involve）とか参画（participate）といった言葉を用いるものだが，この参加とか参画というレベルでは，組織活動へ傾注する意識の深さ，重みとしては決して十分とは言えない．もっと前向きの強い心が求められるのである[4]．

　組織を動かす側にとって大切なのは，そういう人々の賛同，コミットメントをどうやって得られるようにするかということである．1つは誰もが納得するような大義名分／組織目的をキチンと示すことである．さらには，一人ひとりの役割がその大義名分とキッチリつながっているということを見える化し，個々の人々が担う業務の大切さがしっかり認識できるようになっていることである．その上で，その役割を達成し得る技量を養える場を提供し，最終的には個々の人々と組織との間で作られる関係がWin-Winの関係にあることをすべての人が名実ともに実感できることである．

---

[4]　東京理科大学名誉教授　狩野紀昭先生が提唱している考え方で，組織活動に対する人の関わり方の違いを示唆している．

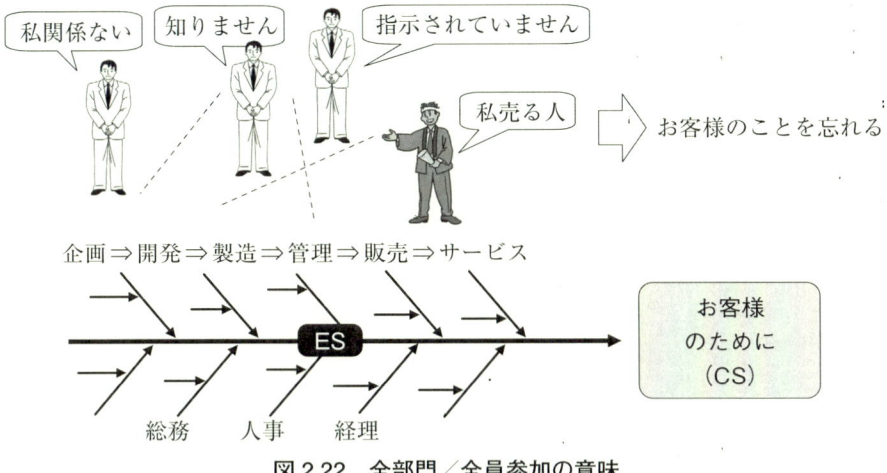

2.5 Tの考え方(Total thinking)

図 2.22 全部門／全員参加の意味

　TQM では，ちょうど顧客と組織との間の関係性が Win-Win の関係になっていくことが1つのゴールであり，その象徴的概念として顧客満足（CS：Customer Satisfaction）が示されたのと同様，組織と個々の構成員との間の関係においても Win-Win の関係になることが1つのゴールであり，その象徴的概念として従業員満足（ES：Employee Satisfaction）があるという考え方を提唱している（図 2.22）．

　いずれにしても，TQM では，部門間にハザマを作らない，そして人の間にもハザマを作らない，それによって生まれる ES の向上を通じて組織全体の活性化を促進させ，それがより効果的かつ効率的な組織活動を展開するインフラとなり，そのベースの元でお客様の価値創造を通じた CS が実現していくという考え方を総合的な考え方の中で位置付けている．

2.5.5 人間性尊重／人重視

　TQM の考え方は，顧客重視が基本で，そのためにプロセス重視があった．そして，このプロセスを構成する最大の要素が人であるがゆえに，「人間性尊重」，「人重視」ということが TQM の考え方を支える大きな柱の1つとなっている．あの武田信玄が自らの領地を統治する際に，「人は石垣，人は城」という考え方を打ち出したように，組織活動の成否を握る最後の

第2章　TQMを支える基本的な考え方

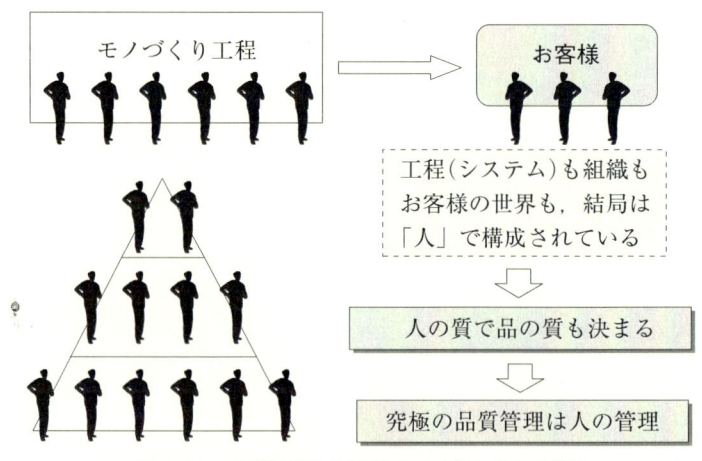

図2.23　組織活動の最後のカギは「人の質」

カギは人の質であり，これによってすべてが決まってくると言っても過言ではない．

したがって，TQMでは，昔から「品質管理は教育に始まり教育に終わる」という格言を生み出すとともに，「従業員満足なくして顧客満足なし」という考え方も提唱してきた．どんなに素晴らしいしくみを設けても，また，どんなに高度な手法やツールを駆使しても，その成否を握っているのは「人の質」であり，これが担保されない限り，すべての活動は無に帰してしまう（図2.23）．

この「人」とは，まずお客様であり，そして組織の構成員である．当然，その中にはトップもいるし，役員もいる．部課長などの中間管理職やスタッフ，そしてパート／アルバイトといった非正規構成員もいよう．さらには協力会社の人々，地域に暮らす住民，そして地球に住む人類／動植物のすべて，そういうすべてのものたちをイメージしている．TQMはそういうすべてのものたちの幸せを目指して活用されることで，初めて手法の体系としての意味を持ってくるという考え方が基本となっている．

第3章

TQM と品質保証

　TQM の発展過程からも明らかなように TQM はあくまで手段／ツールであり，その目的は品質保証にある．したがい，本章では，TQM の真髄である品質保証について，その概要を TQM との関係も示しながら解説していく．

　なお，紙幅の都合で内容の一部を巻末付表に移していることをあらかじめお断りしておく．

3.1　品質保証活動の概要

3.1.1　品質保証の意味

　品質保証の考え方は時代とともに進化／発展してきたが，最先端の認識としては，提供する製品／サービスによって顧客に生じる価値が確実に維持／向上することを明示／実証するとともに，そのことを顧客に対して約束することを言う．

　つまり，保証の対象は，製品というモノやサービスそのものではなく，製品／サービスが発揮する機能(ハタラキ)によって顧客の側に生じるある種の価値が保証の対象であるという考え方である．したがって，その価値を享受する人が誰であるかをまず特定し，その上で，その価値が何であるかを明らかにしていくことが品質保証をしていくための第一歩となる．そして，保証の真意は，その価値が確実に享受されるということを，その価値を享受する人に対して明示し，かつその実現を明確に約束することにほかならない．

3.1.2　品質保証活動の基本

　品質保証活動の基本的な考え方にはいろいろな捉え方があるが，本書で

はとりあえず，以下の5項目を掲げておく．

① マーケットイン，顧客志向に徹する
② 品質を保証すべき対象者(顧客)を明示する
③ 顧客の要求／要望／希望(顕在／潜在)を適確に捉え，それを商品／サービスのセットで実現していく
④ 顧客の要求／要望／希望からマーケットをいくつかのセグメントに層別し，各層ごとに保証すべき品質を定め，それを保証する(顧客によって保証すべき品質を変える)
⑤ 企画から販売／サービスに至る全部門／全員が参加／協力する

3.1.3 品質目標の設定とその管理

品質保証活動を科学的に進めていくには，TQMの考え方や手法を上手に取り入れていくことが大切である．中でも，管理の考え方は品質保証活動を効果的／効率的に進めていく上で必須となる．

すなわち，顧客の満足度を維持／向上／発展させるため，各市場のターゲット顧客が望むQ(品質)，C(コスト／価格)，D(タイミング／スピード／納期・量)，S(製品安全)，M(モラール)およびE(環境保全)などに関する目標(目標項目／目標値／達成期日)を顧客別または市場別に具体的／数値的に設定し，これを中期／短期の観点から継続的に管理(PDCAサイクルを回す)することが求められる．

3.1.4 総合的品質管理(TQM)の実践

これらの目標を効果的／効率的に達成し，かつ将来にわたって持続させていくためには，企画から循環に至る全プロセスにおいてTQMを全部門／全員の積極的参画(賛同)で実践していく必要がある．すなわち，TQMとは品質保証という目的を達成するための最も有効な手段である．

3.1.5 継続的改善

品質保証活動がターゲットとする顧客の満足に確実につながっているか，その実態を常に把握／評価し，これに基づいて製品／サービス，およ

び品質保証のしくみを継続的に改良／改善していくことが求められる．すなわち，品質を中心としたPDCAサイクルを継続的に回していくことが求められる．

3.1.6 製品法規制などの順守

品質保証活動は顧客の満足を継続的に獲得していくことが第一義であるが，製品安全や環境保全など各国の製品法規制の動向を常にウォッチし，これを確実に順守していく活動も，組織（企業）の社会的責任（CSR：Corporate Social Responsibility）として行う．

この場合，単に法律さえ守ればいいのではなく，その法律の設立された趣旨を理解し，その趣旨に則って自組織の品質基準や品質保証活動を展開していく進め方を志向することが肝要である．法律の順守はあくまで最低限の活動であり，さらにその上を行くような自組織の基準を定め，これを運用していくことが本来の姿と言えよう．

3.1.7 品質保証の機能と体系

（1） 品質保証の機能

品質保証の機能は，組織機能と対応するプロセス別品質保証機能（表3.1）と組織横断的な要素別品質保証機能（表3.2）との品質保証機能マトリックス（表3.3）として定義される．

なお，品質保証のプロセスは，表3.1で規定したステップ別の5分類が一般的だが，「品質」という視点をより強調したい場合は，以下の4つのプロセスで捉える場合もある．

表3.1　プロセス別品質保証機能

	プロセス別品質保証
a	市場／顧客の調査／研究・品質企画プロセスにおける品質保証
b	設計プロセスにおける品質保証
c	生産プロセスにおける品質保証
d	販売／サービスプロセスにおける品質保証
e	循環プロセスおける品質保証

第 3 章 TQM と品質保証

表 3.2 要素別品質保証機能

No.	要素別品質保証
1	評価／監査／検査
2	計測管理
3	品質情報管理（顧客関係マネジメントを含む）
4	安全性管理（PL を含む）
5	信頼性管理
6	環境性管理
7	品質コストによる管理
8	変化点管理（初物管理を含む）
9	初期流動管理
10	その他の管理（設備管理・物流／量／アウトソーシング／在庫管理など）
11	教育／訓練
12	品質トラブル処理／品質改善

表 3.3 品質保証機能マトリックス

プロセス＼要素	1 評価／監査／検査	2 計測管理	3 品質情報管理（顧客関係マネジメントを含む）	4 安全性管理（PLを含む）	5 信頼性管理	6 環境性管理	7 品質コストによる管理	8 変化点管理（初物管理を含む）	9 初期流動管理	10 その他の管理(設備管理・物流／量／アウトソーシング／在庫管理など)	11 教育／訓練	12 品質トラブル処理／品質改善
a 市場／顧客の調査／研究・品質企画プロセス	○	○	◎	○	○	○	△	○	△		○	
b 設計プロセス	◎	◎	◎	◎	◎	◎	○	○	○	△	○	◎
c 生産プロセス	◎	◎	◎	◎	◎	◎	○	◎	◎	○	○	◎
d 販売／サービスプロセス	◎	△	◎	◎	○	△	○	○	◎	○	○	◎
e 循環プロセス	○	△	◎	△	△	△	○	○			○	○

◎：強い対応がある　　○：対応がある　　△：弱い対応がある

1) 品質創造・設定プロセス

保証すべき品質を定めるプロセスで，顧客の設定，顧客要求の把握，顧客要求達成手段の設定，達成すべき品質の目標やあるべき姿の設定が基本活動となり，表3.1の「市場／顧客の調査／研究・品質企画プロセス」とほぼ同期する．以下，ポイントのみ列挙し，役割と重点活動については巻末の付表1に示す．

① 人は，意識／無意識を問わず，自らが欲求／期待していることが具現化されることに価値を見出し，その価値が実際に充足されたかどうかで満足感／歓喜を得る．

② 一般的な信用取引の世界では，人は自ら期待した価値が，その商品(サービスを含む)によって充足されるであろうことを前提に，その交換価値としての対価(その商品を使用し廃棄し終わるまでに必要となる費用も含む)を支払う．この支払った対価と事前期待とは，その人の意識の中では，ほぼ等価となっている(バランスが取れている)から，もし商品の購入／使用段階で，実際に獲得できた実現価値が当初抱いていた事前価値との間でズレ(ギャップ)が生じると，そのギャップの度合いに応じて満足の感じ方が変化する．

③ 品質保証とは，顧客の期待価値や潜在期待価値を提供し得ることを顧客に約束し，かつその約束を確実に果たすことを言い，品質創造とは，この期待価値や潜在価値を発見／生み出す活動を指す．

④ 品質創造にあたっては，まず顧客を特定し，次にその顧客が感じる不満／満足／歓喜の構造と期待価値との関係性を解明し，その上で，満足感がさらに向上する，あるいは新たな歓喜が発現される，そういう可能性を持つ新たな期待価値を探求／特定する必要がある．

⑤ 顧客期待価値はハードとしての製品のみに止まらず，サービスなどソフトも含めた総合機能として提供することで初めて達成される．

⑥ 顧客期待価値を発見／創造するベースは顧客／市場に最も近いところにいる第一線の販売／サービス部門の働きに掛ってくるが，表面上に現れた単なる要求／要望／VOC(顧客の声)のみをいくら収集／分析してみても，真の顧客期待価値は見えてこない．

⑦ 顧客の喜び／繁栄が会社の喜び／繁栄とイコールになる構図，すなわち Win-Win モデルを描き，その具現化をプランニングすることが品質経営企画（品質保証と経営とを直接的に結び付ける１つの「しかけ」）である．

⑧ 特定された顧客期待価値を品質の言葉（機能と水準）に変換し，現状との相対的な位置関係（ポジション）の変化を特定することが品質設定である．

⑨ ここで現状とは，すでに現存する機能がある場合とない場合，また競合する相手がいる場合といない場合とに分けられる．

2) 品質実現プロセス

1)で設定した品質を具体的な製品やサービスに置き換えていくプロセスで，要求品質の変換，変換前後での品質達成度の評価／確認，確認結果に基づく是正／改善が基本活動となり，表 3.1 の「設計プロセス＋生産プロセス」と同期する．以下，ポイントのみ列挙し，役割と重点活動については巻末の付表２に示す．

① 品質実現プロセスは，品質創造／設定プロセスにて設定された企画品質を形ある実際の商品／サービスに具現化していく実践的プロセスであり，「品質設計」および「品質製造」という２つのプロセスにより構成される．

② 品質設計プロセスにおける主な機能は品質に関する「情報変換」と「情報伝達」となる．

③ 情報変換は企画品質から設計品質への変換となり，その実体は図面／仕様書／QA 表／製造指図書などで具現化された上で製造プロセスへ伝達される．

④ 品質製造プロセスにおける主な機能は品質の「具現化」である．

⑤ 具現化の方法は製品など形のあるハードに具現化する場合と，サービスなど形のないソフトに具現化する場合とに分けられ，特にサービスの場合には以下の特徴がある．

　　同時性　⇒　製造と提供とがほぼ同時に進行する．

消滅性 ⇒ 提供とともに実体が消滅する．

⑥ どのプロセスでも重要な機能だが，「作り込み機能とチェック機能のセット化」は，特にこの品質実現プロセスにおいて最重要となる．

⑦ 作り込み機能は「工程(業務フロー／手順)」とそれを「構成する要素(5つのM：Man, Machine, Material, Method, Measurement)」および「5W1H(When, Where, Who, What, How, Why)」を特定／標準化することで設定される．

⑧ チェック機能は「チェックの3要素(チェック項目，チェック方法，判定基準)」と作り込みと同様，「5W1H」を特定／標準化することで設定される．

⑨ 品質実現プロセスの基本構造は，上記の作り込み／チェック機能の基本フローを元に，それ以前の工程に戻るフィードバックルートとそれ以降の工程にスキップするフィードフォワードルートの組合せによって構成される．

⑩ 品質実現プロセスにおいては，望ましくない事態(品質創造・設定プロセスにて定められた企画品質の未達成)の発生を未然防止する活動を重視し，各工程における予測／予防の機能を最優先する．

⑪ 意に反して望ましくない事態が発生した場合は，望ましい状態への復帰(応急処置)とその再発防止(恒久処置)の活動を速やかに進めるとともに，その際に取った各処置／改善(変更)の商品や周辺／システムなどに与える影響を評価し，問題となりそうな影響に対しては，その影響を未然に取り除くための活動(変更管理)をタイミングよく進める．

3) 品質提供プロセス

2)で実現した品質を確実に顧客へ提供していくプロセスで，販売前／販売時／販売後における営業／サービスが基本活動となり，表3.1の「販売／サービスプロセス」とほぼ同期する．

以下，ポイントのみを箇条書きに列挙し，役割と重点活動については巻末の付表3に示す．

第3章　TQMと品質保証

① モノを売るのではなく価値を売る．
② お客様は何故，何を求めてお店にやってくるのかを考える．
③ 自分がお客になった時を思い描け．
④ 顧客期待を超えることで満足の上を行く(顧客歓喜)．
⑤ サービスの意味と質をお客の立場に立って考える．
⑥ 押売りとコンサル販売との違いは「コト作り」にある．
⑦ お客様は決して一様ではない(顧客から個客，固客への発想転換)．
⑧ お客様の満足には2種類ある「買って満足」，「使って満足」．
⑨ お買上げいただいた後のフォローの質が成否を分ける．
⑩ アフターケアの良さがリピートを呼び込む．
⑪ 顧客リストの本質はお客様との強い絆作りにある．
⑫ 良いお客様は次のお客様を連れてくる(ロイヤルカスタマー作り)．
⑬ デミングサイクルは営業からスタートする．
⑭ 工場から届けられたものをただ売るだけでは営業ではない．
⑮ 真にお客様に売りたいものは営業にしかわからない．
⑯ インターナルコミュニケーションを重視せよ(銃後の人々)．
⑰ 商品情報に加え量／納期／価格情報も大事なフィードバック要素．
⑱ 不満とクレームの違いを理解し適切に対応せよ．
⑲ 苦情は処理するものという意識をまず変える．
⑳ なぜお客様は苦情を言ってきたのかを考えよ．
㉑ お客様からいただいた苦情を今後の活動に活かせ．
㉒ 苦情が来なくなったら気を付けよ．
㉓ 潜在化している苦情も発掘せよ．

4) 品質改善プロセス

　提供後の品質を維持／改善していくプロセスで，インバウンド(社内)・アウトバウンド(社外)における品質状況のモニタリングと評価，発見したギャップ(顧客要求，ねらい／目的からのズレ)の改善が基本活動となり，全品質保証プロセスへのフィードバック／フィードフォワード機能となる．主として表3.1の「販売／サービスプロセス」および「循環プロセス」

とほぼ同期する．

(2) 品質保証体系

　品質保証体系はプロセスを横軸，これを実行する組織を縦軸とした二元構造の業務フローとして構成され，事業または製品の特徴に合せ，以下の事項を考慮して定める．典型的な例としては，品質保証体系図，品質マネジメント体系図，品質保証組織機能図，品質機能展開などがある．

① 基本的役割
　プロセスごとに各組織が負うべき具体的な役割や機能，保証事項などを明確にする

② 責任分担
　役割の遂行／保証に対する権限／責任を明確にする

③ 入出力情報
　役割を果たすために必要な入力情報／出力情報を明確にする

④ 仕事／情報の流れ
　プロセス間／組織間でタテヨコ連携の取れた活動により，各組織の役割に混乱を生じることなく漏れがないよう，仕事／情報の流れとその受け渡し，管理方法および調整手段を明確にする

⑤ しくみ
　品質が確実に作り込まれるしくみを明確にする

⑥ 確認／評価／改善
　品質保証活動の状況を確認／評価する方法を定め，その結果に基づく継続的改善のしくみを明示する

⑦ 会議体
　品質保証活動を体系的かつ円滑に推進するための会議体を明確にし，その運用を規定する

(3) 品質保証関連標準体系

　前述の品質保証体系を運用するために必要となるルールを標準化し，その体系化を図っていく必要がある．なお，ルールの体系は，標準化体系に

基づき，組織が共通して守るべきルールとして設定する．

3.2　要素別品質保証における TQM の実践

3.2.1　評価／監査／検査の TQM

　評価／監査／検査は広い概念を持つが，本書では TQM 活用としての品質評価（モノ／サービスまたは業務の質の評価），品質監査（モノまたは業務の質の監査），品質検査（モノまたはロット／工程の質の検査）について述べる．なお，品質検査については，品質という言葉を省略して用いる場合が一般的なため，以後，品質検査のことを単に検査と記述する．

　役割／重点活動については巻末の付表4に示す．

（1）　品質評価

　品質評価は，原則として，以下の4ステップで構成する．
　　① 評価する対象を定める．
　　② 評価項目／評価方法／評価基準を定める．
　　③ 試験／実験／調査などにより品質の良し悪しを測定する．
　　④ 測定結果から評価対象が持つ品質上の価値を総合的に判断する．

　評価対象のうち，モノについては新製品開発プロセスにおける4つの品質（企画品質／設計品質／製造品質／初期市場品質）と定常プロセスにおける現流品質（社内現流品質／自社流通品質／他社流通品質：定点観測と呼ぶ場合もある）とに区分けする．また，サービスの質についてはモノに付随する機能としてモノに含め，また業務の質については監査の項に含めて扱う．

（2）　品質監査

　品質監査は，原則として，①～⑤の5ステップで構成するが，品質監査活動としては，さらに⑥～⑧の3項目を追加する場合もある．
　　① 監査する対象を定める．
　　② 監査項目／監査方法／監査基準を定める．

③ 試験／実験／調査などにより品質の良し悪しを測定する．
④ 測定結果から品質の達成度合や品質保証業務の質を監査判定基準と比較する．
⑤ 良し悪しの指摘，ならびに監査対象の合否を判定する[1]．

（追加項目）
⑥ 指摘した問題点をフォローする．
⑦ 問題点の改善レベルを確認する．
⑧ 最終的な合格判定が得られるまでサポートする．

　監査対象は，モノの監査（製品品質に対する監査）と業務の監査（品質システムあるいは品質保証活動に関する監査）とに区分けする．なお，監査の要諦は客観性の確保にあるため，当事者以外の組織機能によって監査することが基本となるが，「自工程完結（自律型品質保証）」の思想を背景に，当該組織自らが自らの製品を自主的に監査する活動も推奨する．

(3)　検査

　検査は，原則として，①〜⑤の5ステップで構成するが，さらに，検査後のフォローアップも含め，⑥，⑦の2項目を追加し，広い意味で捉えておく．

① 検査する対象を定める．
② 検査項目／検査方法／検査基準を定める．
③ 試験／実験／調査などにより品質の良し悪しを測定する．
④ 測定結果から検査対象の品質水準を合否判定基準と比較する．
⑤ 検査対象の合否を判定する．

（追加項目）
⑥ 不合格と判定された対象を適切に処置する．
⑦ 不合格の原因追究と再発防止のフォローを進める．

---

[1] 一般的には，監査の機能にものごとの合否を判定する機能は含まれず，あくまで指摘機能に止まるのが通常だが，場合により，合否判定機能を監査機能に含めて運用している組織もあることに留意する．

検査対象は，個々の品物に対する全数検査とロットに対する抜取検査，および工程に対する抜取検査とがある．

検査の基本機能は「後工程に悪いモノを流さない」という発見機能にある．したがって，製造部門は，工程設計段階にて，製造品質保証の各プロセスに応じて，受入検査／中間検査／最終検査／出荷検査など，どの段階で／どういう品質不具合を／何で／どのように発見するかという「総合的検査計画」を立てる役割を持つ．また，その際には各プロセスの特徴に合せた妥当性のある検査方式を選択する．

3.2.2 計測管理と TQM

役割／重点活動については巻末の付表 5 に示す．

3.2.3 品質情報管理と TQM

(1) 品質情報管理活動の要点

品質情報管理は，企画から循環に至るすべてのプロセスにおける品質情報の体系と管理のしくみ（収集⇒分析⇒伝達⇒活用⇒蓄積といった情報の流れに関する PDCA）を整備することにより，事実／データに基づく品質保証活動(Data based Quality Assurance Management)を確実にすることをねらいとする．

なお，本書で定める品質情報は，顕在／潜在含め，品質に関する不満／不具合／不適合などマイナス品質に関する情報を主として扱うが，顧客の潜在的な期待／要望など魅力品質に関わるプラス品質の情報についても，前向きの顧客品質情報管理として，その活動を推進することが TQM の実践では特に大切である．

品質情報はその情報の発信源（社内／社外）と情報収集の形態（常設収集ルートの有無）によって 4 つの種類に区分けするが，活動の要点は収集形態によって変わるので，以下，情報の収集形態別に記述する．

〈常設収集ルートを持つ品質情報の管理〉

常設の収集ルートを持つ品質情報は，日常的に「入ってくる情報」であり，主としてその処理方法が管理の要諦となる．

①　対象となる品質情報の項目整理とその体系化
②　収集ルートの設定
③　運用のしくみの構築
④　品質情報収集と伝達
⑤　品質情報の集約と分析
⑥　品質情報に基づくアクション
⑦　品質情報の蓄積／更新とその活用

〈常設収集ルートを持たない品質情報の管理〉

　常設収集ルートを持たない品質情報は，日常的には「入ってこない品質情報」であり，何らかの収集目的の元，明確な意図を持って「取りにいく情報」となるため，その活動はほぼ調査の機能と一致する．プラス品質の情報は主にこの機能に含まれる．

①　取りにいくべき品質情報の整理（目的の明確化）
②　品質情報収集計画の策定
③　計画に基づく品質情報の収集と分析
④　目的に合せた分析結果の活用
⑤　収集した品質情報の蓄積／更新
⑥　目的に戻っての反省と次の PDCA への反映

　参考として，主な品質情報項目を表3.4に示す．

(2)　情報履歴とトレーサビリティ

　個々の製品に関する"モノづくりプロセス（試作から循環まで）"の履歴を明確化することにより，品質不具合が発生した場合または発生が懸念される場合の個々の製品への対応や顧客とのコミュニケーションを確実にする必要がある．そのポイントを以下に示す．

①　製品開発の段階から製品が作られた経過や過程を製品開発履歴として残す．
②　量産以降は，個々の製品がどのような履歴の材料／部品によって構成され，どのような製造プロセスを経て作られたかを生産履歴として残す．

第3章　TQMと品質保証

表3.4　プロセス別品質情報

プロセス	入ってくる情報	取りにくい情報
販売・循環プロセス	クレーム（苦情を含む），顧客からの要求／提案，サービス即応率，パーツ即納率　など	顧客満足度，顧客要望／期待（潜在要求），顧客の抱える問題／課題，ライフサイクルコスト，競合品の品質情報，サービス員の品質力量　など
企画・設計プロセス	企画品質達成率，新製品売上比率，設計責任Fコスト(p.86参照)，設計変更実施率，出図以降の設計変更件数　など	技術者の品質力量，技術標準整備率　など
生産プロセス	工程不良率，組立直行率，総合欠点率，製造責任Fコスト，設備故障率，品質トラブル（狭義），受入不合格率，無検査／特採／工程異常件数，品質問題処置率　など	各製造拠点の品質保証力，作業者の品質力量，協力会社の品質管理力，工程能力指数比率，初期流動期間，競合他社／業界の購買情報　など

③　特に，材料／部品については，二次外注／三次外注など，源流のサプライチェーンにまで遡って生産履歴を追跡可能とする．
④　販売段階では，個々の製品がどのような顧客に販売されたかを販売履歴として残す．
⑤　製品の販売後，個々の製品がどのような流通プロセス／使用プロセスを経て，最終的な回収ないしは廃棄されたかを追跡可能な状態にしておく．
⑥　収集される品質情報と上記の製品の生産／販売履歴情報とは常にリンク可能となるよう情報管理体制を整備しておく．

(3)　品質トラブルの定義／ランク付けと重点活動

　表3.4に示した品質情報項目の中でも，品質トラブル（広義）は，品質保証とTQMにとって重要な意味を持つため，以下，その定義と重要度ランクについて記述する．

3.2 要素別品質保証における TQM の実践

1) 品質トラブル(広義)の定義

品質トラブル(広義)とは「対象とするモノ／サービスの品質が，その品質を規定する何らかの価値基準から逸脱している状態」をいい，価値基準の意味合い(誰にとっての価値基準か)と発生(発見)場所によって表3.5のように分類される．

なお，ここで使用する用語は，その概念が特に重要となるので，以下，定義しておく．

① クレーム
品質不具合に関する補償請求を伴うお客様からの申し出
② コンプレイン
品質不具合に関する上記①以外のお客様からの申し出
③ 社外品質トラブル
社外に流出した品質不適合
④ 社内品質トラブル
社内で発生／発見された品質不適合(狭義の品質トラブル)
⑤ 品質不具合
使い勝手の悪さや感性も含めた品質に関する問題の総称
⑥ 品質不適合
会社で定めた品質基準を満たしていない状態

組織が提供した製品／サービスに対して，お客様が自らの価値基準に基づいて品質に不具合があると判断し，その補償を求めたものがクレーム

表3.5 品質トラブル(広義)の分類

	外的基準 (顧客の価値基準)	内的基準 (社内品質基準)
社外発見	クレーム，コンプレイン	社外品質トラブル
社内発見	(該当なし) ただし，外的基準による監査で発見した不具合はこの範疇に入る	社内品質トラブル

第3章　TQMと品質保証

で，補償まで求めていない申し出をコンプレインと呼ぶ．

つまり，品質不具合に関するお客様からの申し出は，それが組織の品質基準に適合しているか／いないか，あるいは有償か／無償かなどは問わず，第一義的にはクレーム，ないしコンプレインとして受け付けなければならない．

ただし，商品／顧客の性格（消費財か生産財か，国内顧客か海外顧客かなど）によってクレームの意味合いも異なってくるため，各組織がクレームとして認定／受付／管理するものは，例えば，顧客の手元に渡ってから12カ月以内／製造から18カ月以内など，各組織の実情に合わせて適宜運用すればよい．

また，社内で発見された品質不適合（社内品質トラブル）であっても，すでに社外に流出してしまったものは社外品質トラブルとなる（図3.1(p.77)）参照）．

なお，社内品質トラブルの名称は，量産試作以降（正式出図以降）に発生／発見された品質不適合に対する呼称とするのが一般的で，出図以前に発生する品質不適合には適用しない場合が多い．

2） 品質トラブルのランク付け

品質トラブルのランク基準設定とその運用について，順守すべき基本事項を以下に示す．

① ランク付けは，トラブルの"発生現象"を基点として，そこから起こり得る「結果の重大性」を予測して判断／設定する．

② 迅速なトラブル対応のため，初動段階で上記①の判断／設定を速やかに行う（初動ランク）．

③ 初動ランク設定にあたっては，顧客への保証活動を確実にするため，後の④で述べるランク変更において「初動ランク≧変更ランク」となるよう安全側のランク付けを行う．初動段階で品質トラブルの大きさを過小評価したため，手を打つのが遅れ，顧客に多大な迷惑をかけるリスクより，過大評価によって社内的な活動に多少のムダが発生するリスクの方が，はるかに小さいからである．

④　その後の原因特定と影響範囲分析などの活動により，本来のランクが初動ランクより低くなることが明らかとなった場合は，速やかにランク変更を行う．
⑤　ランク付けの基準設定にあたっては，顧客のリスクと自社のリスクを定量化し，誰が評価しても同じランクとなるよう，可能な限り客観性を持たせる．
⑥　リスク評価にあたっては，表 3.6 の発生頻度／影響度によるリスクアセスメントを行う．
⑦　影響度の水準決定については表 3.7 に従う．
⑧　発生頻度については，当該トラブルに関する技術的解析結果を元に，統計的な観点からの推測を行う．その場合，トラブルの故障モードが初期故障型か偶発故障型か磨耗故障型かを区別し，そのタイプに合せた発生頻度を推測する．
⑨　客観的な定量化が困難な場合は，少なくとも，いつ／誰がランク決定するかの責任／権限，確認／承認ラインを明確にする．

3) 品質トラブルに対する活動の進め方

以上，述べてきた品質トラブルに対する品質保証活動の第一は，現在発生しているトラブルに対する迅速かつ適確な処置である．火が燃えている時は，まずその火を消すことが最大，かつ緊急の実施事項だからである．しかし，常にそれのみに止まっていたのでは進歩はない．やはり，それ以外の活動も意図的に推進していく必要がある．

図 3.1 に示した 5 つの領域のそれぞれについて，以下，特徴的な活動の要点を示す．

　　領域(A)：いかに迅速／適確に対応するか
　　　　　　⇒　社内品質トラブル処理体制の構築／改善
　　領域(B)：いかに市場流出の比率を減らすか
　　　　　　⇒　発見システムの構築／改善
　　領域(C)：いかに潜在不適合の処置を進めるか
　　　　　　⇒　トレーサビリティ／市場対策体制の確保／改善

第3章　TQMと品質保証

表3.6　リスクアセスメントテーブル

		発生した場合の影響度		
		大	中	小
発生頻度	大	1	3	6
	中	2	5	8
	小	4	7	9

> 表内の数字は，"結果の重大性"を示す順位で，数値が低いほどリスクが高くなる

表3.7　品質トラブルの影響度評価表

発生した場合の影響度		基準	
大	顧客リスク	1)	顧客の財産を大きく損失させる可能性が高い（火災，データ破壊など）
		2)	顧客の期待利益を大きく減少させる可能性が高い（生産財）（顧客の売上げを大幅に低下させる要因となる）
		3)	顧客の期待価値を大きく減少させる可能性が高い（消費財）
		4)	顧客に人的損失を与える可能性が高い（使用者等の死傷など）
	自社リスク	1)	法令違反で訴追される可能性が高い（PL訴訟など）
		2)	社会的責任を果たしていないと世間から批判される可能性が高い
		3)	自社の財産も大きく損失させる可能性が高い
		4)	自社の利益を大きく減少させる可能性が高い
		5)	自社従業員にも人的損失を与える可能性が高い
中	顧客リスク	1)	顧客の財産を損失させる可能性はそれほど高くない
		2)	顧客の期待利益を減少させる可能性はそれほど高くない
		3)	顧客に人的損失を与える可能性はそれほど高くない
	自社リスク	1)	法令違反とは見なされない可能性が高い
		2)	社会的責任を追究される可能性は低い
		3)	自社の財産を損失させる可能性は低い
		4)	自社の利益を減少させる可能性は低い
		5)	自社従業員に人的損失を与える可能性は低い
小	顧客リスク	1)	顧客の財産を損失させることはない
		2)	顧客の期待利益／期待価値を減少させることはない
		3)	顧客に人的損失を与えることはない
	自社リスク	1)	法令違反や社会的責任問題には発展しない
		2)	自社の財産を損失させることはない
		3)	自社の利益を減少させることはない
		4)	自社従業員に人的損失を与えることはない

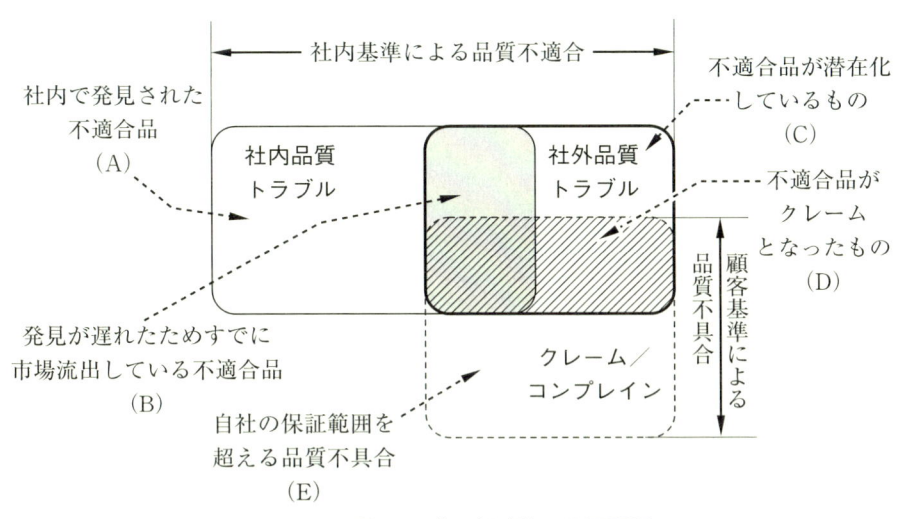

3.2 要素別品質保証における TQM の実践

図 3.1 品質トラブル（広義）の位置関係

（図中の文字）
- 社内基準による品質不適合
- 不適合品が潜在化しているもの（C）
- 社内で発見された不適合品（A）
- 社内品質トラブル
- 社外品質トラブル
- 不適合品がクレームとなったもの（D）
- 発見が遅れたためすでに市場流出している不適合品（B）
- クレーム／コンプレイン
- 自社の保証範囲を超える品質不具合（E）
- 顧客基準による品質不具合

領域(D)：いかに迅速に対応するか
　　　　⇒　クレーム処理体制の構築／改善
領域(E)：いかにフィードフォワードするか
　　　　⇒　顧客満足拡大活動の推進

　もちろん，品質トラブルの発生自体を減らすことが基本であるから日常の品質管理活動が重要となる．ただし，上記のうち，トラブルが顕在化している領域(A)／(B)の社内品質トラブルや市場流出してしまった領域(C)／(D)の社外品質トラブルといった品質問題についての処理活動は，品質保証を実践していく上で特に重要な活動となるため，改めて 3.2.14 項で記述する．

　なお，品質保証を進めていく上で，領域(E)「自社の保証範囲を超える品質不具合」をどう扱うかという大きな問題がある．本来的には顧客の価値基準に合せて品質改善を進めていくのが品質保証の本筋であり，この活動なしに顧客の満足度向上はあり得ない．本書では，この領域の活動についても，3.2.14 項で触れる．

　また，領域(C)「不適合品が潜在化しているもの」にある品質トラブルの中には，社内基準からすれば明らかに不適合品だが，顧客基準から見れ

77

ば，特に不具合とは見なされない品質不適合も含まれている．これは，顧客の価値基準に比べて社内の品質基準が適合していないことを意味し，これを「過剰品質」と呼ぶ場合もある．特に，先進市場向けに作られた製品を新興市場の顧客に展開するような場合に起こりやすい（最近では，このような品質を俗に「ガラパゴス現象化した品質」と揶揄することもある）．

領域(E)とは逆の意味になるが，どちらのケースも，製品を提供しようとする市場の顧客がどういう価値基準を持っているかを調査／解析し，その上で，従来の内的品質基準を，ターゲットとする顧客の価値基準に合致させていくことが品質保証として重要である．

(4) 品質情報の蓄積と活用

品質保証活動全体のしくみを改善していくための活動（大きなPDCAを回す活動）を推進することがTQMとしては大切となる．逐次収集される品質情報を蓄積するしくみ（データベース化）を構築するとともに，集団としての情報（ある一定期間の情報の集まり）を定期的に整理／解析することで品質保証のしくみを改善していく活動も組み込んでおく必要がある．

3.2.4 安全性管理(PL管理を含む)とTQM
(1) 安全性管理の要点

品質保証の基本は顧客が要求する機能の確実な提供にあるが，それ以前に製品の安全性が十分確保されていることが大前提となる．

多くの場合，顧客要求機能の実現と安全性の確保とはトレードオフ化する傾向があり，安全性確保を前提とした上で両者のバランスの取り方を組織活動のしくみとして規定していく必要がある．また万が一，製品事故が発生した場合に，組織として間違いのない確実な対応の取り方を規定していくことも大切である．

以下，活動の要点を列挙する．
 ① 製品安全の作り込み
  • リスクアセスメントによる製品安全保証
  • 製品安全法規対応（各国の法令順守）

- 製品事故の未然防止と予測／予防活動
② 安全性試験／評価
③ 安全性の維持管理
- 製造プロセスにおける安全性の維持／確保
- 市場プロセスにおける安全性の維持／確保
④ 製品安全改善活動
⑤ 製品事故への対応と再発防止活動
- 製造物責任(PL)への対応
- 確実な再発防止(組織としての PDCA サイクルの回転)

(2) **製品安全の作り込み(概略)**

製品の設計／製造／改造にあたっては，当該製品の安全リスクアセスメントを実施する必要がある．その結果，残存安全リスクが許容可能な程度まで低減されていないと判断された場合は，その危険源および危険状態について必要な安全方策を行い，当該製品の安全リスクを低減する．

1) **安全リスクアセスメントの実施**

安全リスクアセスメントの実施にあたっては，以下の手順に従う．
① 危険源／危険状態の特定
② 使用される状況の特定
③ 危険源／危険状態のリスクの見積り
④ 安全リスク低減の必要性評価

2) **安全方策の実施**

安全リスクアセスメントの結果，残存安全リスクが許容可能な程度に低減されていないと判断された場合は，以下の手順に従って安全方策を実施する．
① 本質的な安全設計
② 安全防護および追加の安全方策
③ 使用上の安全情報の作成

3) 安全リスク低減措置の記録

安全リスク低減活動に関する以下の記録を残す．

① 安全リスクアセスメントの結果
② 実施した安全方策
③ 安全リスク低減のために行った措置とその結果の残存安全リスク

4) 情報提供

製品の使用者に，使用上の安全情報が確実に提供されるかどうかを評価する．

(3) 製造物責任(PL：Product Liability)対応

製造物責任(PL：Product Liability)の概念は，使用者の安全を確保するため，法律によって企業の製品安全保証活動を規制するもので，日本の場合は PL 法(製品の欠陥によって生命，身体または財産に損害を被ったことが証明された場合，被害者は製造会社などに対して損害賠償を求めることができる法律)にて規制される．PL 対応とは，この PL 法を順守するため組織が取るべき活動をいい，製品安全保証活動をコンプライアンス(法令順守)の観点から捉えている．

したがって，本書の趣旨とは若干異なる面もあるが，ここでは PL の未然防止と PL 発生時の対応について以下簡潔に記述しておく．なお，製品欠陥とは設計上の欠陥，製造上の欠陥，表示上の欠陥と定義する．

1) PL の未然防止

① 先の(2)で述べた「製品の安全化」を確実に実施する．
② 顧客との円滑な双方向コミュニケーション(製品安全情報の公開・伝達など)を常時図ることによって，顧客による製品の安全な使用を支援するとともに，顧客の身体や財産に損害を生じさせない活動を推進する．
③ 新製品の企画から循環に至る全プロセスで，製品安全保証のレベルをチェックする．活動プロセスに対するチェックと個々の製品に

3.2 要素別品質保証における TQM の実践

対するチェックとに分け，前者は品質管理活動の監査や評価，後者は安全リスクアセスメントにて代用する．
④ 取扱説明書／注意書／警告／カタログ／広告での製品安全表示などが適切に機能するかどうか評価し，是正処置を行う．
⑤ 製品安全に関するデータや活動の記録を整理し維持管理する（これは PL 予防というより PL 防御の範疇に入る）．
⑥ モノづくりに携わる主要な関係者に対し，PL および製品安全保証に関する教育を行う．

2) PL 発生時の対応
① 予期しない製品の欠陥により製品安全を損なう，または予測される場合には，まず顧客が被る損害を最小化する．
② そのもとで，企業が負うべき損害責任についても極小化する．
③ 製品安全に関するデータや活動記録を証拠として準備する．

(4) 安全関連法規制への対応
製品輸出国に製品安全に関する法規制（PL 法・消費者保護法など）がある場合は，これを確実に順守する．その主な規制には，EU 指令（CE マーキング），中国の CCC（国家強制認証制度：China Compulsory Certification），米国の UL 規格などがある．特に，EU 市場向け製品がその規制対象となる場合は，「機械指令」，「EMC 指令」，「低電圧指令」など，それぞれ対象となる製品安全指令に基づき，それに適合するような品質作り込み活動を計画的に推進する．

3.2.5 信頼性管理と TQM

機器の信頼性とは，使用環境条件下で，定められた期間，計画された機能／性能を維持し続ける状態を言い，時間軸を持った品質を指す．狭い意味では稼動状態にある機器が故障するまでを対象とするが，広い意味では，修理／修復を前提に保全性まで含めた機器の寿命全体を対象とする．本書では，修理／修復性を持つ機器を念頭に，保全性を含む広い意味での

信頼性とその管理について記述する．

(1) 信頼性管理の要点
　機器の信頼性確保を目的として，各組織が負うべき役割を規定し(P)，その通り実行し(D)，実行した結果を評価し(C)，その評価結果に基づき，より信頼性が向上する方向に機器やしくみを改善していく(A)ためのPDCAのしくみとその運用が基本の活動となる．以下，その要点を列挙する．

① 設計信頼性の作り込み
- 信頼性設計(信頼性ブロック図などによる固有信頼度の確保)
- 機器故障の未然防止と予測／予防活動(FMEA／FTA)
- 信頼性評価(アセスメント／レビュー／試験など)による設計信頼性の確保
- 信頼性に関する法規制対応(各国の法令順守)

② 信頼性試験／評価

③ 設計信頼性の維持管理
- 製造プロセスにおける信頼性の維持／確保
- 市場プロセスにおける信頼性の維持／確保

④ 信頼性改善活動
- 品質トラブルへの対応
- 確実な再発防止(組織としてのPDCAサイクルの回転)

(2) 設計プロセスにおける信頼性の作り込み
　機器固有の信頼度は設計プロセスにてすべて決定してしまうため，以下の視点に立って信頼性設計を進める．

① 信頼性要求事項／使用環境条件の明確化
② 信頼性目標の設定(稼働率／MTBF／MTTRなど)
③ 機器の分割と各要素への信頼度の配分
④ 信頼度のわかっているパーツ／コンポーネントの使用
⑤ 保全性設計
⑥ 信頼性予測／解析／予防と信頼性レビュー

上記活動は，新製品開発フローで規定される各プロセスに沿って，順次作り込み，かつ以下に述べる信頼性試験によってその達成度を検証／確認していく．

(3) 信頼性試験／評価

機器の信頼性を評価するため，以下の信頼性試験を実施する．信頼性試験には，その評価する目的によって，寿命試験，故障率試験，耐環境試験，限界試験，加速試験，スクリーニング，抜取検査などがあり，各々目的に適した試験方法を選択する．

1) 信頼性試験計画
   ① 目的と要求事項，試験条件の決定
   ② 蓄積情報の解析
   ③ 必要な試験の決定(寿命試験，耐久試験，環境試験，加速度寿命試験など)
   ④ 時間，サンプル数，人員，試験装置，役割分担の決定
   ⑤ 試験報告様式と方法のチェック
   ⑥ 計画全体の整合性評価と計画修正

2) 信頼性試験の準備／実施
   ① 試験方法の決定
   ② 測定項目，測定方法，測定時間の決定
   ③ 故障発生時の判断，処置
   ④ 計画通りの実施
   ⑤ 試験結果のデータ処理，報告

3) 信頼性試験の反省／処置
   ① 目的との対比による試験活動の反省
   ② 反省に基づく処置

（4） 製造プロセスにおける信頼性の作り込み

製造プロセスにおける信頼性の作り込みは，設計プロセスで作り込まれた固有の信頼性を確実に実現することで，製造プロセスにおける品質保証を確実に行うことと同義となる．換言すれば，製造プロセスにおける 5M（Man, Machine, Material, Method, Measurement）を管理することで設計品質を確実に製造品質に変換する．

（5） 市場プロセスにおける信頼性の維持・確保

市場プロセスでの信頼性の維持／確保は，サービス活動における品質保証と同義となる．以下に必要な活動を列挙する．

① 顧客への情報提供，機器の使用方法／メンテナンス方法の教育
② 保全方式（検収方法，点検・整備方法，モニタリング，故障対応方法，補用／交換部品の発注／在庫／供給管理など）の設定
③ 保守マニュアル，サービスマニュアルの整備
④ 保守／点検者の教育／訓練
⑤ 市場データの収集／蓄積／伝達

ただし，事業／製品の違いにより，事後保全でいくのか予防保全でいくのかをあらかじめ決めておく．

（6） 信頼性の改善

設計信頼性は機器が使用される環境条件がある範囲に規定されたもとで保証される．しかし，現実には，信頼性試験には限界がある．また，設計段階で顧客の機器使用環境条件をすべて把握することも難しい．さらに時間経過とともに顧客の機器の使い方が変化していく場合もあり，当初作り込んだ設計信頼性が保証できない場合がある．

さらに各国の製品法規制の中でも，騒音／振動など信頼性に関わる条項が改正される場合もある．したがって，機器の信頼性をある一定以上，顧客に対して保証するため以下の活動を適宜進める．

① 市場クレーム／コンプレインの把握と解析
② 継続寿命試験の実施状況把握

③　顧客／市場の機器使用環境条件の定期的モニタリング（定点観測）
④　各国製品法規制の動向把握
⑤　上記活動に基づく変化点／変更点の確認と信頼性への影響評価
⑥　評価結果に基づく信頼性改善活動

(7) 故障解析

　故障解析では，市場出荷前の品質作込みプロセスにて発見された品質上の不具合を機器の故障という観点から調査／解析し，以後，当該不具合が発生しないよう処置することが求められる．さらに市場出荷後，実際に発生したクレームや不良返品などを調査／解析／処置することにより，その再発を防止することも必要である．

　以下，その要点を列挙する．

①　品質作り込みプロセスでの，予想ストレスの強度限界／故障メカニズム／故障原因の解析，機器に加わるストレスの評価／解析（含む数値解析）を通じて品質不具合を未然に防止する．
②　市場で発生した故障の解析，推定ストレスによる再現実験などにより故障原因を究明し，再発を防止する．
③　故障解析は，設計／生産／販売・サービスといった作り込みプロセスの各段階において，それぞれ実施する．
- 設計プロセスでは，故障を起こさない設計の評価だけでなく，メンテナンスのしやすさ，部品の互換性，アフターサービスの容易性なども評価する．
- 生産プロセスでは，製品解析だけでなく，部品／材料の信頼性も把握する．
- 販売プロセスでは，故障モード／使用環境条件／製品の使われ方／保守・点検の状況などを適確に捉え原因を特定する．

3.2.6　環境性管理と TQM

　環境性管理は，3.2.4 項で述べた安全性管理と同様，顧客に対する製品機能の確実な提供とある部分でトレードオフ化する傾向がある．役割／重

点活動については巻末の付表6に示す．

3.2.7　品質コストとTQM

　TQMをベースとして品質保証活動を管理（維持／改善）していくには，品質保証活動の良し悪しを測る何らかのモノサシを設定し，それを用いて活動の結果やプロセスの成否を評価することにより，大きなPDCAを回していくことが求められる．評価のモノサシは顧客満足度／クレーム／工程不良など品質に直結する指標が主体となるが，品質保証が事業と一体であるという認識を強化し，品質経営をより実践的に運営していくため，活動の良し悪しを金額変換／尺度化し，これをTQM活動の評価項目の1つとしていく方法がある．これを「品質コスト」と呼ぶ．

　以下，その要点を列挙する．

① 品質保証活動を以下の3つの活動に層別する．
　　P：不具合の発生を予防するための活動
　　A：不具合を選別／検査／除去するための活動
　　F：発生した不具合を処理するための活動
② この3つの活動の中身を精査／定義した上で，期間コストとして換算する管理会計のしくみを設定する．
③ 上記のしくみに基づき，発生した期間コストを集計する（月度／半期／年）．

　なお，集計したコストは品質コスト（Qコスト：Quality Cost）と呼び，層別した各活動のコストはそれぞれ以下のように命名する．

　Pコスト（Prevention Cost）：不具合の発生を予防するための活動に要したコスト
　Aコスト（Appraisal Cost）：不具合の選別／検査／除去するための活動に要したコスト
　Fコスト（Failure Cost）：発生した不具合を処理するために要したコスト．発生した場所によって社外失敗コスト（EFコスト）と社内失敗コスト（IFコスト）に区分けすることもある．

④　集計結果を分析し，品質保証活動の良し悪しを評価する．
⑤　評価結果を品質保証活動改善のための計画に反映する．

〈活動にあたっての留意点〉
① 多くの活動要素によって構成されている品質保証活動をP／A／Fという3つの世界にどう分類するかがキーポイントとなる．
② 品質保証活動のコスト構造はその大半が固定費で構成されるので，品質コストの管理会計は固定費の按分方法がポイントとなる．
③ 品質トラブルなどの不具合が発生してから収束するまでの一連の活動で，どこまでを失敗コストとし，どこを評価コストとし，どこからを予防コストとするかを明確にしておく．
④ 品質コストの分析で重要なことは以下の通りである．
  • コストの絶対額ではなく時間的推移／傾向／変化点に着目する．
  • 各コストの構成比率／バランスに着目する．
⑤ 品質コスト集計のための特別な管理会計制度が導入されていない場合は，当面，予防コストや評価コストなどは集計せず，失敗コストのみの集計で代用してもよい．

3.2.8　変化点管理（初物管理を含む）と TQM

　安定状態にある品質保証プロセスで品質トラブルが発生するのは，標準化の不備など品質作り込み能力がもともと不足している場合を除き，品質保証プロセスのどこかに何らかの変化があった場合により多く発生する．プロセスの変化は，何らかの理由によりプロセス内の要素を意図的に変化させる「変更」と，外的環境変化など，主としてプロセスの外にある要因の不可避な「変化」とに大別されるが，いずれの場合も「変化点」を特定し，その変化点を管理していくことが品質保証にとって重要である．

　このように，品質保証プロセスにおいて発生する変化／変更を適確に捉え，それらの変化点によって品質保証に意図しないユラギや不具合が発生しないよう，変化点を起点とする特別な業務／組織管理の体制を整備していくことが求められる．

　変更は，要因を意図的に変化させる活動ゆえ，その変更がその後のプロ

セスに与える影響をどう評価／予測できるかがキーとなる．一方，変化は，考慮の外にある要因が勝手に変化してしまうことがプロセスにどう影響するかが問題となるので，変化の予測とそのセンシング／キャッチングがキーとなる．

変更については「変更管理」，変化については「変化点管理(狭義)」と呼称する場合もあるが，本書では，両者を包含する広義の意味での「変化点管理(広義)」について記述する．

(1) 変化(意図しない不可避の変化点)についての管理
変化に対する管理活動は以下の活動がポイントとなる．
- 変化点の推測(品質保証プロセスにおいて変化しそうな要素のリストアップ)
- 変化に対するセンシング(アンテナ／センサー機能の設置)
- 変化のモニタリング／キャッチング(変化情報の常時収集／定点観測)
- キャッチした変化に対する影響解析と評価
- 評価結果に基づく適切な対応活動
- 対応後のトレーシング，プロセスの監視，フォローアップ
- 一連の活動のデータベース化，蓄積化
- 上記の変化点管理に関する運用／管理業務の整備(組織の役割／責任／権限，業務フロー)

(2) 変更(意図した変化点)についての管理
変更に対する管理活動も基本的には意図しない変化と同様の活動がベースとなるが，変化の方は予測に基づく変化点が起点となるのに対し，変更は意図した既知の変化点情報が起点となるため，活動内容が以下のように異なってくる．
- 変化点の特定(品質保証プロセスにおいて変更が発生し得る業務のリストアップ)
  ⇒企画変更，設計変更，製造変更(5M)，販売／サービス変更など

- 変更に対する事前の影響解析と評価(予測／検証がベースとなる)
- 評価結果に基づく適切な対応活動
- 対応後のトレーシング,プロセスの監視,フォローアップ
- 一連の活動のデータベース化,蓄積化
- 各変更プロセスごとの上記の変化点管理に関する運用／管理業務の整備(組織の役割／責任／権限,業務フロー)

なお,購入プロセスの変更に伴う購入品の変化点管理を特別に「初物管理」と呼ぶ場合もある.

3.2.9 初期流動管理と TQM

　新製品の立上げ時や生産移管など製造プロセスの大幅な変更時は,その初期段階において,品質不具合の発生する確率が定常時に比べ大幅に増加する.したがって,これを早期に防止し品質保証を確実にするためには,問題の予測,問題の早期発見／顕在化,応急／恒久を含めた迅速な処置などが求められ,これを組織的に行うには通常とは異なる特別な管理体制を敷く必要がある.このような特別管理体制を「初期流動管理」と呼び,品質保証における重要活動の1つとして位置付けている.

　初期流動管理は,品質(Q)にのみ特化した活動ではなく,コスト(C)や量(D),安全(S),環境(E)などすべての指標の早期安定化を同時に進めていく活動であるとともに,その活動の主体も製造部門だけでなく,企画／開発／営業／サービス／管理といった多くの部門機能が一致協力して進める総合管理活動である.役割／重点活動については巻末の付表7に示す.

(1) 初期流動管理にあたっての留意点
① 初期流動期間は,あらかじめ定められた初期流動管理項目の目標値がすべてクリアされるまで継続されることを原則とし,時間によって区切らない.
② 初期流動管理の終了は,各組織の統括責任者が全体的なバランスを見て判断する.特に新製品開発の場合は,どのステップで初期流動管理の終了／継続を意思決定するのか明確化しておく.

③　企画／開発／設計／製造／購入／販売／サービスなどの関連部門がスピーディかつ有機的に活動するため，必要に応じてプロジェクトなど特別の組織体制を編成する．

④　早期発見／早期対応が初期流動管理のポイントなので，生産および販売プロセスにおける品質情報の収集／フィードバック体制を念入りに構築する．

⑤　情報の共有化と組織間のコミュニケーションに配慮する．

⑥　管理項目／管理方法の設定にあたっては，初期流動以前の準備段階が重要であり，工程 FMEA などを用いて起こり得るトラブルを事前に予測し，それを元に行う．

⑦　購入／購買／外注先／アウトソーシング先など，管理対象組織以外の外部機能についても初期流動管理の対象として捉え，協力要請などの体制を整備する．

⑧　専任で問題解決を行える体制を整備するとともに不具合に関する情報が確実に得られるしくみを整える．発生した問題は目的と優先順位を明確にし，重要問題については徹底的に解析し，是正処置は変更管理を徹底するとともに結果のトレーサビリティを確実にする．

3.2.10　設備管理と TQM

　製造品質のバラツキを管理して設計品質を製造プロセスの中で確実に具現化するには，製造工程における 5M(Man, Machine, Material, Method, Measurement) 管理が大切である．Machine とは設備（機械設備／組立設備／検査設備／治工具など）のことを指し，この Machine の管理が設備管理となる．ここでは製造プロセスにおける設備管理を中心に記述するが，設計および販売サービスプロセスにおける設備管理も，基本的には本節で述べる事項に準拠すればよい．役割／重点活動については巻末の付表 8 に示す．

（1）　活動にあたっての留意点

　品質保証における設備管理の要諦は設備保全にあるので，以下，設備保

全を中心に，留意すべき点を記述する．
① 音／熱など予兆に基づく故障予知技術を確立し，異常の早期発見に努める．
② 予防か事後かも含め，製造プロセスにとっての最適保全方法と周期を定め標準化する（傾向管理）．
③ 日常管理としての設備保全（給油／点検／清掃）を組織として確実に実施するとともに，「設備カルテ」（設備の故障履歴／点検履歴）を作成し管理する．
④ 設備に関わる組織（生産技術部門／保全部門／使用部門など）が全員参加で PM（Productive Maintenance：生産保全）を分担し，総合的な設備効率を高める（TPM 活動の推進）．
⑤ 品質保証の観点から重要工程としてあらかじめ指定された設備に関しては①〜④の活動をさらに強化し重点管理として推進する．

3.2.11　物流（量）管理と TQM

　広義の品質保証は製品品質の保証に限定されない．顧客の要求するモノ／サービスを，顧客の要求する時期／タイミングに，要求するだけの数量を適確に提供することも求められ，これを組織的に進める活動が物流管理となる．ここでは，品質保証にとって必要となる物流管理機能について述べる．QCD という基本機能を前面に押し出す場合は，この物流管理を Delivery の管理，すなわち「量管理」という場合もある．役割／重点活動については巻末の付表 9 に示す．

（1）物流にあたっての留意点

① 量／納期の保証を確実にするため，需要予測精度の確保，物流情報の一元管理，物流ポリシーの全組織への浸透と徹底，総合リードタイムの短縮などを進める．
② モノの移動によって品質が変化／劣化しないよう，輸送経路／輸送手段，荷扱い，保管状態などに関する調査を行い，移動／保管による商品への負荷を分析し，それを元に梱包設計や輸送手段の選

択，保管条件の設定といった対応策を取る．
③ 移動／保管による製品負荷を製品設計で対応するのか，梱包／輸送／保管設計で対応するのか切り分けを新製品開発プロセスの適切な段階で行い，モノの移動によって品質を劣化させない手立てを事前に作り込む．
④ 品質を劣化させない活動だけでなく，劣化のスピードを遅らせる物流手段の工夫，劣化する前に商品を顧客の手元に届けるような搬送のしくみ，劣化する恐れのあるものは事前チェックの上，顧客に提供するしくみなども検討する．
⑤ 市場／流通／在庫／生産／調達／外注といった物流プロセスで発生した品質トラブルを早期に発見し，どの対象（市場品／在庫品／生産仕掛品／外注先在庫）に，どういう方法（返品／交換／回収／修理／返送）で対策するかを判断するため製品トレーサビリティを確保する．
⑥ 品質トラブルが起こったら，各対象品に対して，いつ／どこで／誰が／どのように対応するかということを事前に検討し，その対応方法をあらかじめ物流計画や量管理活動の中に組み込んでおく．具体的には，返品／交換／回収／修理／返送といったトラブル対応活動に対し，モノの流し方，サービス活動の拠点，製品／部品のストックポイントなどを検討する．
⑦ 物流（量）管理はシステムをどう作るかで，その機能や質がほとんど確定してしまう．したがって，全体の構造を俯瞰的に捉える「鳥の眼」が重要で，その具現化は ICT の活用によるものが大きい．

3.2.12 アウトソーシングと TQM

モノづくりプロセスの一部またはすべてを切り出し，当該組織以外の企業にその部分を委託するアウトソーシングの品質保証も重要である．アウトソーシングの典型は製造プロセスの一部を外部に委託する外注機能（付表2の3）購買外注参照）であるが，それ以外に開発プロセスや販売／サービスプロセスの一部またはすべてを外部に委託するアウトソーシングもあ

る．役割／重点活動については巻末の付表 10 に示す．

3.2.13 教育／訓練と TQM

　品質保証を体系的な組織活動として効果的に進めていくためには，品質保証のしくみ，運用の体制，標準化といったシステムだけでは不可能で，これらを有機的に運用する「人の能力」が必要レベルに到達していること，システムを正しく運用し得る「モラル」，これを効果的に運用しようとする「モラール」などを同時に有していることが必要不可欠である．ここでは，人の能力向上やモラル／モラール向上のための教育／訓練や人材育成に関する基本的事項について記述する（教育／訓練については，別途，第Ⅱ部の第 4 章でも詳しく述べる）．役割／重点活動については巻末の付表 11 に示す．

（1） 活動にあたっての留意点

　① 対象とする教育／訓練には，品質保証全般，品質管理（考え方／手法），信頼性，製品安全，PL 関連，環境保全などがあり，事業／組織に合った教育／訓練を選定し，教育／訓練体系（教育項目／時期／対象者を整理したもの）を構築して運用する．

　② 設計／生産技術者に対しては，特に，品質保証全般の理解と必要な知識，技術標準体系，設計技術／生産技術，管理技法など，体系だった幅広い教育／訓練を計画的に進める．

　③ 作業員に対しては，特に，作業方法，調整方法，判定方法などを記載した作業標準をベースに，標準作業に関する教育／訓練を行う．特に，重要特性／重要部品／重点工程といった重点作業については念入りに行う．また，経験度や作業者の特性も考慮した教育／訓練計画を立案する．新製品の生産準備段階や大幅な製造プロセス変更，あるいは新人投入，交代要員配置においては，早い段階からスタートし，習熟性を考慮した上で，タイムラグを起さないよう配慮する．

　④ 試験／検査員に対しては，試験プロセス（ユニット／試作／量産

など）別の試験標準，検査プロセス（受入／中間／出荷など）別の検査標準をベースに，試験／検査方法に関する教育／訓練を行う．特に，官能特性に関する測定や検査を担当する作業員については，人が計測器となるため，計測器としての能力が確実に発揮／維持できるよう特別の教育／訓練計画を立案し，その元での PDCA を回す．

⑤　販売員に対しては，特に，製品の特徴（性能／セールスポイント／使用上の注意点／点検方法など），競合製品との関係，修理サービスなど，商談／契約／検収／トラブル発生といった各シーンでの対応方法を記載した標準類をベースに，販売前／販売時／販売後の品質保証活動についての教育／訓練を行う．

⑥　フィールドサービス員に対しては，フィールドサービス（据付／調整，保全，事後サービスなど）の仕方を規定したサービスマニュアル／作業標準をベースに，サービス員に対する教育／訓練を行う．特に，サービスに関する技術力を維持／向上させるため，全拠点に配置された技術者の技術力マップを作成し，これを元に教育／訓練の PDCA を回す．

⑦　サービスを委託するディーラーやユーザーに対する教育／訓練も計画的に実施する．

⑧　新製品の市場導入時は，特に製品の発売される以前に上記の教育／訓練がすべて完了するよう計画を立てて推進する．

3.2.14　品質トラブル処理と TQM

品質トラブルは，3.2.3 項の(3)で定義したように広義に解釈すると，「対象とするモノ／サービスの品質が，その品質を規定する何らかの価値基準から逸脱している状態」をいい，発生場所（社外／社内）と価値基準（社内／社外）との組合せにより，(A)〜(E)の5つの領域に層別される（図 3.1 (p.77)参照）．以下，各々の領域における処理活動について記述する．

(1)　社内発見品質トラブル［領域(A)／(B)］の処理

社内の発見システムにて見付かった品質トラブルについて，その重要度

を判定するとともに，トラブル原因を追究し，必要なアクション（応急対策／再発防止対策／根本原因対策）を迅速に進める．以下，そのポイントを列挙する．

① 発生状況を迅速かつ適切に把握するとともに，重要度ランクを付け，ランクに応じた処理（応急処置，原因究明，再発防止）を行う．

② 処理は迅速に行い，それ以後の社外への品質トラブル流出を防止する．特に，その時点で把握可能な情報を元に「結果の重大性」を予測して，もしリスクが高いと判断された場合は製造停止／出荷停止／販売停止を迅速に行う．

③ 原因の特定により，トラブルを作り込んだ恐れのある対象ロットを割り出し，社外流出の有無を判定する．流出している可能性が高い場合は，トラブル現象と判明した原因から，当該トラブルが持つ「結果の重大性」を評価し，必要な処理を行う．特に，安全や PL に関わるような高度なリスクが予測された場合は，リコールなどの処置を迅速に進める（領域（B）に対する活動）．

④ トラブル処理にあたっては，活動を応急対策と再発防止とに分け，同時並行的に進める．応急対策は迅速性と正確性を重視し，再発防止は確実性を重視する．

⑤ A ランク以上の品質トラブルに関しては，発生時に「重要品質トラブル報告書」，処理活動終了後に「品質トラブル経過反省表」，「問題点取組（問題点対策完了）報告書」などを発行し，一連の処理活動に関する PDCA を回す．

(2) 社外発見品質トラブル［領域（C）／（D）］の処理

社内の発見システムでは見付けられず，出荷後，市場にて見付かった品質トラブルについて，その重要度を判定するとともに，トラブル原因を追究し，必要なアクション（応急対策／再発防止対策／根本原因対策）を迅速に進める．以下，そのポイントを列挙する．

① 発生状況を迅速かつ適切に把握するとともに，重要度ランクを付け，ランクに応じた処理（応急処置，原因究明，再発防止）を行う．

② クレームのあった顧客に対しては迅速な対応を心がけ，誠意をもった対応と必要な処置を進める（領域(D)に対する活動）．

③ 原因の特定を迅速に行い，トラブルを作り込んだ恐れのある対象ロットを割り出し，社外流出したロットを特定する．トラブル現象と判明した原因から，当該トラブルが持つ"結果の重大性"を評価し，必要な処理を行う．特に，安全や PL に関わるような高度なリスクが予測された場合は，リコールなどの処置を迅速に進める（領域(C)に対する活動）．

④ 上記活動とともに，トラブル発見以後の社外への品質トラブル流出を防止する活動も並行して進める．特に，「結果の重大性」評価により，リスクが高いと判断された場合は製造停止／出荷停止／販売停止などを迅速に行う．なお，応急対策は迅速性と正確性を重視し，再発防止は確実性を重視する．

⑤ A ランク以上の品質トラブルにに関しては，発生時に「重要品質トラブル報告書」，処理活動終了後に「品質トラブル経過反省表」，「問題点取組（問題点対策完了）報告書」などを発行し，一連の処理活動に関する PDCA を回す．

⑥ なお，3.2.3 項の(3)で述べたように，領域(C)の中には，「過剰品質」と見做してもよいような品質不具合も含まれているので，そのような性格を持つ品質不具合については，対象とする市場／顧客の要求／要望／期待と同時に品質に対する価値観や文化／習慣／常識なども調査／解析し，その情報を元に，今後の品質保証活動（品質基準／品質ターゲット／品質企画など）や製品の改善につなげる．

(3) 潜在品質トラブル ［領域(E)］の処理

現時点，社内外の発見システムではまだ見付かっていない市場に潜在化している品質トラブル，あるいは保証期限後／保証除外項目など，当該組織が定める保証条件以外の品質トラブルについて，それらの積極的な発掘／顕在化を進め，その重要度を判定することによって今後の品質保証活動（品質基準／品質ターゲット／品質企画など）や製品の改善につなげる．

3.2 要素別品質保証における TQM の実践

以下，そのポイントを列挙する．

① 市場に潜在化している品質トラブル(コンプレイン／提案／要望／期待など)を収集／顕在化させる活動を推進する．

② 当該組織があらかじめ定めた品質保証期間を超えて発生した品質トラブル，契約などで保証した項目以外で発生した品質トラブルなどについても積極的に収集／顕在化させる活動を進める．

③ 上記活動によって収集／顕在化された情報について，それらの蓄積／解析／評価／伝達／活用をどのような組織でどのように処理していくのかといった情報処理のフローやルートを明確化しておく．

④ 特に，②はすでに顕在化している場合もあるので，そういうケースは顧客の置かれた立場などを十分考慮し，誠意ある対応を心掛けるとともに，処理の仕方，責任／権限などを明確化しておく．

これら一連の処理活動は，責任／権限，処理活動の流れ(報告ルートを含む)，処理の方法などを整理した上で，各組織において詳細を規定／運用していく．特に，上述した各品質トラブルによる製造停止／出荷停止／販売停止および解除の権限は，品質保証上，重要な意味を持つ．

第Ⅱ部

TQM の推進

第4章
TQM 推進の基本

4.1 TQM 推進の基本構造

4.1.1 TQM の推進とは

TQM の推進とは，簡単に言えば，以下の 12 項目について，順を追って検討し，それを組織活動の中に展開していくことを言う．

〈組織目的と TQM との関係性の明確化〉

① 組織として，TQM を何のために活用しようとしているのか，その目的／ねらいを明確化する．

② その目的に応じて TQM の何をどう活用していくのか，そのポイントを明らかにする．

〈現状の認識〉

③ 組織の現状／実態を事実に基づいて把握し，TQM 活用のねらいやポイントと比較／評価することによって，組織活動の何が弱点で，どんな能力が不足し，何が問題なのかを明らかにする．

④ 逆に，プラス思考の視点に立って，組織活動の何が強みで，どんな能力が優れていて，何を課題とすべきかを明らかにする．

〈問題解決／課題達成の道筋策定〉

⑤ 現状認識で明らかとなった問題／課題について，どういう道筋でそれらの問題／課題を解決／達成していくのかを検討する．

⑥ その道筋の中で TQM の何をどのように，どんな場面で活用していくのかを検討する．

〈大日程推進計画への落し込み〉

⑦ TQM 活用の道筋を具体的な目標と実施項目に展開するとともに，それらを組織と時間軸に展開する（What，Who／Where，When，How）．

〈TQM 推進に関する PDCA〉
⑧ 大日程推進計画をさらに詳細展開し，5W1H を明確化する．
⑨ その計画に基づいて実施するとともに，実施した結果やプロセスをさまざまな角度から評価／分析し，問題点や課題（TQM のスムーズな推進を阻害する要因など）を抽出する．
⑩ TQM のスムーズな推進を阻害する要因に必要な手を打つとともに，評価／分析した結果を次の推進計画に反映させる．

〈組織目的および TQM 導入目的との対比〉
⑪ 推進計画に基づいて PDCA を何回転かさせた後，当初の組織目的や TQM 導入目的と実態とを対比し，評価する．

〈次のステップへの道筋作り〉
⑫ 推進活動を含む TQM 活動全体の反省を行い，組織目的や TQM 活用のねらいも含めて今後の活動をどう展開していくか検討し，その結果を次の大日程計画に反映させる．

以上をサイクリックかつ持続的に進めていくことが，TQM 推進活動のアウトラインとなる．

4.1.2　TQM 推進の基本構造

　TQM 推進の基本構造は，TQM を活用して何を強化／改善していくのかという TQM の活用対象によって特定される．したがって，この活用対象を特定することが TQM 推進の基本構造とリンクしてくる．
　TQM 活用の一般的形態としては，ヨコ方向の機能別活動とタテ方向の共通インフラ要素とで構成されるマトリックス構造をなす．ヨコ方向の機能別活動とは，主に組織活動の結果として得られるアウトプット（QCD など）についての組織機能（ハタラキ）を意味し，また，タテ方向の共通インフラとは，組織活動を根底から支えるしくみや要素を意味している．モノづくりを主体とする組織のごく一般的なタテの機能とヨコの要素を以下に示す．

〈ヨコ方向の組織機能〉
・顧客価値創造活動（新製品開発活動など）

機能＼インフラ	組織／運営	方針管理	教育／訓練	情報管理	日常管理	標準化
品質創造／新製品開発						
品質保証／品質管理						
利益管理／原価管理						
量管理／納期管理						
環境管理						
安全管理						

図 4.1　TQM 推進構造マトリックス

- 狭義の品質保証活動（顧客に不満を与えない活動）
- 利益／原価管理活動
- 量／納期管理活動
- 環境管理活動
- 安全／コンプライアンス　など

〈タテ方向の共通インフラ〉
- 組織とその運営
- 方針とその管理
- 人とその育成
- 情報とその管理
- 日常管理と標準化
- ノウハウの蓄積とその活用　など

以上を概念として整理すると，図 4.1 のようになる．

4.2　TQM 推進の戦略と計画

　TQM 推進の戦略とそれにもと基計画は，先に述べた TQM 推進における 12 の項目と TQM 推進の基本構造に基づいて策定される．ここでは，戦略と計画とをあえて分離して記述する．

4.2.1 戦略と計画の違い

一般に,「戦略」とは,「未来のあるべき／ありたい姿を描き,そこに向かう道筋をあらゆる角度から検討し,最も合理的と思える道筋を選択すること」を言う(図 4.2). そして,「計画」とは,「定まった戦略を現実論として達成可能なものにしていくため,より具体的かつ実践的な形に変換したもの」を言う. つまり,計画と言う言葉を戦略と対比した言葉で言い換えるとすれば,「戦術」や「戦闘法」,「戦法」といった言葉になるかもしれない.

戦略のオリジンはその文字が示すように,もともとは「いくさの論理」から誕生したものであり,孫子の兵法などがその考え方の基礎となっている(図 4.3). 以下,一般論としての戦略について,その概略を示す.

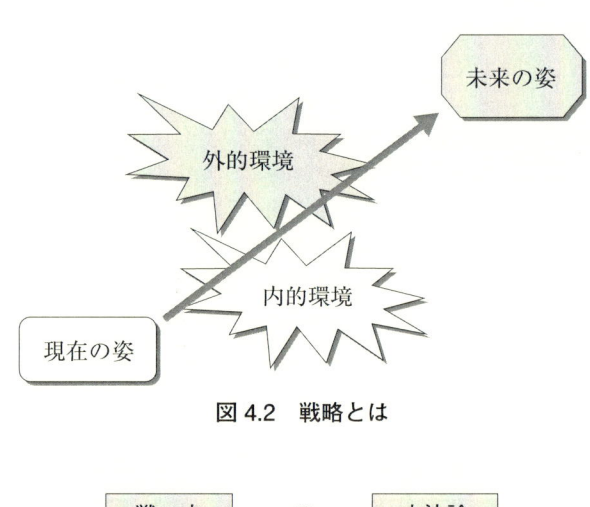

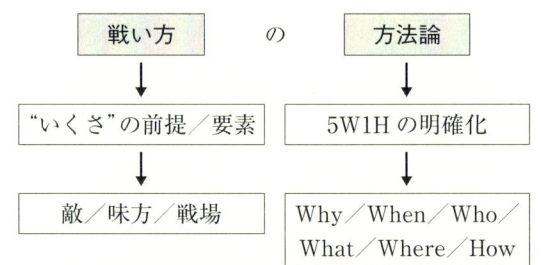

図 4.2 戦略とは

図 4.3 戦略の基本要素

(1) 大義名分（Why）とゴール（What）の設定

「なぜ，今戦わなければならないのか」を明示する．つまり，初めから「いくさありき」ではなく，戦う前に，その戦いの理由や正当性を明らかにする．その上で，内外にその正当性を提示し，民意の賛同を得ておかなければならない．いわゆる「錦の御旗」である．

とすると，戦うばかりが能ではなく，「戦わずして勝つ」という世界もあるということが見えてくる．これは，柳生新陰流の極意である「無刀取り」に相通じる考え方とも言える．さらには，「勝てない相手とは戦わない」という世界もあり，これは宮本武蔵が『五輪書』に記した戦略として有名な「見切りの極意」ということになるかもしれない．

大義が定まれば，その結果として何を求めているのか，その目指すべきゴールも自ずと決まってくる．それが「あるべき姿」なのか「ありたい姿」なのかは，その大義の意味合い，およびそもそもこの戦いは誰にとっての戦いなのかによっても変わってくる．

(2) 戦場の設定（Where）

大義名分が決まると，次は，「どこで戦うのか？」を特定しなければならない．事業領域で言えばドメインの設定とか，品質戦略で言えばマーケットはどこか，お客様は誰かということである．戦いの場が決まらなければ話は先に進まない．

(3) 敵の確認（Who）

次に，「戦う相手は一体誰か？」を特定する．戦う相手が見えなければ戦いにならないからである．それは本当に戦わなければならない相手なのか，よく吟味する必要がある．さらには，見えない敵／見えていない敵がいないか？（見えざる敵が実は一番怖い），今は甘く見ているが，将来，強敵になる相手はいないか？（ライバルの捉え方），今は敵だが，いずれ敵でなくなる敵はいないか？（協業／共創：アライアンス）ということも，重要な検討対象である．

(4) 競合性の分析と判断(相対的戦力の評価)

ここからが戦略の妙であり，『孫子』のように「敵を知り，己を知れば百戦危うからず」という世界に入ってくる．すなわち，まず，敵の実力はどの程度か，また味方の実力はどの程度かを把握し，相対的な戦力の比較分析(自社の強み／弱み)を行うことになる．

ここで，「戦力とは何か」だが，主なものは以下の通りである．

- 武：商品の強さ
- 将：リーダーの能力
- 兵：販売の強さ
- 銃後：企画力／開発力／製造力／サービス力
- 兵站：物流／供給／補給
- 資：投下可能な資源力(人／モノ／金)
- 知：情報／知識／知恵の力

これらの戦力には，外部からでもわかる「表の戦力」と外からでは見えない「裏の戦力」とに分かれ，どちらの戦力で競争相手と優劣の差があるか，どちらの戦力を強化することで戦うかということを見きわめていくことがキーポイントとなってくる．

(5) 地形／天候の分析／予測と判断(Where)

次は，戦う場の分析となる．まずは「地形」，これは戦場の特徴把握(マーケット／顧客の特性)を意味する．それから「天候」，これは取り巻く環境の把握を意味する．そして，これらの状況について，今まではどうか，これからどうなるか(動向／変化の予測)をそれぞれ「予測」していく．その上で，それらの状況が自分たちの戦いにどう影響するか，相対的な外的環境分析／予測を行い，機会(チャンス)となるのか，それとも脅威(リスク)となるのかを特定していくことになる．

(6) 過去の戦歴／戦況の分析と判断

初めて戦う時以外は，過去の戦歴を分析する．すでに何回か戦ってきた過去の歴史や経緯がある．過去の歴史から，その過程を評価／反省するこ

とによっていくつかの教訓を引き出しておく．これは，いわゆる「Cから回すPDCA」と同じ論理となる．また，現在戦っている最中であるとすれば，勝っているのか／負けているのか，形勢はどうか，どっちに傾きつつあるかといった戦況を把握しておくことも大切である．

（7） 兵糧の見切り（How much）

戦うためには，コストがかかる．戦うのにいくらかかるのか，戦い続けるだけの蓄えはあるのか，後どのくらいもつのか，ホントに耐えられるのか，などを冷静に見きわめることが求められる．

（8） その他

その他，戦略的な視点として，「局地戦か総力戦か」，「正面の敵だけか四面楚歌か」，「持久戦か短期決戦か」，「全勝指向か勝率重視か戦利品重視か」，「ゲリラ戦かスパイ戦か正攻法か」，「徹底抗戦か和平工作か」，「篭城作戦か打って出るか」，「負けた時どうするか（撤退戦略）」，「不測事態への対応はどうするか」なども重要な戦略要素となる．

また，「本来戦うべき相手は他にいるのではないか」といった発想を変えた見方も常に忘れてはならない事項と言えよう．

4.2.2 TQM推進の戦略とは

このような戦略的な考え方をTQM推進の戦略策定に適用し，水平展開することが大切である．すなわち，「TQM推進から見た大義名分とは何か」，「戦う場とは何か」，「戦う相手とは誰か」，「戦力とは何か」，「その相手との相対的な戦力比較をするとどうなるか」，「現況や今後の動向はどう予測されるか」，「投下すべき資源は十分か」．それらを一つひとつチェックしながら，TQM推進の戦略を策定していく必要がある．

もちろん，ここに述べたすべての戦略項目がTQM推進の戦略項目に当てはまるわけではないが，何の戦略もないまま無手勝流で「出たとこ勝負」式のTQMを推進していくのは明らかに無謀と言えよう．

4.2.3　TQM 推進計画とは

　TQM 推進の戦略がある程度固まったら，それを元に TQM 推進の計画を策定していくことになる．この推進計画には，その想定する時間的スパンによって以下のような3つのパターンに分かれる．

　① 　TQM 推進大日程計画（長期計画）
　② 　TQM 推進中日程計画（中期計画）
　③ 　TQM 推進年度計画（短期計画）

　その組織の規模やベースとなる TQM 推進戦略によっても変わってくるが，大体，長期にわたる大日程計画で7～10年のスパン，中日程計画で3～5年のスパンを考えて TQM の推進計画を立てていくのが一般的であろう．

　いずれの計画も，その検討すべき要素は，いつ，誰が（どこが），何を，どのように，という，いわゆる5W1H にて構成される．このうち，「何を」の部分は，前述した TQM 推進の基本構造に対応する．すなわち，ヨコ方向の機能別活動とタテ方向の共通インフラ要素を，どのような視点でどう強化していくか，そのために TQM 推進のための組織や人をどのように配置／育成していくかということを考えていくことになる．

　大日程から年度に至るこれらの推進計画は，それぞれ TQM 推進方針として具体化し，以下に述べる推進組織に展開していく．

　ここでは，TQM 推進の大日程計画の例を図4.4に示しておく．

4.3　TQM 推進組織とその運営

4.3.1　TQM 推進組織の形

　TQM の推進とは，基本的にスタッフ機能であり，組織としてはトップを補佐する形を取る．これが，組織全体の TQM 推進活動を統括する推進部門となり，一般的には TQM 推進本部などと呼ばれる．さらに，組織全体の構造に応じて，小分けされた推進組織を適宜配置していく．推進組織はスタッフ機能であるから，基本的には小分けされた各組織の長の元に，その長を補佐する形で TQM 推進組織を置き，一般的には○○部門

4.3 TQM推進組織とその運営

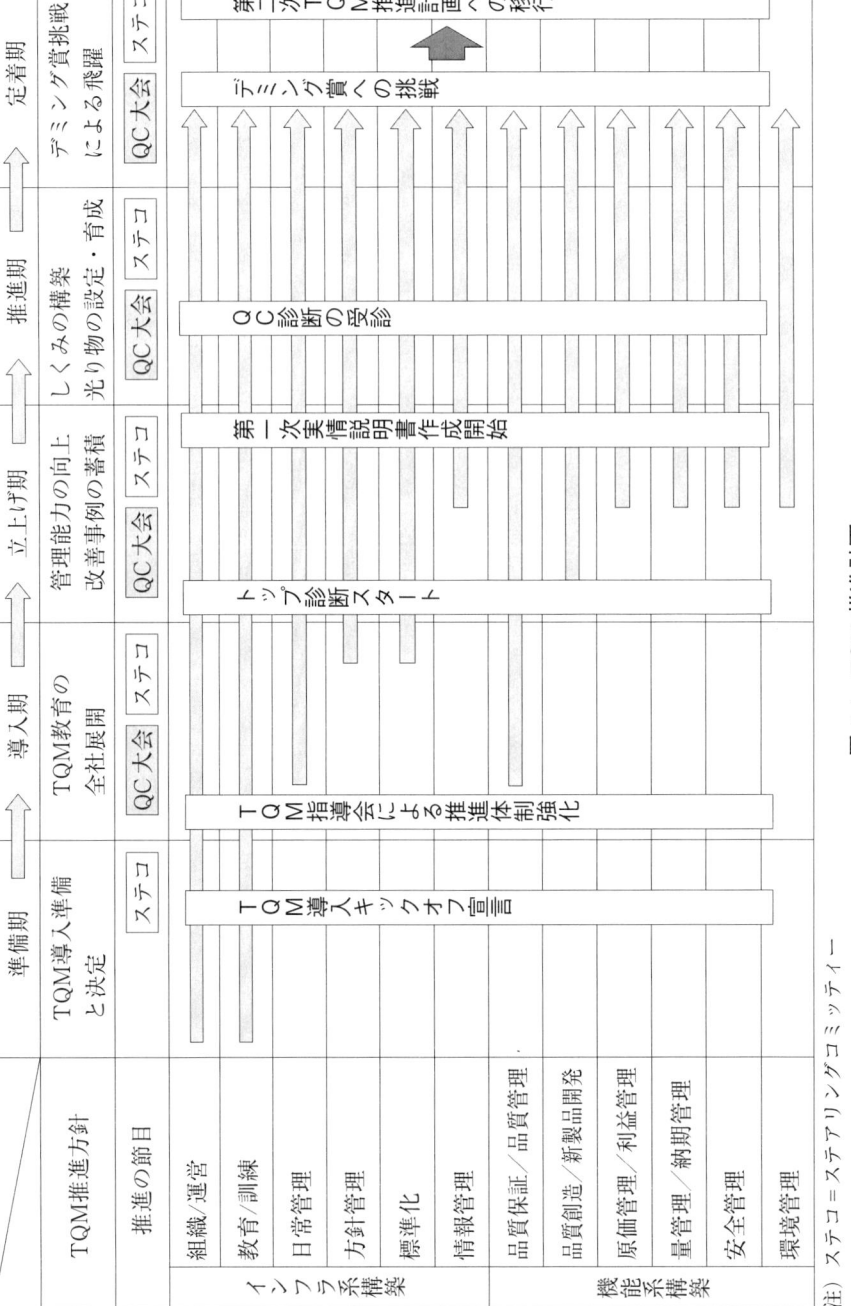

TQM推進方針	準備期 TQM導入準備と決定	導入期 TQM教育の全社展開	立上げ期 管理能力の向上 改善事例の蓄積	推進期 しくみの構築 光り物の設定・育成	定着期 デミング賞挑戦による飛躍
推進の節目	ステコ	QC大会 ステコ	QC大会 ステコ	QC大会 ステコ	QC大会 ステコ
	TQM導入キックオフ宣言	TQM指導会による推進体制強化	トップ診断スタート	第一次実情説明書作成開始	QC診断の受診	デミング賞への挑戦 → 第二次TQM推進計画への移行
組織/運営					
教育/訓練					
日常管理					
方針管理					
標準化					
情報管理					
品質保証/品質管理					
品質創造/新製品開発					
原価管理/利益管理					
量管理/納期管理					
安全管理					
環境管理					

（インフラ系構築／機能系構築）

注）ステコ＝ステアリングコミッティー

図 4.4　TQM推進計画

の TQM 推進室などと呼ぶ．

4.3.2 TQM 推進組織の運営

組織全体の TQM 推進活動を統括する TQM 推進本部と各小分けされた組織の長の元に置かれた TQM 推進室は，組織全体の TQM 活動がスムーズに進展するよう，常時，綿密な連携を取って活動を進めていく必要がある．

連携の取り方にはいろいろあるが，多くの場合，「推進者会議」といった定例的な会議体を設けてさまざまな情報のやりとりを行うとともに，TQM 推進に関する方針の策定／展開／評価／処置といった TQM 推進活動の PDCA をこの会議体を有効に活用しつつ，組織全体として回していく．

以上，一般的な TQM 推進組織の形を図 4.5 に示す．

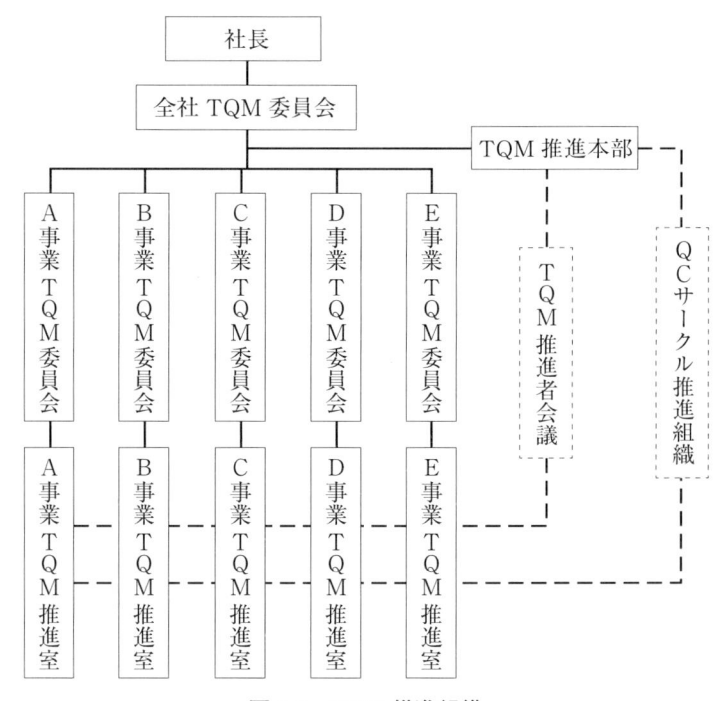

図 4.5　TQM 推進組織

4.4　方針管理／日常管理とその推進

4.4.1　方針管理の考え方
（1）　方針とは

　方針とは，会社経営の基本指針に基づき，事業目的達成のために設定された事業運営の具体的方向を示したもので，「到達目標」とその目標を達成するための「重点方策」とで構成される．

　ここで，会社の基本方針とは，会社経営にあたり，中長期的観点から定められた会社経営に関する基本的価値基準で，会社の「あるべき姿」，ないしは「ありたい姿」として明示され，主に経営トップの考え方や意思が鮮明に反映される（→経営理念／ミッション／経営ビジョン）．

　また，到達目標とは，到達すべき（したい）ゴールを測定可能な指標で具体的に表現したもので，以下の3つの要素により構成される．

- 目標項目：到達すべき（したい）ゴールの性格を最も適切に代用する測定可能な指標
- 目標値：そのゴールの水準（レベル）を目標項目の数値で示したもの

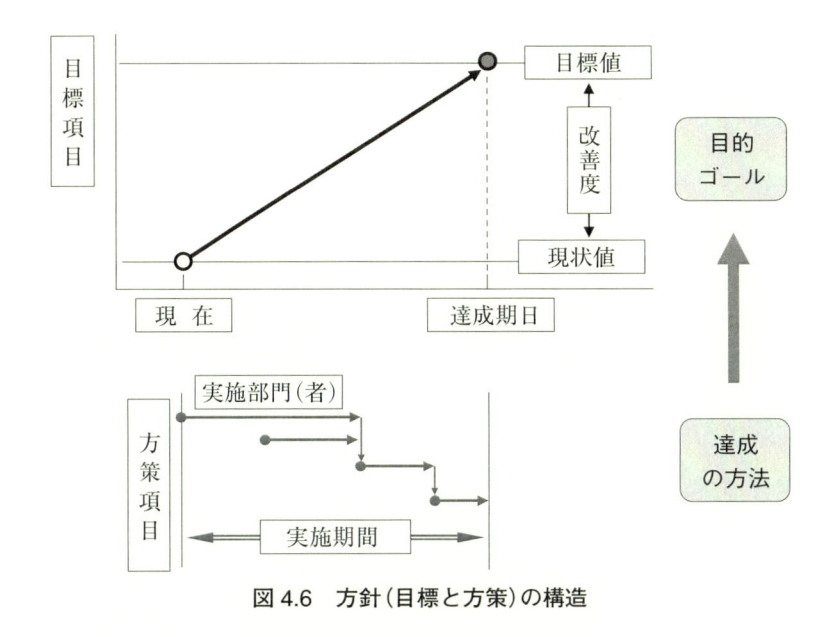

図4.6　方針（目標と方策）の構造

- 達成期日:そのゴールに到達すべき(したい)時期/デッドライン

　さらに,重点方策とは,到達目標を具現化するために必要とされる具体的実行手段の集まりの中から,効果性/効率性/実行可能性/波及効果(プラス/マイナス)などの観点から重点的に抽出された手段/方法で,以下の3つの要素により構成される.

- 方策項目:実行手段を具体的な言葉で簡潔に表現したもの
- 実施部門(者):方策項目を実行する責任部門(者/主管者)
- 実行期間:方策項目の実行着手時期ならびに完了時期を示したもの

これらを図示すると,図4.6のようになる.

(2) 方針管理とは

　方針管理とは,「組織運営を方針に基づいて管理していくための機能の体系およびその活動」を言い,方針の策定/展開(P),方針の実施(D),実施結果の評価/反省(C),反省に基づく処置(A)という4つのステップからなる.さらに,このPDCAサイクルをどういう頻度で回すか,またどういう母集団をアクションの対象として捉えるかによって,管理の意味が以下のように変わっていく.

① 頻度による違い
- 3〜5年に1回PDCAを回す ⇒ 中長期的組織活動の改善
- 毎年1回PDCAを回す ⇒ 中長期的方針の達成
- 月次単位でPDCAを回す ⇒ 年度方針の達成

② アクションの対象による違い
- 方針達成活動 ⇒ 方針の達成(方針の管理)
- 人/組織 ⇒ 体質の改善(方針による管理)

(3) 方針の展開

　方針は,内容/時間/組織という3つの観点からそれぞれ展開される.ここで,「展開」という言葉が持つ意味は,主に方針の「分解」と「割付」であり,ニュアンス的には「ブレークダウン」という用語に近い.

1) **内容のブレークダウン**

方針は，その内容が抽象的であればある程，達成度が悪くなり，逆に具体性が増せば増す程，達成される可能性が高くなる．したがい，方針の内容をブレークダウンすることによって，方針の具体性を増加させることが重要となる．方針は，目標と方策で構成されるので，ブレークダウンする対象も，目標のブレークダウンと方策のブレークダウンとに分けられる．

① 目標のブレークダウン

目標は，目標項目／目標値／達成期日によって構成されるが，通常，達成期日は，その方針の位置付けによってほぼ確定してしまうため，ブレークダウンされるのは，目標項目と目標値の2つとなる．

• 目標項目のブレークダウン

目標項目の質的構造を分解することによって，それを構成する要素を抽出し，各要素を新たな目標項目としていく．

〈例〉「利益」を「売上高」と「原価」と「経費」に分解する

• 目標値のブレークダウン

目標項目自体は変わらず，別の分類基準によって目標値を細分化する．

〈例〉「売上高」を「国内売上高」と「輸出売上高」に分解する

以上，2つのブレークダウンの考え方を組み合せて，順次下位に目標を展開していく方法の代表例として「旗方式」があり，目標のブレークダウンを具体化する手段としては特性要因図（系統図），およびパレート図などが用いられる．

② 方策のブレークダウン

方策のブレークダウンは，目的→手段の論理思考に基づく展開によって，より具体的な方策に展開していく．目的に対する達成手段を設定していく際，その論理展開の思考プロセス／アプローチの仕方によって，以下の2つのパターンが出てくる．

• 問題解決型思考プロセス

目標と現状との差（ギャップ）を形成している要因を追究し，その因果の構造を解明することにより，そのギャップを生じさせている

原因に対して手を打つ(除去ないしは改善する)ことを目的達成のための手段とするアプローチ．
- 課題達成型思考プロセス

目標と現状との差(ギャップ)を構成するさまざまな要素／要因をアイデア発想するためのヒントとして活用することにより，目的達成のために有効と思われるさまざまな手段を列挙／発掘し，その中から有効な手段を抽出するアプローチ．

目標と現状とのギャップを生じさせている原因に対して手を打つことが可能で，かつそれによって目標をクリアーできる可能性が高い場合は，問題解決型アプローチによる方策展開が有効となるが，原因に対して手を打つことが困難，ないしはたとえ手が打てたとしても目標クリアーが難しい場合には，課題達成型アプローチによる方策展開が必要となる．どちらのアプローチが有効かは目標の性格／現状の状態／外部環境の状況などによって変わるので，両アプローチをうまく組み合せて方策を展開していくことが望ましい(図4.7)．

2) 時間へのブレークダウン

内容がブレークダウンされた各方針は，次に時間軸のスケール上に展開される．その場合，目標と方策で時間軸の扱いが以下のように変わる．
- 目標：いつまでに達成するかという観点で完了時期のみを押さえる
- 方策：いつから始めていつまでに終えるかという観点で開始時期と

```
(例)  売上高の拡大
       ├── 既存販売網の見直し      ← 問題解決型から展開した手段
       ├── 新規販売ルートの開拓    ← 課題達成型から展開した手段
       ├── 販促支援活動の改善      ← 問題解決型から展開した手段
       └── 新製品の投入            ← 課題達成型から展開した手段
```

図 4.7　方策のブレークダウン

4.4 方針管理／日常管理とその推進

完了時期の両方で押さえる

これが目標は達成期日を，また方策は実行期間をそれぞれその構成要素の中に含めて定義していることの背景となっている．

〈留意点〉

① 目標と方策の時間的な関係で重要なことは，目標に対する方策の利き方にはいろいろなパターンがあるという点である(図4.8)．パターンⅠのケースは現実にはあまり存在しない，多くはパターンⅡ，Ⅲである．ここに，方策実行と実績顕在化との間のタイムラグ(時間差)の問題が生ずる．したがって，このタイムラグの存在を無視した方針展開には注意が必要である．

② ブレークダウンされた方策間では，時間的な序列が存在するケースも多いので，それらに矛盾が起きないよう方針展開しておくことも大切である．時間的な序列には以下のような種類がある．

- 互いに独立な方策
- ある方策が完了しないと実行に入れない方策
- ある方策が一定のレベルまで完了すれば実行に移せる方策

したがって，方針を設定する際は，目標と方策の時間的な関係を

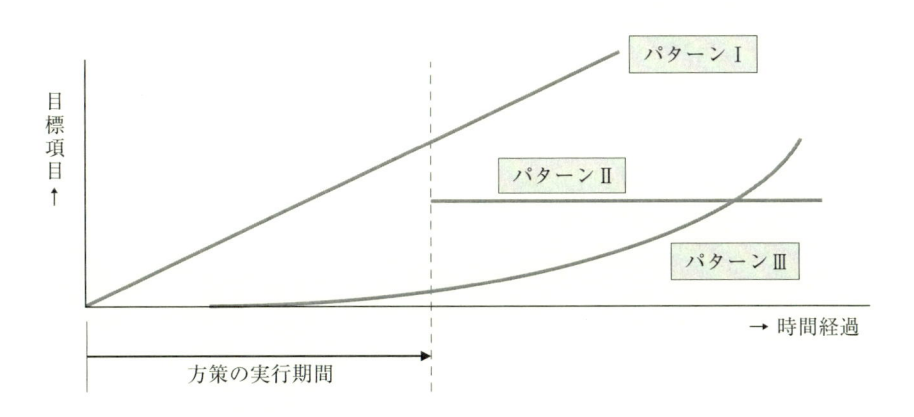

パターンⅠ: 方策の実行開始とともに効果が現れる
パターンⅡ: 方策実行終了後，直ちにある一定量の効果が継続的に現れる
パターンⅢ: 方策実行開始後，しばらく経ってから徐々に効果が現れる

図 4.8　方策の時間的なパターン

よく吟味して合理的な方針を設定していくことが大切である．

3) 組織へのブレークダウン

内容および時間へのブレークダウンによって具体化された個々の方針は，最終的には，その実行にあたって最も妥当と判断される機能を有する組織体へそれぞれブレークダウン（割付）される．その場合，図 4.9 のような 5 つのパターンが存在する．

① ある特定の既存組織に割り付けられた責任／権限の範疇で PDCA を回すことにより，展開された方針（目標／方策）の達成が可能と判断される場合

② 複数の既存組織が互いに協力し合うことによって展開された方針（目標／方策）の達成が可能と判断される場合

③ 展開された方針（目標／方策）が既存の組織機能の枠を超えるレベルで設定されているため，それが受けられるような責任／権限を有する新たな組織を設立することによって，その達成を図ろうとする場合

④ 基本的には，上記①，②，③のいずれかのケースで対応可能だが，納期／効率／効果などの観点から，その方針達成のためだけに既存組織とは別の特別組織をテンポラリーに設立して対応する場合（→プロジェクト／委員会など）

⑤ より高次元で意欲的な方針（目標／方策）を設定した場合や，組織機能が複雑に交錯してくる場合などに発生するケースで，自らの責

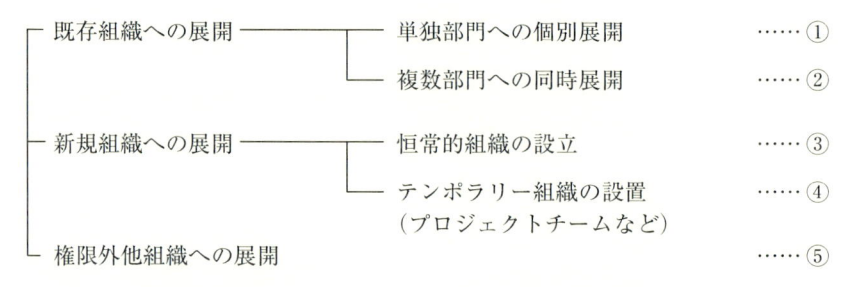

```
┌─ 既存組織への展開 ─────┬─ 単独部門への個別展開          ……①
│                       └─ 複数部門への同時展開          ……②
│
├─ 新規組織への展開 ─────┬─ 恒常的組織の設立              ……③
│                       └─ テンポラリー組織の設置        ……④
│                          （プロジェクトチームなど）
│
└─ 権限外他組織への展開                                  ……⑤
```

図 4.9　組織へのブレークダウンにおける 5 つのパターン

任／権限だけではその方針が達成されず，権限外の組織機能に対しても，自らの方針達成に向けて協力／分担をお願いする必要があるもの(→組織の責任権限が整合していない場合が多い)

〈留意点〉

① 方針を組織に展開していく場合に留意すべきことの1つは，組織に与えられた責任／権限と，展開した方針の達成度保証との関係である．この辺の関係を策定段階でいかに事前に整合化しておくかによって，方針管理の成否が決定するといっても過言ではない．特に，業務分掌などで組織の責任／権限が不明確な組織に対して方針管理を導入する場合は注意が必要である．また，ライン部門に比べスタッフ部門では，主管責任はあっても執行権限がないといった業務が多くなるので，展開する方針のあり方をよく研究する必要がある．

② 留意すべきことの2つ目は，その組織が持つキャパシティーと付加された方針業務との関係である．元来，組織が保有するキャパシティーは，その組織に与えられた機能を日常的にこなしていくのに必要十分な量として設定されているはずだから，そこへ新たな業務としての方針が付加されれば，業務のオーバーフローが起きてくるのは当然考えられることである(→両手モデル)．

　したがって，方針を組織に展開する時は，組織が本来持っている基本業務量と今回展開する方針の遂行で必要となる業務負荷量とがどうバランスするかを十分事前に検討しておくことが大切である．不足する場合はそれを補う手立てが方策の中に同時に盛り込まれる必要があり，その責任は方針を展開する上位組織にある．これは業務量に限らず方針達成に必要な経営資源すべてについて当てはまる．組織が保有する経営資源では達成不可能な方針を平気で展開し，後は気合で達成しろといったやり方を「大和魂的方針管理」と呼ぶ．なお，米国で発展した MBO(Management by Objectives)は，どちらかというとこの思想に近い．

(4) 方針策定における集約と展開の機能（相反する思考法の活用）

1) 帰納的アプローチと演繹的アプローチの組合せ

　最初に述べた"Cから回すPDCA"の考え方に基づいて方針を策定しようとすれば，過去／現在／将来の問題点や課題を抽出することによって為すべき方針を見出す活動が主体となる．一方，企業の活動はすべて組織を通してなされるとともに，その組織も複数のサブ組織から構成されていることを考慮すれば，上記の問題点や課題というのは，構成される各組織ごとに存在するということが理解される．したがい，企業として問題点／課題を正しく認識して意味のある方針を策定していくためには，各組識に存在する個々の問題点／課題，およびそれに基づいて設定される個々の方針を，組織全体として集約／整理するという活動が必要で，この集約／整理という考え方はものごとを個々の要素から全体に向かって積上げていく思考法，すなわち帰納的アプローチであるということがわかる．

　逆に，「方針の内容／組織／時間への展開」という考え方はブレークダウンという言葉の通り，方針を上位概念から下位概念に分解していく考え方，すなわち演繹的アプローチと言えるわけで，ここに，良い方針を策定していくためには，ある意味でまったく相反する思考法である帰納的アプローチと演繹的アプローチの両方が要求されるということがわかってくる．この相反するアプローチをうまく方針策定プロセスの中に組み込むことが方針管理のしくみを構築する上で重要であり，その道具立てとして次に述べる「方針のスリ合せ」がある．

2) 方針のスリ合せ

　組織にはそれぞれに与えられた固有の機能／使命があり，それに基づいて過去からの継続的活動をその背景として持っている．したがい，各組織には組織固有の解決すべき問題や達成すべき課題があり，各組織は各々のレベルでその解決や達成を図るために日々改善活動を進めている．しかし，各組織は各々独立に機能するわけではなく，それぞれ有機的に関係し合うことで組織全体としての機能が発揮され，最終目的が達成される．したがい，方針策定にあたってはこのような組織の上下左右にわたる相互補

完関係を十分考慮し，各組織が持つ問題／課題を集約／分析することによって，各組織における活動の重点を明確化するとともに，それらの整合性を確保していくことが肝要である．

方針はともすると，トップダウン的に上位組織から下位組織に一方的に展開されると理解されがちだが，実際は下位組織から上位組織へボトムアップ的に集約されていく面，および左右の組織間で整合化を図って行く面など，組織構造に応じて多面的な方向性を持つということを理解しておく必要がある．つまり，方針の策定プロセスは，上下組織間でのトップダウンとボトムアップ，および左右組織間での相互交換という情報のやり取りを何度も繰り返すプロセスであると捉える必要があり，それによって初めて整合性のある合理的方針が組織全体として策定できることになる．この上下左右の組織間でなされる方針に関係する情報交換のプロセスを「方針のスリ合せ」と呼ぶ(図4.10)．

3) 方針策定／展開プロセスの概要

組織全体としての方針が最終的に確定するまでの方針策定／展開プロセスを整理すると，次のようになる．ただし，中長期的な方針がある場合とない場合とでは，この進め方は多少変化する．

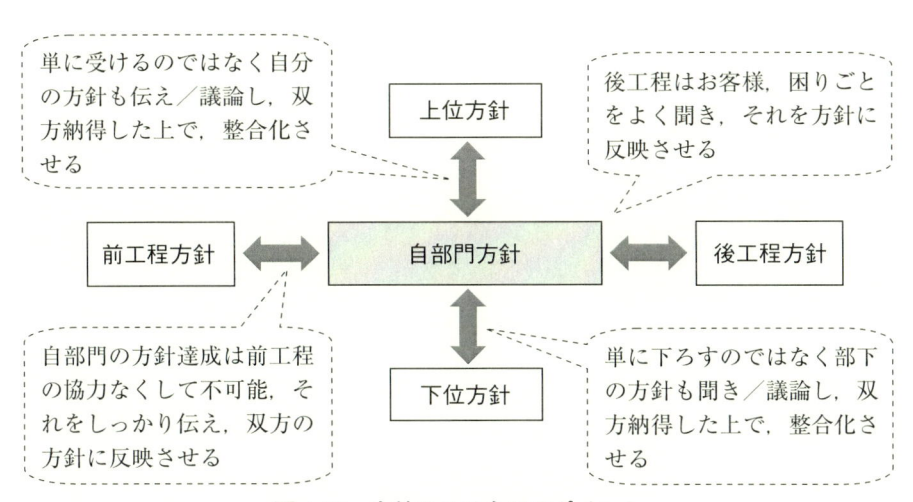

図4.10 方針のスリ合せのポイント

第4章 TQM推進の基本

①-1　組織を取り巻く外的環境の抽出／解析
①-2　下位組織での問題／課題の抽出／解析
②　組織全体としての問題／課題の集約／解析／整理
③　方針（案）策定
④　方針のブレークダウン（内容／時間／組織）
⑤　下位組織への展開／割付
⑥　下位組織での方針検討
⑦　組織間での方針スリ合せ
⑧　下位方針の集約と整合性検討
⑨　（③〜⑧の繰り返し）
⑩　組織全体としての方針の確定

これを図示すると，図4.11のようになる．

なお，本書では方針管理のしくみとその推進に焦点を合わせていることもあって，図4.11の①，②，③の具体的な進め方については敢えて省略することとした．しかし，方針管理の生死を分けるのは，やはり設定され

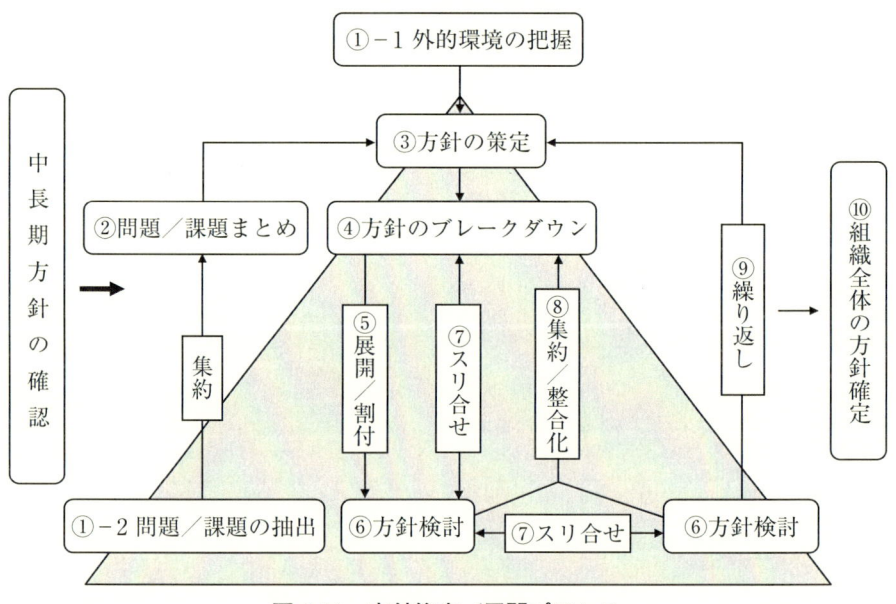

図4.11　方針策定／展開プロセス

る方針の質にすべて掛かっていることは言うまでもない．元々の方針の質が悪ければ，④以降のステップをいくらしっかり実行しても期待される結果は到底得られるものではないからである．

　方針の展開と組織への割付は，理解するのが結構難しいので，図 4.12 に図的解説を加える．すなわち，方針展開はあくまで論理を主体にブレークダウンされ，その後，組織の機能や役割分担を考えながら，順次各組織に割付けられていく．ただ，方針を管理していく主体が各組織にあり，かつ方針＝目標＋方策と定義されていることを考慮すると，最終的な方針の管理単位は組織ごとの方針として整理される．

(5)　方針へのコミットメント

　策定した方針を確実に達成していくための基本条件の 1 つとして，その方針に対する組織全体のコミットメント（強烈な参画意識）が挙げられる．2.5.4 項で述べたように，単なる参加（involve）から参画（participate）へ，そして賛同（commitment）へと至る意識改革プロセスが必要である．組織全体がその方針の達成に強い目的意識を活動のベースとして持たなければ，せっかく苦労して策定した方針も実行段階での推進力は著しく減退し，結果として，その方針は単なる絵に描いたモチにしかならない．

　この組織のコミットメントを醸成する基本は，全組織への情報（方針）伝達とそれに基づく全員の「納得性」および「共感性」にある．その意味で，方針管理における重要な活動の 1 つは，組織に対する方針の伝達／周知徹底の活動となる．トップの方針を組織の隅々まで伝達し，その意味するところをキチッと認識し理解してもらう，その上でトップの強い危機感や熱き想いに共感／納得してもらうことが，方針へのコミットメントを醸成する上で何よりも重要となる．したがい，単に方針を紙に書いて配るだけでは認識／理解／納得には程遠い．期首挨拶や方針説明会，方針決起集会，あるいはトップによる全国行脚／現場訪問など，やはりその伝達方法をかなり工夫する必要がある．どういう伝達の仕方が適切かは，その組織の持つ特徴や文化によって変わってくるので，その組織ごとに最も効果的と思える方法を適宜検討していくことが肝要である．

第4章　TQM 推進の基本

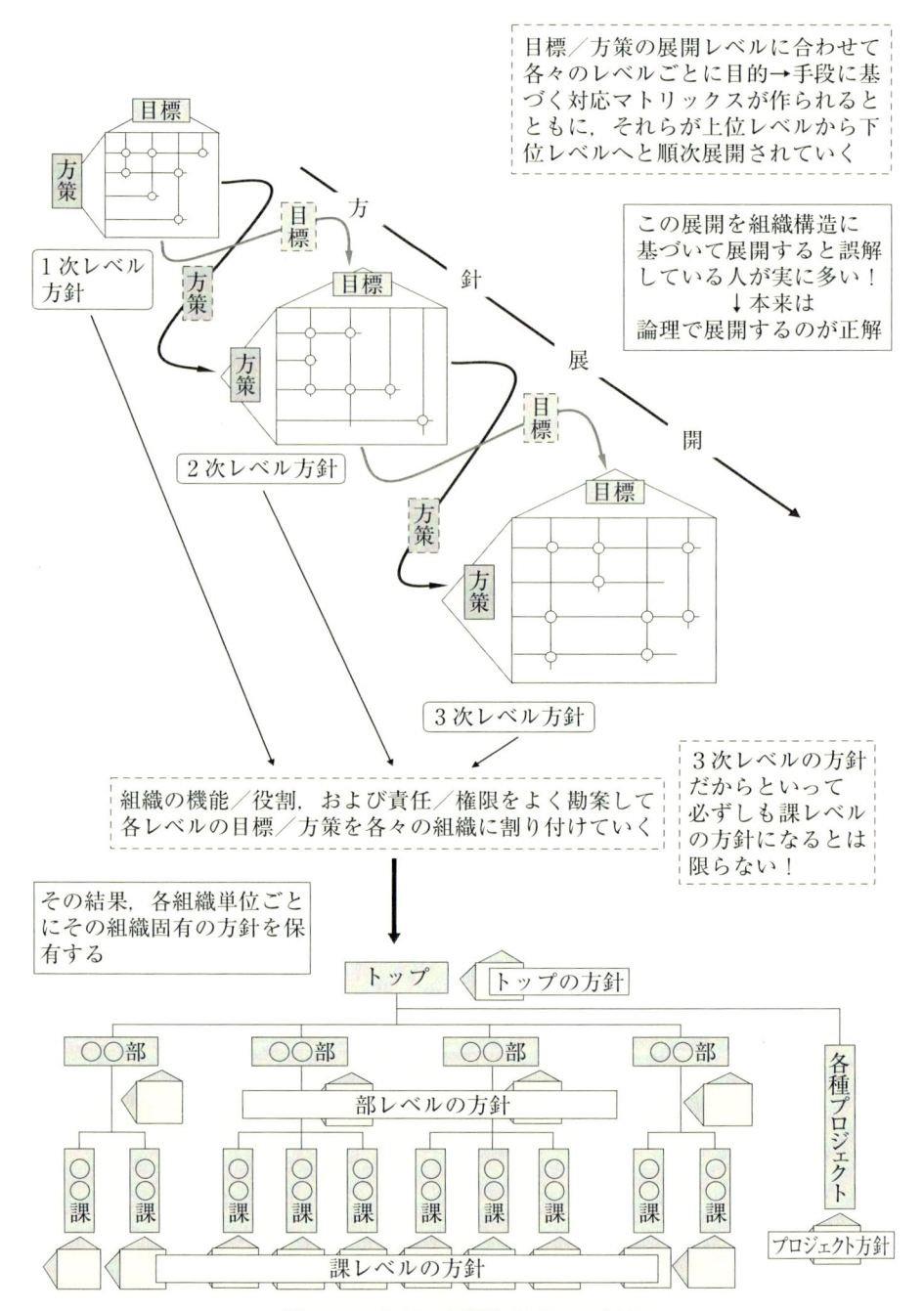

目標/方策の展開レベルに合わせて各々のレベルごとに目的→手段に基づく対応マトリックスが作られるとともに，それらが上位レベルから下位レベルへと順次展開されていく

1次レベル方針

方針展開

2次レベル方針

3次レベル方針

この展開を組織構造に基づいて展開すると誤解している人が実に多い！
↓
本来は論理で展開するのが正解

組織の機能/役割，および責任/権限をよく勘案して各レベルの目標/方策を各々の組織に割り付けていく

3次レベルの方針だからといって必ずしも課レベルの方針になるとは限らない！

その結果，各組織単位ごとにその組織固有の方針を保有する

トップ　トップの方針

〇〇部　〇〇部　〇〇部　〇〇部

部レベルの方針

課　課　課　課　課　課　課　課　課　課

課レベルの方針

各種プロジェクト

プロジェクト方針

図 4.12　方針の展開と組織への割付

122

（6） 方針の実施とその管理
1) 方針のチェック／進度管理

策定した方針が100％完璧で，かつそれを実行する組織が，その方針を実行していくのに必要十分な組織力を持ち，さらにその実行過程で予想外の環境変化が起きないのであれば，その方針は放っておいても定められた期間内にその目的を確実に達成することが期待できよう．しかし，現実にはそのような好条件がすべて揃うことはむしろ希で，事態は想定を超えて常に変化し，当初の予想／期待は裏切られ，結果として，計画と現実とのギャップ（乖離）は時間の経過とともに，どんどん広がっていくと見るのが現実的な考え方である．したがって，方針の実行段階にあっては，常にその達成状況や進行状況をモニタリングし，当初のプランから現実が乖離している，あるいは乖離しそうな兆候が見えたら，適宜必要な修正／処置を加えて，当初のプランと現実との乖離を極力防止していく必要がある．

どのような頻度でモニタリングしていくべきかは，方針の内容や組織の特徴などによって変化するので，一概に決めることはできず，その組織／方針ごとに最も妥当と思われる頻度を設定して方針の達成状況をサイクリックにチェックしていくことが大切である．

2) チェックすべき項目

方針は，達成目標と重点方策とによって構成されているので，チェックすべき項目もそれに対応して以下のように決まってくる．

- 目標の達成状況をチェックする
- 方策の達成状況をチェックする

方針達成の活動をプロセスと結果という形で分類すれば，目標は活動の結果に対応し，方策は活動のプロセスに対応してくるから，目標に対するチェックは結果に対するチェックであり，方策に対するチェックはプロセスに対するチェックとなる（図4.13）．

ここで，「母集団とサンプル」の考え方を方針の実施管理に適用すると，次のようになる．

- 方針達成活動：管理の対象だが把握不可能　⇒　母集団

第4章　TQM 推進の基本

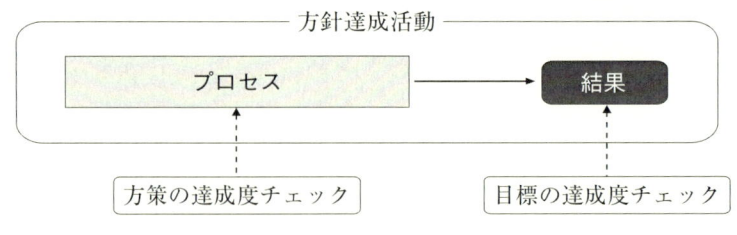

図4.13　方針のチェックポイント

- 目標達成度／方策達成度：把握可能な母集団の代用物　⇒　サンプル

達成度というのは未だ抽象的な言語表現であり，より合理的なチェックを行い，管理のサイクルをキチッと回していくためには，目標，および方策の達成度を測定し得るモノサシを用意し，それによって方針達成活動の管理項目としていくことが必要である．以下，方策達成度／目標達成度に関する考え方と定義式を示す．これをもって方針管理における管理項目としていく（図4.14）．

① **目標達成度を表す尺度（管理項目）**

通常，達成率の計算では，分母に目標，分子に実績を持ってくるが，この定義だと，不良率のように小さいほど良い特性（望小特性）の場合，達成レベルが上がると達成率の値が小さくなるという欠陥を持っていた．また，利益のように，望大特性であってもマイナスの世界が存在し得る場合も，やはり達成レベルが上がると達成率が小さくなるという欠陥があった．この欠点を是正したのが筆者が開発した図4.14に示す定義式である．この定義に基づけば，対象とする元の特性がどのようなものであっても，通常の達成率の感覚で達成度を評価できるという意味で，筆者は「一般化達成率（generalized task-achievement ratio）」と命名している．

② **方策達成度を表す尺度（管理項目）**

方策というのは階層構造を持った多くの活動項目が時系列的に並んだ1つの集合体であり，図4.15のような系統的／時系列構造を有する．したがって，活動項目の最小単位では「やった／やらない」

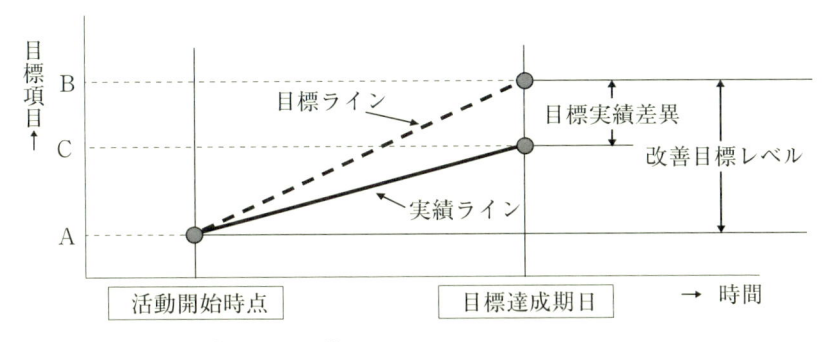

4.4 方針管理／日常管理とその推進

```
         目標項目 ↑
              B ●----------●
                           │目標ライン（破線）
              C            ●  目標実績差異
                     実績ライン       改善目標レベル
              A ●
                 活動開始時点      目標達成期日    → 時間
```

A：方針設定時の現状値
B：達成期日における目標値
C：達成期日における実績値

目標達成度の定義 ： 目標達成率 $= \left[1 \pm \dfrac{\text{目標実績差異}}{\text{改善目標のレベル}} \right] \times 100\%$

なぜこうなるかについては
紙面の都合で省略

$= \left[1 \pm \dfrac{\text{目標値} - \text{実績値}}{|\text{目標値} - \text{現状値}|} \right] \times 100\%$

$= \left[1 \pm \dfrac{B - C}{|B - A|} \right] \times 100\%$

±の符号は，対象とする目標項目の性格によって，以下のように扱う
　大きい方が望ましい目標項目の場合 ……… "−" とする
　小さい方が望ましい目標項目の場合 ……… "+" とする

図 4.14　目標達成度の考え方と定義式

のゼロイチ評価しかできないが，方策全体として見れば，ある定められた期日までにやろうと決めたことがどれだけやられたかという実行件数の比率（完了率）で評価できることになる．以上から，方策達成度の尺度（管理項目）は図 4.15 のようになる．

　この定義による方策達成率の精度は，すべて計画の精度にディペンドする．計画の精度が粗ければ，方策達成度の精度も必然的に粗くなる．また，達成度の評価はすべて活動開始から現時点までの累積達成度で評価するが，その達成状況によってその後の実施計画を修正していくこともある．そういう場合は修正された計画をベースに達成度を評価していくダイナミックプランニング（逐次変更型計画法）を推奨したい．

第4章 TQM 推進の基本

A_{ijk} ：活動項目展開における実施項目の最小単位
T_i ：時系列展開における期間管理の最小単位
◄----► ：その単位期間にその活動項目を実施するという意味

活動項目展開			時系列展開				
1次	2次	3次	T_1	T_2	T_3	T_4	T_5
A1	A11	A111	◄----►				
		A112	◄----►----►----►				
		A113		◄----►----►----►			
	A12	A121	◄----►				
		A122			◄----►----►		
	A13	A131	◄----►----►				
		A132			◄----►----►		
A2	A21	A211	◄----►----►----►----►----►				
		A212			◄----►----►----►		
	A22	A221	◄----►				
		A222		◄----►----►----►----►			
	A23	A231			◄----►----►----►		
		A232				◄----►----►	
		A233					◄----►

方策達成度の定義

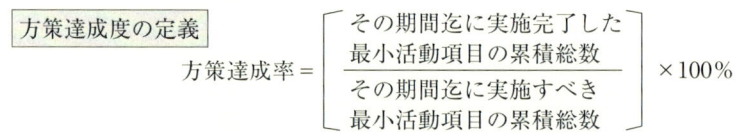

$$\text{方策達成率} = \frac{\text{その期間迄に実施完了した最小活動項目の累積総数}}{\text{その期間迄に実施すべき最小活動項目の累積総数}} \times 100\%$$

図 4.15 方策達成度の考え方と定義式

　以上述べてきた管理項目は，方針達成という基本目的から展開した共通的な指標についての議論であった．したがい，管理対象がどのような内容であっても，そこに方針（目標と方策）が設定される限り，目標達成率／方策達成率という同一尺度の元で，すべての方針達成度が比較評価できることに利点がある．

　しかし，各部門にて個々の方針を単独に管理していく場合，特に目標の達成度管理においては，このような一般化した管理項目よりは設定した目標そのものを生の形で管理していく方が具体的イメージが湧くので管理しやすいという場合も結構多い．このような場合は，設定した目標項目をそのまま方針達成活動に関する結果系の管理項目として活用していく方が現実的である．しかし，その場合は，あくまでその方針についてのみに適用される評価尺度となるから，他の方針との相対的な比較評価はできないことに留意しておく必要がある．

4.4 方針管理／日常管理とその推進

3) チェックの方法
① チェックの頻度
　方針の達成度をチェックしていくプロセスは，基本的に PDCA サイクルを回転させていく活動となるから，チェックの頻度をまず設定していく必要がある．チェックの頻度を増やせば増やすほど PDCA のサイクルはより早く回転するが，その分，活動プロセスの中身は希薄になっていく．つまり，毎日チェックすれば，PDCA は毎日回転するが，その中身は1日分の活動しかチェックできないので，あまり大きなテーマに対してはチェックの意味をなさなくなる．一方，年1回のチェックであれば，PDCA は1年で1回転しかしないが，対象となる活動は1年分の内容を含んでいるので，相当大きなテーマであっても十分チェックに耐えうるプロセスを評価することができる．

　要は，その方針の内容，組織への権限委譲のレベル，管理に対するスピード感などを考慮して，その方針／組織に合ったチェックのサイクルを設定していくことが肝要となる．

② チェックのツール
　設定した管理項目を元に方針達成活動をチェックしていくための道具立て（ツール）としては，目標については「目標管理グラフ」，方策については「方策実施計画進度チェック表」を用いる．

〈目標管理グラフ〉
　PDCA を回すために用いられるグラフのことで，主に時系列で描かれる折れ線グラフをベースとして，目標ライン，それに対応する実績ライン，および Action を起こす基準としての処置限界等から構成される（図4.16）．

　ここで，処置限界について解説しておく．方針達成活動に対して PDCA を回すキーポイントは，Check と Act にあり，この機能をどううまく行うかで PDCA がうまく回せるかどうかが決まってくる．中でも Check と Act をつなぐ役割，すなわち Check した結果に基づき，Action を起こすべきかどうかを判定する機能が特に重要となる．判定機能とは，「現在までの結果の動きを見て，当該目標が設定した期限までに達成し得るも

第4章　TQM推進の基本

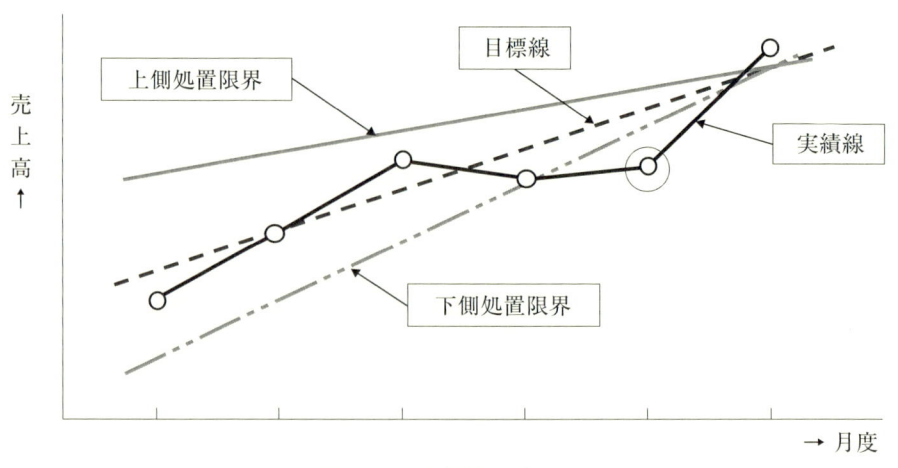

図4.16　目標管理グラフ

のかどうか，将来の動向を予測する（見極める）こと」を言い，そのためには，目標達成の可能性を見極めるための比較基準が必要となる．通常の考え方からすれば，その時点における目標値が比較基準となり，実績との対比すなわち目標実績差異という捉え方で将来を予測していくことになるのだが，前述した通り，「結果は常にバラつく」ものだから，実績差異そのものだけを見て正しい判定を下すのはかなり難しく，無理にやろうとすれば判定者の主観が相当入らざるを得なくなる．その結果，第Ⅰ種，あるいは第Ⅱ種の判断ミス（後述）が増加していくことになる．

　このような判断ミスの確率を減らしてより効果的／効率的管理をしていくためには，比較判定基準の中にバラツキの概念を取り入れ，その元で将来動向を予測していくことが必要となってくる．ここに，バラツキの考え方に基づいて結果の動きを捉え，当初の目標が達成可能かどうかを予測／判定できる基準という観点で「処置限界」の考え方が登場する．処置限界の基本構造は図4.17のようになる．

　すなわち，実績値が処置限界をオーバーしたら，そのままでは目標達成ができないわけだから，必ず何らかのアクションを起こさなければならないし，逆に，処置限界内であれば，現時点，目標未達となるかどうか判断はつかないので，当面はこのまま進めて様子を見るということになる．し

4.4 方針管理／日常管理とその推進

```
上側処置         処置限界外  ──→ このままでは目標達成が危うい
限界線                        早急なるアクションが必要
         処置限界  処置限界内  ──→ 目標達成が危ういという程では
                                    ない，当面，このまま進める
下側処置         処置限界外  ──→ このままでは目標達成が危うい
限界線                        早急なるアクションが必要
```

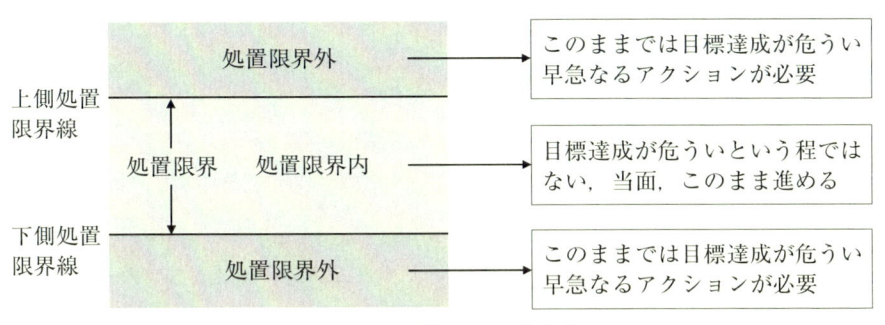

図 4.17　処置限界の考え方

かし，結果はバラつくという前提を考慮すれば，たとえある程度の幅（バラツキの余裕）を持っていたとしても，やはりこの判断には第Ⅰ種，第Ⅱ種の過誤が小さいながらも存在している．

- 本当は目標未達になるかどうかはっきりしていないのにも拘わらず，実績値が処置限界をオーバーしたために，目標達成は危ういと判断してしまう誤り→これが第Ⅰ種の過誤となる
- 本当は目標未達になる可能性が大きいにも拘わらず，実績値が処置限界内にあるため，目標達成が危ういとは判断しなかった誤り→これが第Ⅱ種の過誤となる

これらの過誤は，片方を小さくしようとすると，もう片方が大きくなる性質を持つ．例えば，第Ⅰ種の過誤を小さくするためには処置限界の幅を広げてやればいいわけだが，そうすると，逆に第Ⅱ種の過誤が増えてしまうといった一種のトレードオフ的関係にあるので，そういう性質を十分認識しておく必要がある．

処置限界の設定は一概に決められないが，基本としては以下の考え方に基づけばよい．

- その目標項目に対する測定値のバラツキは通常どのくらいあるか
  ⇒通常のバラツキの大きさを知らなければ異常なのか正常なのかの判断がつかず，2つの判断ミスの関係を正しく把握できない
- 現時点で達成時期での状況をどの程度予測できるか
  ⇒活動をスタートしたばかりの時期と活動がある程度進んだ時期と

では持っている情報量が全然違うので，達成可能性を予測する精度も変化する
- その方針はどの程度の達成困難度を持っているか
⇒達成するのがそれ程困難ではない方針に取り組む時と，非常に難しい方針にチャレンジしている時とでは，アクションの取り方は違う
- 今後，どの程度の頻度でチェックを繰り返していくのか
⇒達成納期から見て次にチェックする時期がまだ時間的に余裕がある時と，もはや達成納期までチェックする機会がないという時とでは，状況が全く異なる
- 現時点から達成納期までどの程度の時間が残っているか
⇒活動開始したばかりでまだ先が長い時と，もうすでに達成納期が間近に迫っている時とでは，アクションの取り方が全く異なる

このような観点で処置限界を設定すると，ほぼ必然的に，
- 最終ゴールに近付けば近付くほど処置限界の幅は狭まっていく
- 処置限界は主として「望ましくない方への変化」に重きが置かれる

ことになる．

4) アクションの起こし方
① 異常とそれに基づく行動の起こし方

実績値が処置限界をオーバーしたら，直ちに行動を起こさなければならない．その行動の第一はなぜ処置限界がオーバーしたのか，その原因を追究していく活動である．活動プロセスのどこが拙かったのか，取り巻く環境の何が変化したのかなど，当初のねらいから狂ってしまった背景や原因をしっかり把握することが何よりも大切である．

ここで，「異常」ということについて若干の解説を加えておこう．異常とは元々管理図から派生した概念で，言葉が示す通り，「常と異なる」ということから，「常」の方を先に定義し，その上で，そうでない世界としての異常を定義していくことになる．この「常」とは，ものごとが自然なバラツキを持って安定している状態を意味し，その状態が次の近未来にお

いても引き続き継続するであろうことがかなりの確信を持って言える状態，言い換えれば，次に続く将来が予測可能ということを意味している．となれば，異常とは，そのような「常」の状態ではない状態，すなわちものごとが相当バラついて安定しているとは言えない状態，言い換えれば次に続く近未来がどう変化するか予測がつかない状態という風に解釈することができる(図4.18)．

さらに，異常の定義から派生する重要な概念として，「異常の裏には必ず突き止め得る原因が存在する」ということも忘れてはならない．つまり，常と異なることが起きたわけだから，そこには必ず異常を起こした原因が存在するということになる．

以上が管理図から派生した「異常」というものに対する一般的な考え方であるが，この概念を以下のように拡大解釈することによって方針管理における実施管理の場にも適用していくことを考える．

- 正常(状)：当初の計画通り進展しており，このままいけば最終目標の達成が十分可能と判断できる状態
- 異常(状)：当初の計画からかなりズレており，このままいくと最終目標の達成が危ういと判断される状態

通常概念の正常／異常と区別するため，敢えて「正状／異状」という書き方をする場合もあるが，ここでは正常／異常のまま進める．さらに，管理図の世界で正常／異常を判定するために生み出された管理限界と同じように，方針管理における正常／異常を判断する基準として前項で述べた処

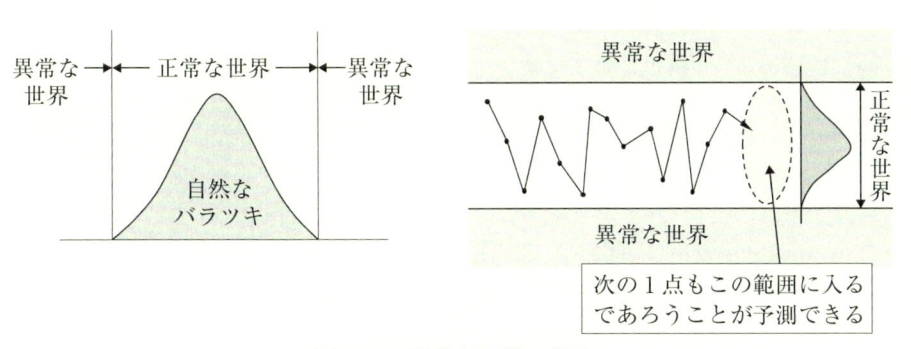

図4.18　異常と正常の意味

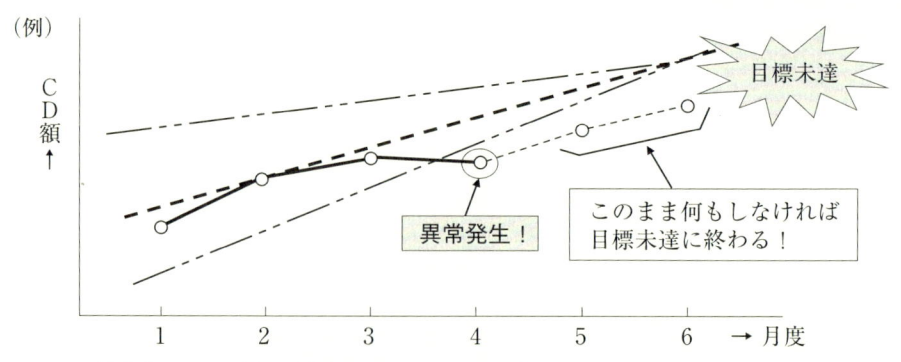

第4章 TQM推進の基本

(例)

[グラフ:縦軸 CD額、横軸 月度1〜6、「異常発生！」「このまま何もしなければ目標未達に終わる！」「目標未達」]

1，2，3月度までは，正常の領域にあったが，4月度で異常の領域に突入した．このまま何も手を打たずに当初計画通りのことだけを進めていったら，達成期日の6月度には，目標未達で終わってしまうだろうことが十分予測される．

目標達成が方針管理活動における基本目的であるから，当然このような状況になったら，ただ手をこまねいていてはダメで，直ちに行動を起こし，残された期間で目標必達に向け最善の努力を組織を挙げて推進していかなければならない．
上記の例で言えば，目標 CD 額がなぜ計画通り進まないか，その原因を活動プロセス全般にわたって追究し，拙さの原因を探し出し，達成期日までに目標が達成できるよう早急に追加対策①②③を講じ，目標達成可能な状況に持っていかなければならない．

[グラフ:縦軸 CD額、横軸 月度1〜6、「異常原因を究明し必要な対策を打つ」「対策①」「対策②」「対策③」「目標達成！」]

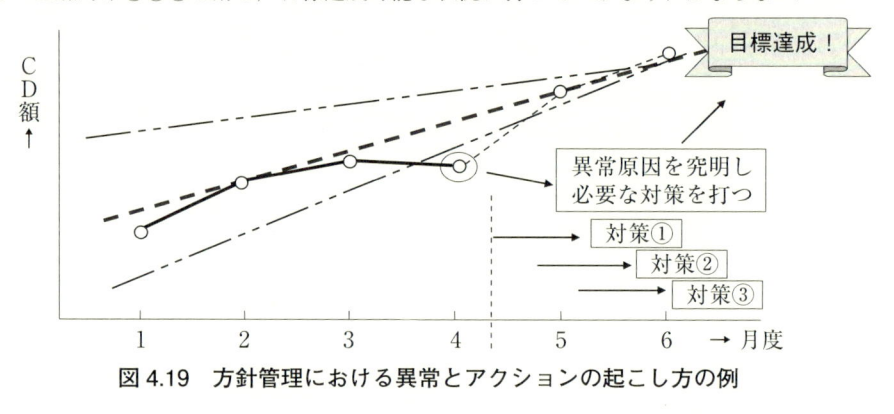

図 4.19 方針管理における異常とアクションの起こし方の例

置限界を位置付ける．すなわち，実績が処置限界を超えたら異常と判断し，超えていなければ当面異常ではないと判断しようという考え方になる．
　図 4.19 に，コストダウン額を方針管理の目標項目とした例を示す．

② 異常原因の追究の仕方

　異常が発生した背景には，これまでの活動プロセスの中に異常をもたら

4.4 方針管理／日常管理とその推進

```
              目標に対応する方策のリストアップ
                        │
              それらの方策の達成度評価
                        │
         達成  ◇ 方策達成度？ ◇  未達
         ┌────┘              └────┐
    方策の質／妥当性の追究      方策未達の原因追究
         │                          │
   十分   │   不十分         やらな  │  やれな
   ┌──◇十分／不十分？◇──┐    かった ◇やらなかった／◇ かった
   │                      │         │やれなかった？│
   │                      │    ┌────┘         └────┐
外的阻害要因の      方策立案の拙さ   実施管理の拙さ   実行阻害要因の
追究                追究             追究             追究
  [A]                [B]              [C]              [D]
```

図 4.20　異常原因追究フロー

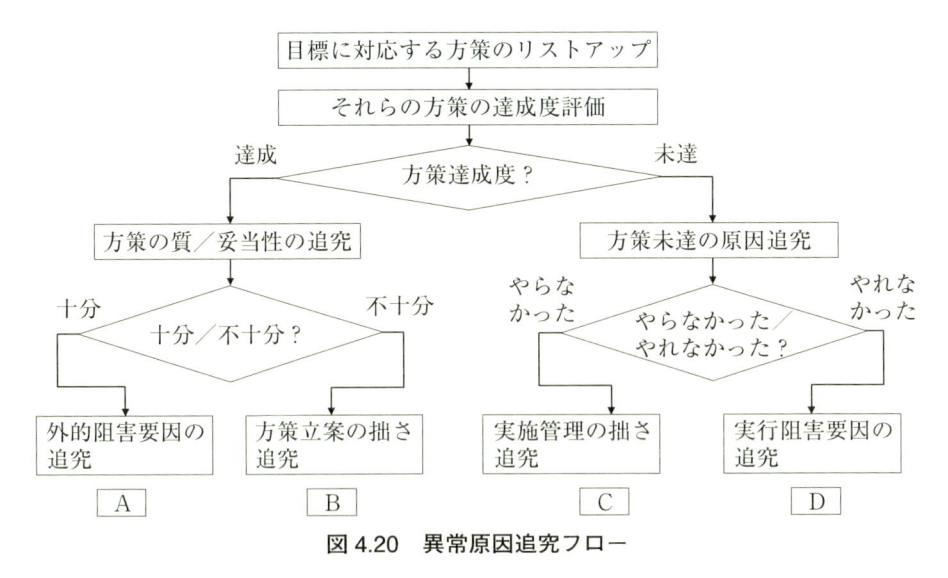

した原因が必ず存在しているはずだから，まずはそれを突き止めていくことが大切である．この場合，異常原因追究の基本的な進め方は図 4.20 の原因追究フローで行うことを勧める．

異常原因の性格から言うと，
- A：外的要因　⇒　言い訳になりやすいので注意！
- B, C, D：内的要因　⇒　どこまで真実に迫れるかがキーポイント

ということになるが，まずは内的要因から解析していくことが大切である（→自責要因）．

内的要因の解析にあたっては，それぞれのカテゴリーごとに方針策定段階から現時点まで組織活動として行った全プロセスを対象として，異常に至った背景を調査していくことが必要である．また，外的要因の解析にあたっては，当初予期しなかった環境変化／競合性変化など，目標達成を阻害している外的要素にどのようなものがあるのかといった観点から調査していくことになる．

③　取るべきアクション（是正処置）の種類

究明された未達要因によってそれぞれ取るべき処置は変わってくるが，

基本的な面で，その種類を分類すると以下のようになる．
- a) 方策に対する処置
  - 方策の修正
  - 新規方策の追加
  - 責任者の交代や担当者の追加
  - 開始時期／完了時期の変更
- b) 進め方に対する処置
  - 組織体制の見直し
  - 投下資源（人／モノ／カネ）の見直し
- c) 管理方法／しくみに対する処置
- d) 目標そのものに対する処置
  - 目標値の修正
  - 達成期日の修正
  - 目標項目そのものの修正

当然のことながら，最後の処置は方策尽きた時の弁法である．

④ アクションを促進するためのしくみ（異常報告制度）

方針管理における異常の発生は，ある意味で非常事態と言える．したがい，異常の発生に対しては，非常事態と呼ぶにふさわしい特別管理体制をしくみとして用意しておく必要がある．このような考え方の元，特別管理体制のしくみとして図 4.21 のような「異常報告制度」を設置する．

この異常報告制度は，通常の方針管理における月次の PDCA サイクルとは切り離して別の管理体制のしくみとして位置付けることが肝要である．また方針の達成期日に対して，異常の発生時期が比較的手前にある時は，挽回のための活動期間がある程度残されているため多少余裕を持って対応することが可能だが，期日目前になって異常発生してしまった場合は，結果確認の時期と達成期日とが一致してしまう可能性もある．

本来はこういうケースが発生しないよう，極力，その手前までの活動プロセスで方針の管理を徹底していくことが望ましいが，予想もつかない突然の環境変化などによって，このようなケースが発生してしまう場合，目

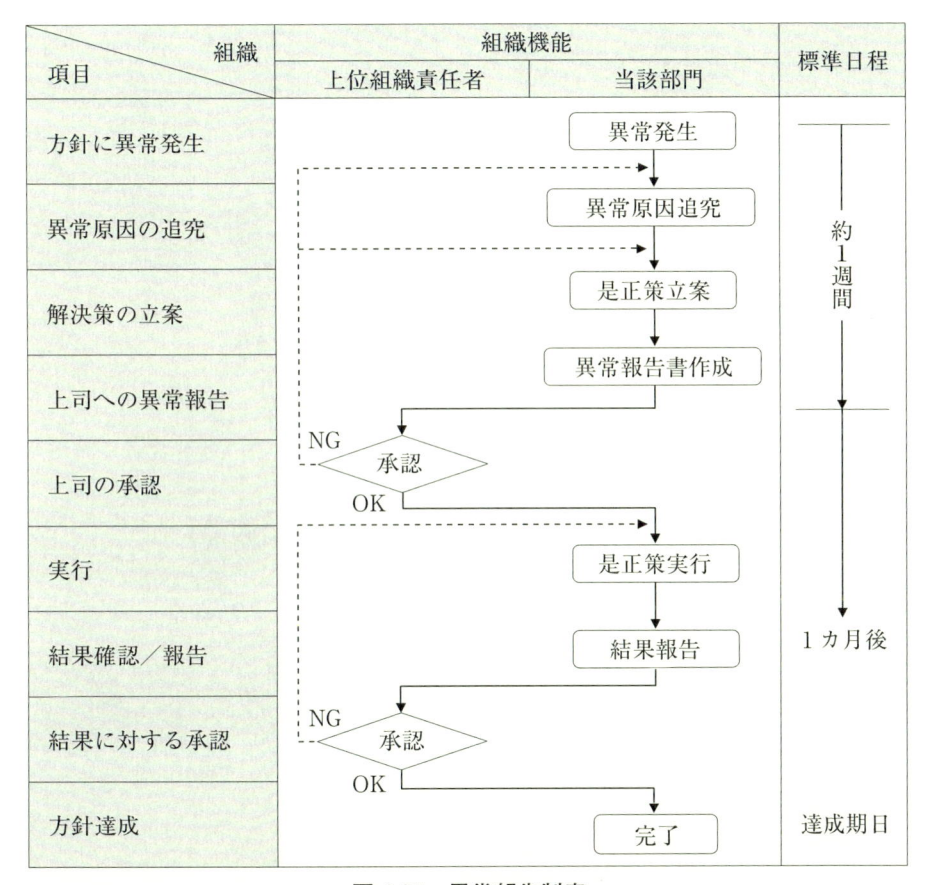

4.4 方針管理／日常管理とその推進

項目＼組織	組織機能		標準日程
	上位組織責任者	当該部門	
方針に異常発生		異常発生	約1週間
異常原因の追究		異常原因追究	
解決策の立案		是正策立案	
上司への異常報告		異常報告書作成	
上司の承認	承認 NG/OK		
実行		是正策実行	
結果確認／報告		結果報告	1ヵ月後
結果に対する承認	承認 NG/OK		
方針達成		完了	達成期日

図 4.21　異常報告制度

標達成の可否はある意味で賭けの要素が生じてくるのは避けられない．これは，方針管理における科学的管理の限界として認識しておく必要がある．

(7) 方針の達成度評価と処置

　方針の達成度評価は，前に述べた通り，目標／方策の各々に対する達成度の定義式に基づいて達成納期終了時点での値を求め，それを元に，これまでの活動の良し悪しを評価し，必要な改善処置を施した上で，次のPDCAの回し方に反映させていく．

　方針の構造は基本的にツリー展開とマトリックスによる複合構造をなし

第4章 TQM推進の基本

ているので，最終的にはその評価も，その構造に合わせて総合評価していくことが必要である．

1) マトリックス構造をベースとした総合評価

目標達成が方針管理の基本目的であるから，目標達成率の方はそのままの数字を用いるが，方策の方は，個々の目標に各々対応した複数の方策群全体として，その達成度を評価していく必要があり，その計算式を図4.22に示す．

図4.22のような計算式によって，個々の目標に対応する方策群の総合達成率が求められると目標達成率と総合方策達成率とが1対1の形で対応

	目標①	目標②	目標③	目標④	目標⑤	達成度
方策A	◎	△			○	$M(A)$
方策B	○	◎	△	◎	○	$M(B)$
方策C		○	◎			$M(C)$
方策D	△		△	◎	○	$M(D)$
方策E	○	○			◎	$M(E)$
方策F	◎		◎	○		$M(F)$
方策G			△		◎	$M(G)$
方策H		◎			△	$M(H)$
方策I	△	△	◎			$M(I)$
方策J	○			○		$M(J)$
方策K		△				$M(K)$
方策L						$M(L)$
方策M		◎		○		$M(M)$
方策N	△		◎	△	○	$M(N)$
方策O		△		◎		$M(O)$
達成度	$P(1)$	$P(2)$	$P(3)$	$P(4)$	$P(5)$	－

◎：その目標を達成するための最重要手段として位置付けられる方策を示す
○：その目標を達成するための重要な手段の一部となっている方策を示す
△：その目標を達成するための補助的手段として位置付けられる方策を示す

総合方策達成率の定義

$$\text{目標}(i)\text{に対する総合方策達成率} = \sum_j \left[\frac{a(ij) \times M(j)}{\sum_j a(ij)} \right]$$

ただし，$a(ij)$：目標(i)に対応する方策のウエイト

図4.22　総合方策達成度の考え方

4.4 方針管理／日常管理とその推進

するので，図4.23のような散布図を作成することができる．

ここで，図4.23のように目標および方策の達成度を良い方向と悪い方向に分割し全体の平面を4つの領域に区分すると，

- 第1象限：目標／方策ともに良い達成率を示す
- 第2象限：目標の達成率は良いが方策の達成率が悪い
- 第3象限：目標／方策ともに悪い達成率を示す
- 第4象限：目標の達成率は悪いが方策の達成率が良い

といった性格を持つことになる．そうすると，第1象限を除く他の3つの象限に入った方針（目標項目）は，以下のような活動上の問題点をその背後に持っていることになる．

- 第2象限：目標達成手段が未達なのに目標だけが達成してしまった．すなわち，外部環境の影響など自分たちの努力とは無関係のところで目標の達成度が決まっており，方策設定段階に問題がある
- 第3象限：方策未達の上に目標も未達となっている．すなわち，方策の妥当性を議論する以前に，まずやるべきことがやら

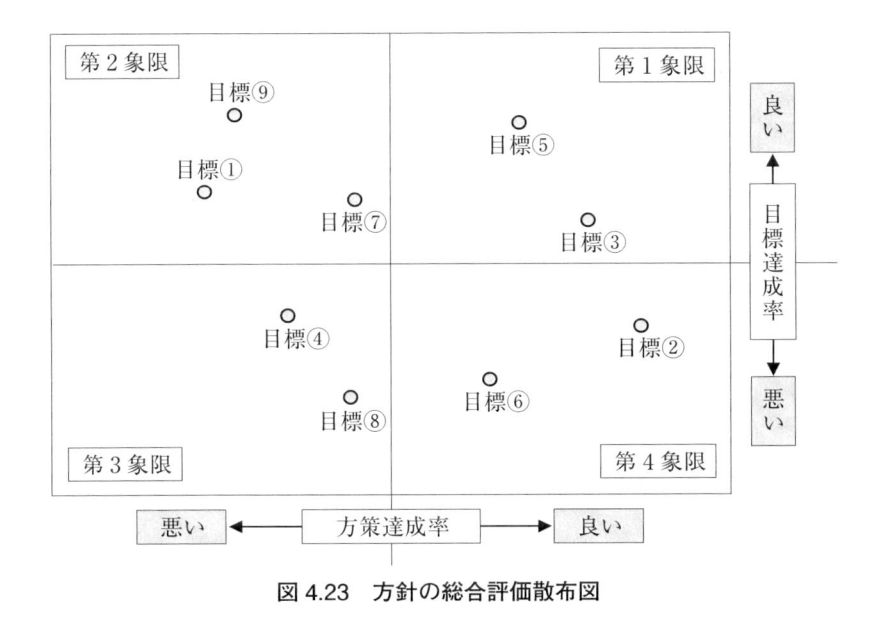

図 4.23 方針の総合評価散布図

137

- 第4象限：方策が実行されたにもかかわらず目標が達成していない．"こうすればこうなるはず"という当初の目論見が崩れており，達成手段検討段階に問題がある

このように方針の達成度を評価していく場合は，目標／方策の達成度をそれぞれ単独に評価していくだけでなく，目標／方策の論理構造（対応関係）を考慮した上で，総合的に評価していくことが肝要である．

2) ツリー構造をベースとした総合評価

目標／方策は，それぞれ論理をベースとしたツリー展開の構造を持つ．したがい，そのツリー構造と達成率との関係性が方針策定時と実績とでどう確保，ないしは変化したかを評価していくことは，方針管理の科学性を保持する上で重要となる（図 4.24）．

① 目標展開について

各目標にはそれぞれ目標値と実績値が存在するから，それぞれの達成率が求められるが，もし，目標展開が論理的に正しければ，

$$P' = 関数 f\,[p(1),\ p(2),\ p(3)]$$

となるはずである．この時，関数 f は，目標展開における論理のつなが

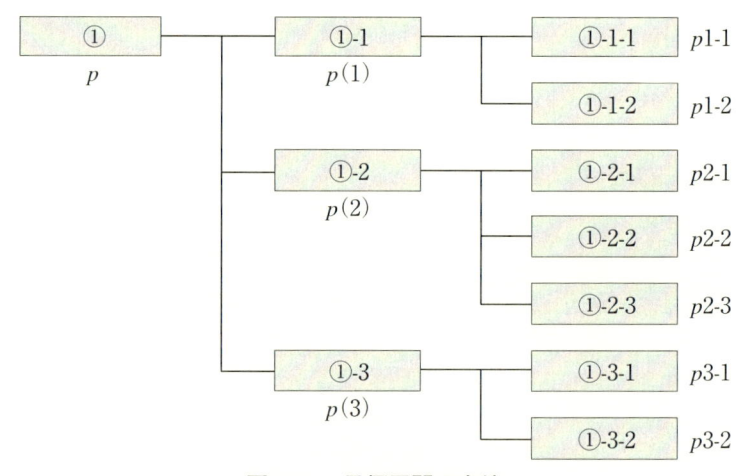

図 4.24　目標展開の実績

り（and, or）によって以下のように定義することができる（⇒ 達成率の場合）.

  and：$f = \Pi p(i)$
  or：$f = 1 - \Pi(1 - p(i))$

したがい，このようにして求めた P' と，本来からある P とのマッチングが評価の対象となってくる．これを，双対する目標間で比較評価し，どこの展開で整合性が確保され，どこの展開で整合性が崩れているかを総合的に評価していくことにより，目標展開の妥当性をチェックすることが可能となる．

 ② **方策展開について**

　方策の方は，達成率の定義式から明らかなように，下位方策からの積上げで上位の達成率が決まっていくため，下位方策の達成率が決まれば，ほぼ一意的にそれを束ねる上位方策の達成率も決まっていく．したがい，方策展開での上位と下位の整合性評価は，基本的に意味を持たない．

 3) **総合評価のまとめ**

　総合評価の目的は「方針管理の管理」にあると言っても過言ではない．すなわち，方針管理活動の進め方を反省し，その反省事項を何にどう活かすかという点に意味がある．具体的には方針管理の仕方に対する PDCA，すなわち計画の立て方，実施の仕方，評価の仕方，処置の取り方について反省することになる．

(8)　方針管理の体系

　方針管理の体系は各組織の特徴に合せて作られるため，さまざまな形があって一概に規定することはできないが，1つの典型例を図 4.25 に示す．

　さらに，方針管理の体系を構築するいくつかの「道具立て」があるが，本書では以下，名称だけ列挙しておくこととする．

- 前年度方針の反省書
- 重点問題点一覧表
- 方針書

第4章 TQM推進の基本

	トップ・マネジメント	事業部				帳 票	標 準 類
		事業部長	部 長	課 長	係 長		

→ おもな流れ
--→ フィードバック

P / 中期経営計画

- 経営理念
- 経営分析／経営資源分析
- 中期経営方針 ← 経営分析／環境分析など
- 事業部中期経営方針
- 中期経営計画

帳票：中期経営計画
標準：基本規定／中期経営計画作成要領／中期経営計画規定

P / 年度方針策定

- 経営分析／環境変化の分析
- 前年度の反省
- 年度経営方針
- 事業部長方針 → 目標展開／方策展開
- 事業部経営計画
- トップ診断(A)(スリ合せ)

帳票：前年度方針の反省書／方針管理悪さ追求マトリックス／重点問題点一覧表／経営方針書／目標展開表／方策展開表／実施計画進度チェック表／管理項目一覧表／管理グラフ／登録テーマ申請書

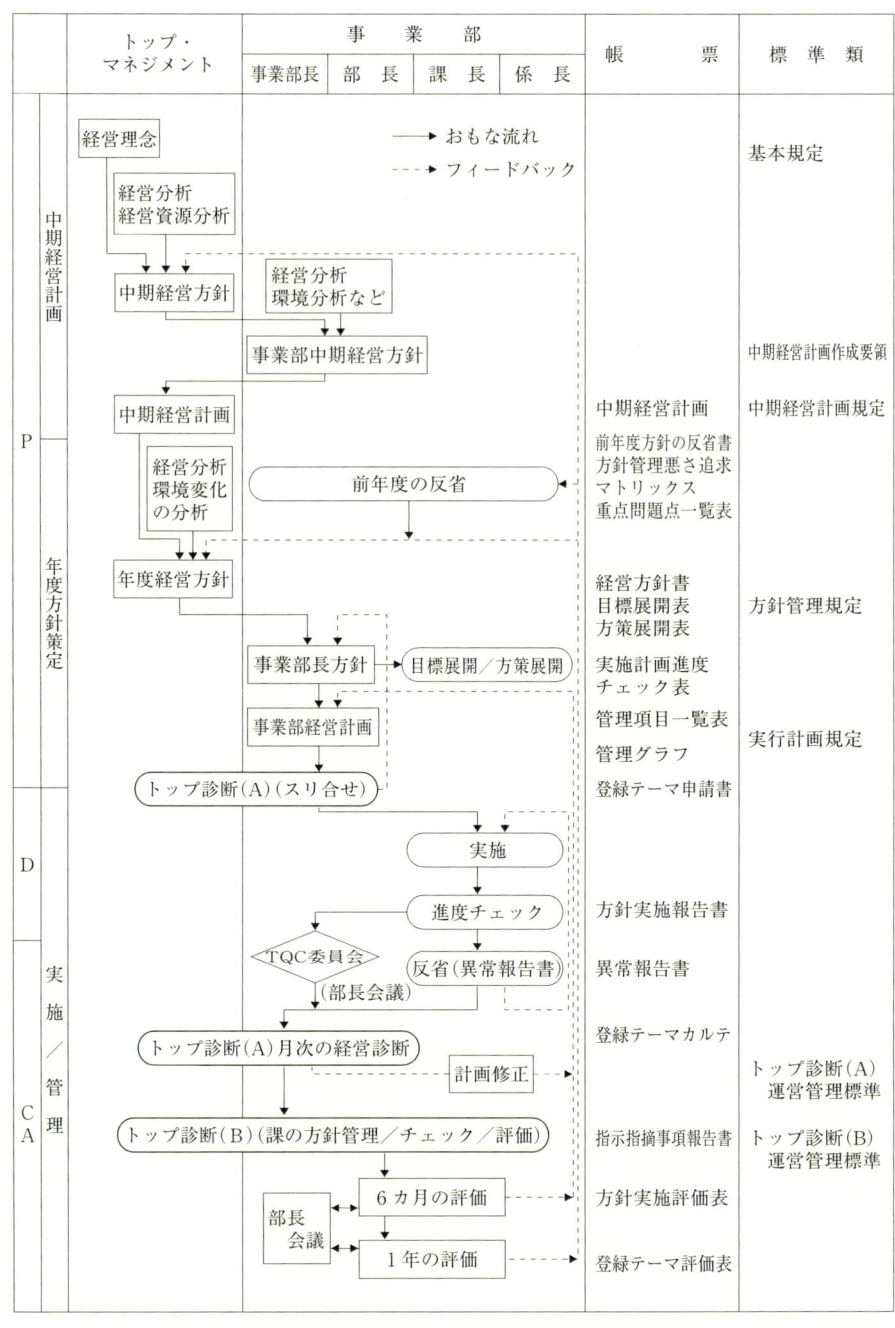

標準：方針管理規定／実行計画規定

D / 実施／管理

- 実施
- 進度チェック
- <TQC委員会>／反省(異常報告書)(部長会議)
- トップ診断(A)月次の経営診断
- 計画修正
- トップ診断(B)(課の方針管理／チェック／評価)
- 部長会議／6カ月の評価／1年の評価

C A

帳票：方針実施報告書／異常報告書／登録テーマカルテ／指示指摘事項報告書／方針実施評価表／登録テーマ評価表

標準：トップ診断(A)運営管理標準／トップ診断(B)運営管理標準

図4.25　方針管理の体系（事業部門の場合）

- 目標展開表
- 方策展開表
- 実施計画／進度チェック表
- 管理項目一覧表
- 目標管理グラフ
- 登録テーマカルテ
- 方針実績報告書
- 異常対策報告書
- 方針実績評価書　など

4.4.2　日常管理の考え方
(1)　日常管理とは

　日常管理という言葉を分解すると「日常の管理」となるが，これには目的語，すなわち管理の対象が記述されていない．一方，方針管理の方は「方針の管理」ということから管理の対象が方針であるということが明確である．つまり，日常管理の定義付けにあたっては，まず何を管理の対象とするのかということを明示する必要があり，本書では，これを「業務＝その職場に与えられた組織目的を達成するための手段の集まり」と捉えることにした．

　すなわち，日常管理とは，「日常業務の管理」の略称で，各職場に与えられた組織目的を効果的／効率的に達成していくために，常日頃行われている業務に対して PDCA を回していくための体系的活動と定義する．また，ここで言う PDCA の意味を図示すると，図 4.26 のようになる．

(2)　日常管理と組織
1)　業務の分掌

　組織の規模が大きくなるにつれ，その目的を達成していくための手段も複雑かつ多様化していく．当然，手段の集まりである業務もそれに応じて複雑／多様化していく．となれば，ある限られた組織／人だけでそれらの業務をこなすことは困難で，必然，複数の組織／人で「業務を分担する」

第 4 章　TQM 推進の基本

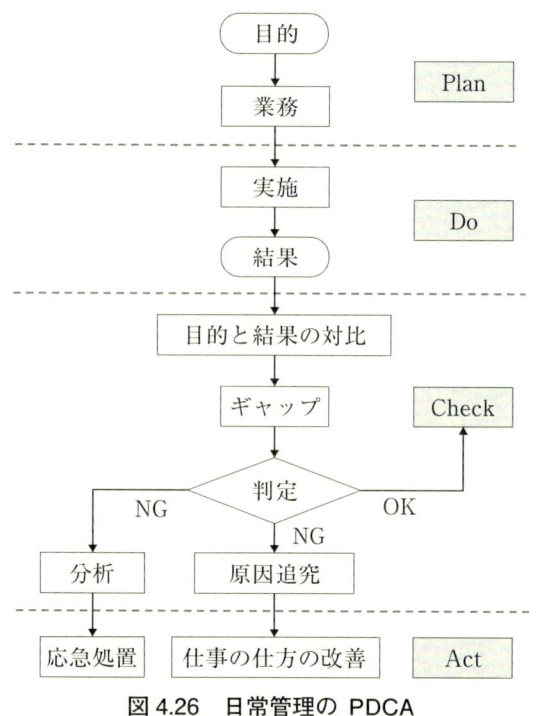

図 4.26　日常管理の PDCA

必要が出てくる．さらに，手段の展開は「細分化」というタテの展開と「連鎖」というヨコの展開に分かれていくので，その各々について「組織内分担」と「組織間分担」という分担の仕方も問題となってくる．

　このように目的や手段(業務)が複雑に絡み合いながらタテ，ヨコに展開される状況にあって，各組織／人に必要な業務をオチ／モレ／不備なく正しく分担させるには，各組織／人にどのような目的を与え，そのための手段(業務)をどう分担させるかといったことを明確に規定していく必要がある．言い換えれば，組織目的を達成するために必要となる業務の集まりを各組織や人にどう割り付けていくかということが組織管理の第一歩となってくる．ここに，「業務の分掌」，すなわち「業務を手分けして持つ」という考え方が生まれ，それを明文化したものとして「業務分掌」が誕生するに至った．したがい，日常業務を管理の対象とする日常管理は，各組織の業務分掌をどう設定するかというところが出発点になるということがわ

かってくる.

　これは，組織が先にあるのではなく，目的とそのための手段（業務）を記した業務分掌がまず先にあり，その後，それを受ける実行部隊として組織が作られるという大原則の存在を示している．多くの組織は，時間の経過とともに，組織の存在そのものが既成の事実となって常識化し，往々にして「組織ありき」から議論を始めてしまう傾向が強いが，日常管理の基本は，組織ありきではなく，あくまで「業務分掌ありき」からスタートするということを肝に銘じておく必要がある．

2） 組織のつながり

　業務の目的は，ほぼその業務の結果（アウトプット）と繋がっており，そのアウトプットは必ずどこか別の組織のインプットとなっている．このアウトプットとインプットが正しく繋がることで，初めて業務が正しく分掌されたことになる．したがい，各組織について，「業務のインプット／アウトプットは何か」，「そのアウトプットはどこのインプットになっているか」，「各組織間の連鎖は整合しているか」といったことを全組織にわたって検証していけば，分掌業務の精度，言い換えれば分掌のオチ／モレ／不備が確認できる．

　しかし，これを組織全体でいきなり整備するのは結構厳しいので，徐々に時間を掛けて整備していくのが一般的な進め方と言えよう．その際，大切なことは各組織が以下のチェックポイントで自らの業務を確認していくことである．

- 自組織のアウトプットは何か
- それは自組織に与えられた目的と合致しているか
- 自組織にとっての後組織はどこか　⇒　自分たちのアウトプットが行く先
- 後組織が欲しているもの（彼らにとってのインプット）と自組織のアウトプットとは合致しているか
- それを後組織に聞きに行っているか
- 自組織にとっての前組織はどこか　⇒　インプットを貰うところ

第4章 TQM 推進の基本

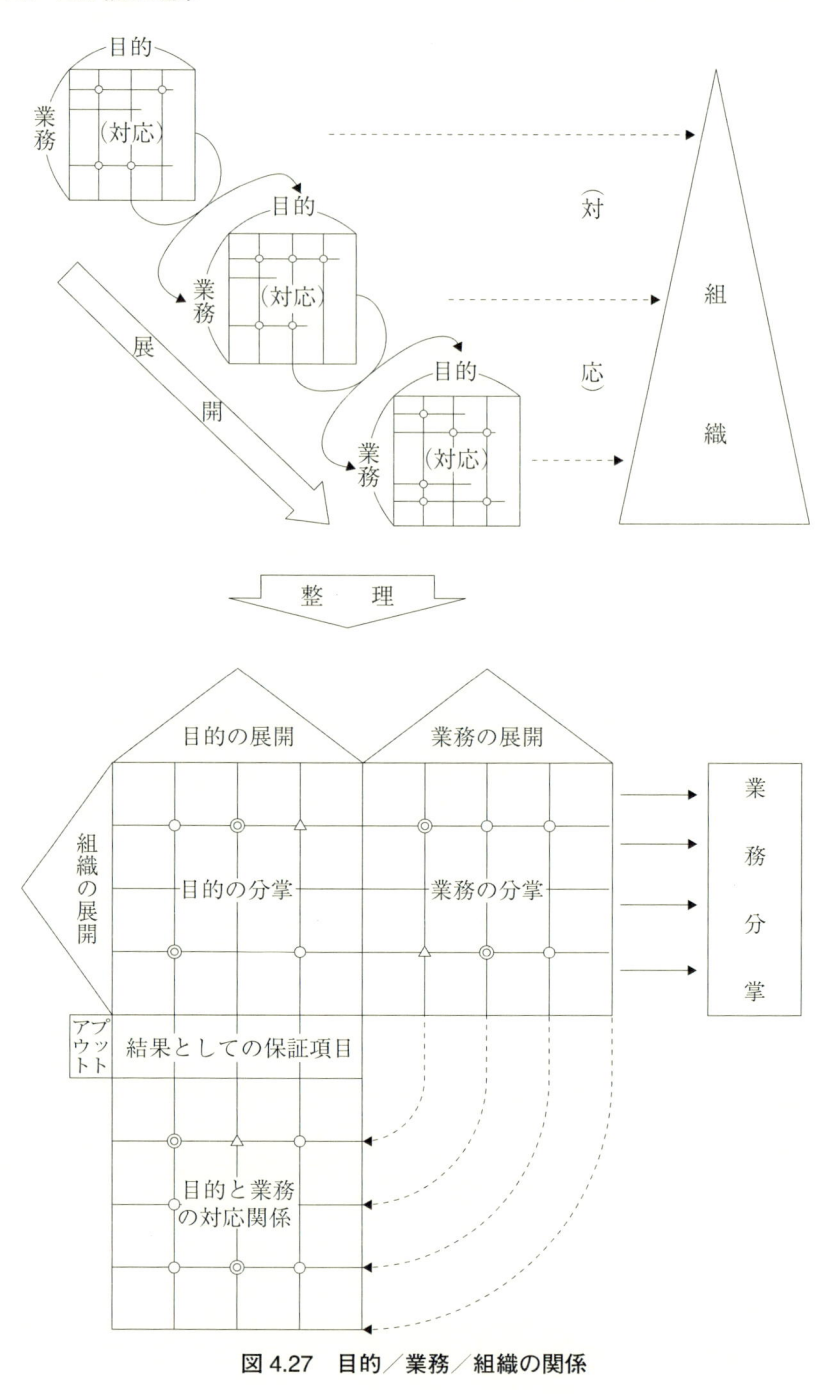

図 4.27 目的／業務／組織の関係

4.4 方針管理／日常管理とその推進

業　務　分　掌	組織名			上位組織			承　認	受付	確認	作成
業務の目的	分掌題目	重要度	分掌事項			インプット		アウトプット		
			項　目	細　目	組織名	項　目	組織名	項　目		

図 4.28　業務分掌フォーマット

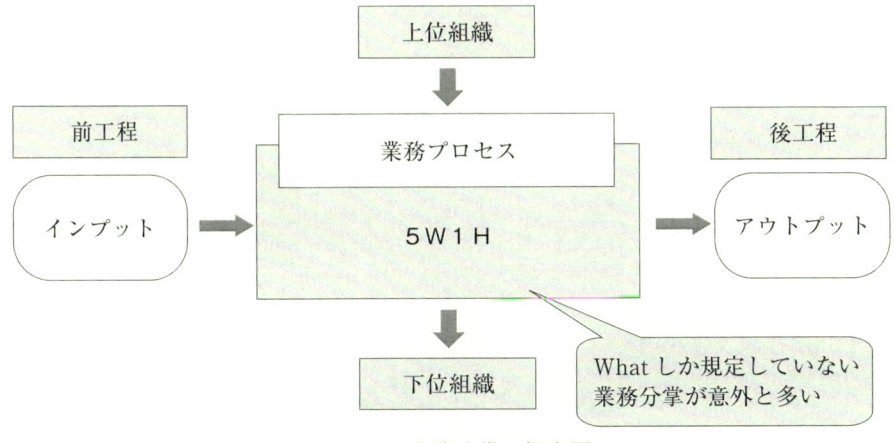

図 4.29　業務分掌の概念図

- そのインプットは自組織が求めるものになっているか
- それを前組織に伝えているか　など

　以上述べてきたことを概念的に図示すると，図 4.27 のようになり，さらに，そのまとめとしての業務分掌の 1 つの形を示すと，図 4.28 のようになる．また，業務分掌の基本形を概念的に示せば，図 4.29 のようになる．

（3）　日常管理の基本

　日常管理の活動を具体的に進めていく基本は，各組織で，以下の項目を順を追って整備し，活動を展開していくことである．

　　① 　目的／業務の明確化（業務分掌）
　　② 　目的達成プロセス（5M）の設計

③　活動計画の策定(5W1H)
④　管理項目の設定(点検点／管理点)
⑤　管理方法／管理基準の設定
⑥　実施と監視／点検／モニタリング
⑦　異常，変化点の検出
⑧　異常原因の追究，変化点の影響評価
⑨　異常原因の除去，変化点影響の除去／緩和／回避
⑩　実施結果の確認／評価
⑪　是正処置(応急処置／再発防止／未然防止／予防措置)

さらに，日常管理の活動を展開するにあたってのキーポイントは以下のようになる．

1)　管理項目をどう選定するか

アウトプットを管理項目とする場合は管理点となり，業務プロセスの項目を管理項目とする場合は点検点となる(図 4.30)．ただし，同じ項目でも組織のあり方によって管理点になったり点検点になったりするので，その位置付けは相対的なものであるということを認識しておく必要がある．

2)　異常をどう捉えるか

管理の目的に合わせ，どうなれば異常と判断するのか，その異常の概念を設定しておくことが大切である．管理の目的は水準(レベル)を上げていくのか，維持していくのかに大きく分かれ，前者はレベルが問題となり，後者はバラツキがそれぞれ問題となるから，それに合わせて異常の概念を設定していく必要がある(図 4.31)．

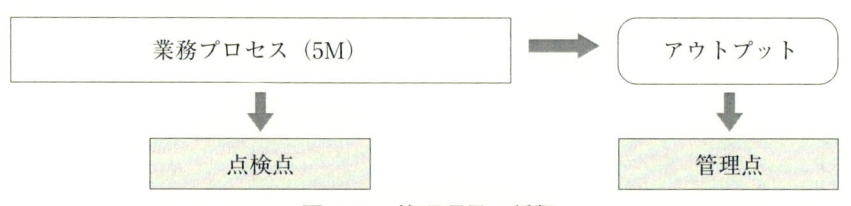

図 4.30　管理項目の種類

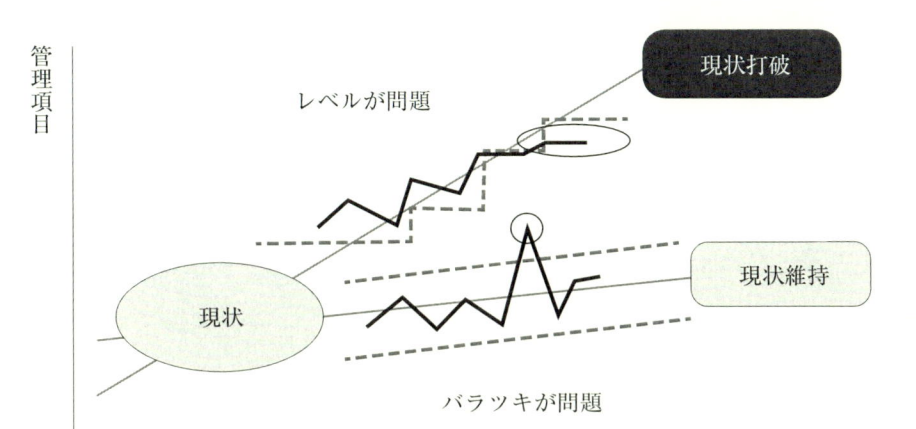

4.4 方針管理／日常管理とその推進

図4.31 異常の捉え方

3) 管理のサイクルをどう設定するか

　管理のサイクル（PDCAを回す頻度）の設定いかんによって，日常管理活動のスピード感が決まっていく．月の単位で1回転するより，週の単位で1回転する方が活動のスピードは上がっていく（図4.32）．

　しかし，その分，活動の対象は小さくなるので，あまり大きなテーマだと変化に乏しくPDCAを回す意味がなくなる可能性もある．したがい，

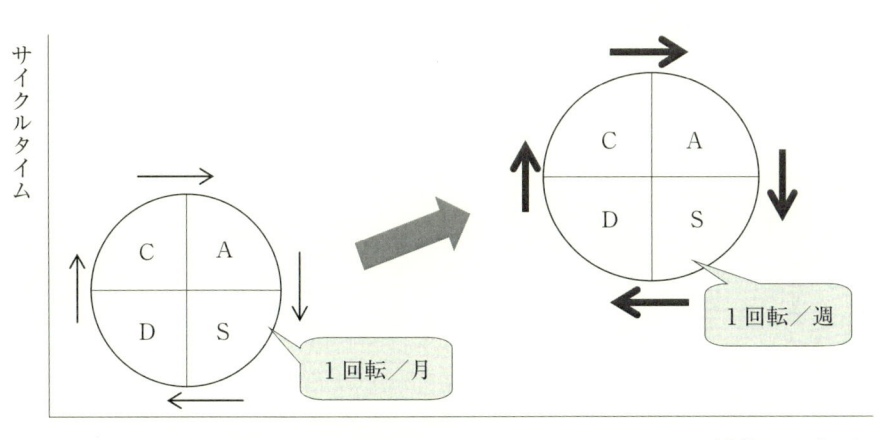

図4.32 管理のサイクルによるスピード感

147

活動対象の大きさ／テーマの規模／組織の管理レベルなどを鑑みながら，管理のサイクルを適切に設定していくことが望ましい．

4） 異常時／変化時の処置をどうするか

日常管理の活動が安定している場合は定められたプロセスを粛々と進めていけばよい．日常管理実施上で問題となるエポックは，何らかの異常が発生した時，および何らかの変化点（変更または変化）が生起または予想された場合である．その際，バタバタせずにキチンとした活動が組織的に整然とできるかどうかが日常管理の質を決めるといっても過言ではない．そのためには，異常や変化点が確認された場合にどういう活動を組織的に展開すべきかということをあらかじめ定めておくことである．

取るべき処置／活動の種類としては，

〈異常について〉
- 応急処置　⇒　燃えている火はまず消化
- 再発防止　⇒　同じ異常を二度と繰り返さない
- 未然防止　⇒　同じ原因による類似の異常発生を未然に防ぐ
- 予測予防　⇒　他職場の異常から学んで異常発生を予防する

〈変化点について〉
- 情報収集　⇒　変化／変更情報の先取り
- 影響評価　⇒　変化／変更が自プロセスに与える影響度を評価する
- 予防措置　⇒　影響度の高い変化点に対する対応策を講ずる

となり，その各々について，
- 何を　⇒　処置項目
- 何に　⇒　処置の対象
- いつ　⇒　実施時期
- 誰が　⇒　処置する人
- どこで　⇒　処置する場所
- どう　⇒　処置の打ち方
- なぜ　⇒　処置の根拠

といった5W1Hを明確に規定していき，組織的な責任と権限の割付を定

めておくことが必要である．

なお，自プロセスの 5M やアウトプットなどを自ら変更するような場合（設計変更とか工程変更など）は，自らが変化点の起点となるので，その変更が及ぼす影響を事前に評価し，影響が出ないような予防策を検討するとともに，変更情報を関係する組織にタイムリーに伝達していくことが求められる．これも日常管理の一環として捉えておくべき重要な活動であり，これを「変更管理」と呼ぶ．

5) 日常管理の体系

方針管理と同様，日常管理においても基本的な体系と，それを構成するいくつかの「道具立て」がある．以下，日常管理体系の典型例を図 4.33 に，また日常管理の体系を構築するいくつかの「道具立て」を名称のみ以下に列挙しておく．

- 前年度活動の反省書
- 重点問題点一覧表
- 業務分掌
- 業務標準／作業標準／管理標準
- 業務フローチャート
- 業務遂行チェックシート
- アウトプット保証条件確認シート
- 異常処理フローチャート
- 管理項目一覧表
- アウトプット管理グラフ
- 異常処理報告書(自部門発行)
- 業務トラブル報告書(他部門発行)
- 変化点管理シート
- 予測トラブル評価シート（FMEA シート）
- 活動実績評価書　など

第 4 章　TQM 推進の基本

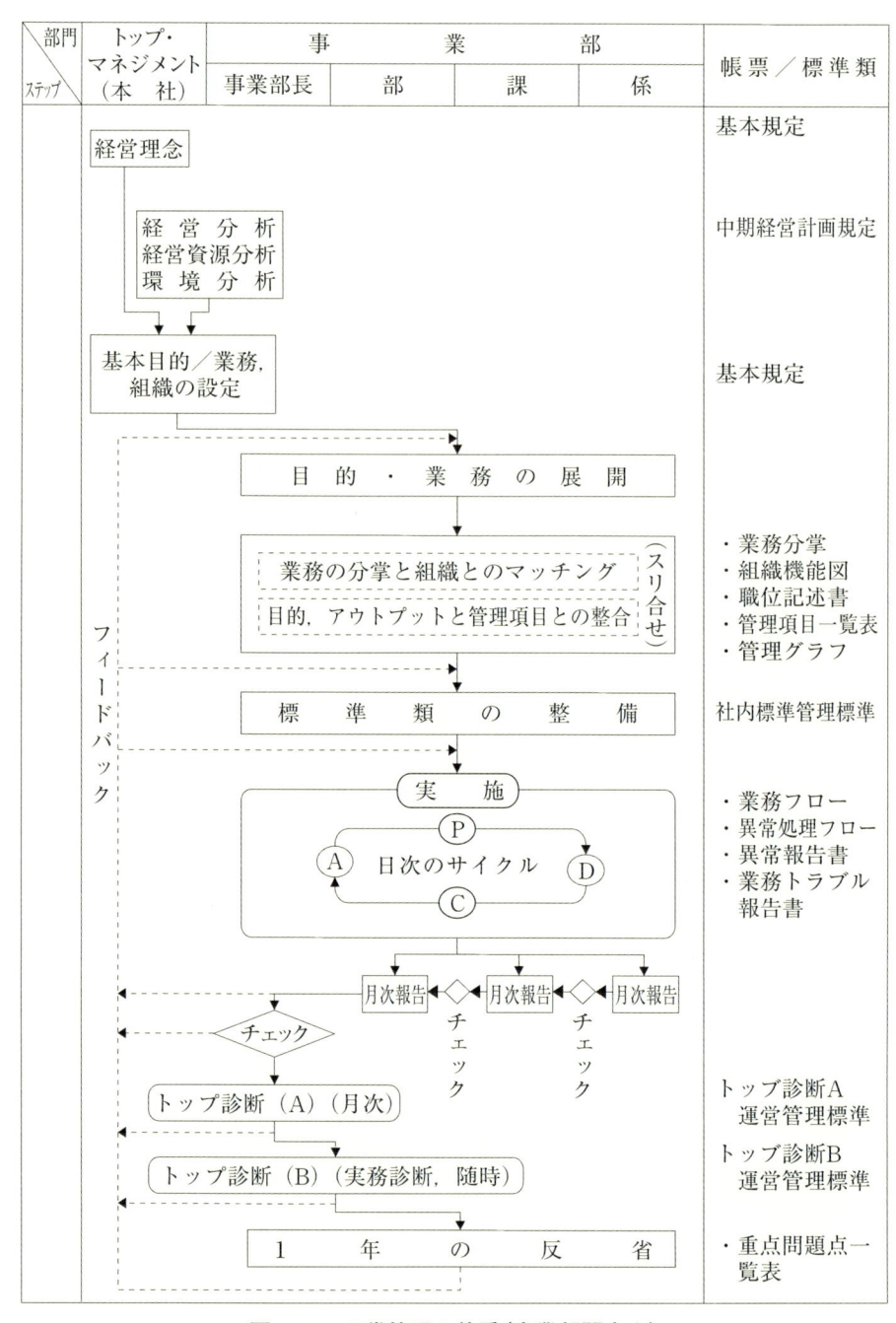

部門\ステップ	トップ・マネジメント（本社）	事業部 事業部長	事業部 部	事業部 課	事業部 係	帳票／標準類
	経営理念					基本規定
	経営分析／経営資源分析／環境分析					中期経営計画規定
	基本目的／業務，組織の設定					基本規定
		目的・業務の展開				
		業務の分掌と組織とのマッチング／目的，アウトプットと管理項目との整合（スリ合せ）				・業務分掌 ・組織機能図 ・職位記述書 ・管理項目一覧表 ・管理グラフ
		標準類の整備				社内標準管理標準
		実施／日次のサイクル P-D-C-A				・業務フロー ・異常処理フロー ・異常報告書 ・業務トラブル報告書
		月次報告	月次報告 チェック	月次報告 チェック		
	チェック／トップ診断（A）（月次）					トップ診断A 運営管理標準
	トップ診断（B）（実務診断，随時）					トップ診断B 運営管理標準
		1 年 の 反 省				・重点問題点一覧表

（フィードバック）

図 4.33　日常管理の体系（事業部門中心）

4.4.3 方針管理／日常管理を推進していく上での留意点

　組織に方針管理や日常管理を導入／推進していく際にはいろいろと注意しなければならない点が結構ある．以下，ごく簡単に留意すべきポイントを箇条書的に列挙しておくので，活動を推進していく上での参考にしてもらいたい．

1) 組織の前に方針ありき

　既存組織のみを前提として方針展開を考えてはいけない．方針を達成するにはどういう組織が必要かという風に発想することが肝要である．なぜなら，卓抜した方策の場合，それを受けられるような既存組織がない，あっても権限の外にあるという場合もある．組織がなければ新たに作ればいいわけで，その1つがプロジェクトとか委員会といったテンポラリーな組織形態となっていく．

2) 組織のハザマに落ちる問題こそ方針管理の出番である

　方針管理で取り上げなければ解決しないような慢性問題の大半は，実は組織間の軋みの中で発生していることが思いのほか多いものである．そういう組織間の隘路に嵌まった問題や課題を方針管理を使って解決／達成していくところに方針管理の妙がある．

3) ラインとスタッフを同じように扱うな

　ラインは業務執行の責任／権限を有しているので，その範囲で閉じた方針管理を実行していくことが可能となる．しかし，スタッフというのは，主管する責任はあっても業務を執行する権限は与えられていないのが普通なので，ラインと同じような方針管理を実践するのは難しい．そこで，スタッフが実施する方針管理は以下のような工夫が必要となる．

- 主管責任として執行責任を持つラインの方針に整合させて展開する
- 補佐するライン責任者の方針に乗って展開する
- 機能別方針（QCDMSE）として展開する

4) 組織のベクトル合せに方針管理を活用せよ

組織としてのパワーはあるものの向かうべき方向がズレている，また方向は合っていてもゴールまで到達するパワーに欠けるなど，組織構成員のベクトルが合っていない組織は結構多い．やはり，組織力というのは構成員全員の「方向一致とパワーの結集」が同時に揃って初めて発揮されるものである．方針管理はこの両方を同時に実現するツールとして生まれたわけで，組織構成員のベクトル合せができていないような方針管理では意味がない．というより，方針管理というツールをうまく駆使して組織構成員のベクトル合せを推進するという気概が大切である（図 4.34）．

5) 方針管理は重点管理であることを忘れるな

日々の業務をこなしていくだけでは到達し得ないゴールを目標として掲げ，その達成に向けて特別の体制／特別の活動を展開していくのが方針管理である．したがい，日常業務を進めることによって到達し得るような目標，あるいは組織にとってさほど重要とは思えない問題／課題は方針管理というより，むしろ日常管理の範疇といえる．何でもかんでも方針に盛り込み，それを管理することですべての業務を管理していこうと意図する組織が結構多いが，このような進め方は正しい方針管理とは言い難い．方針

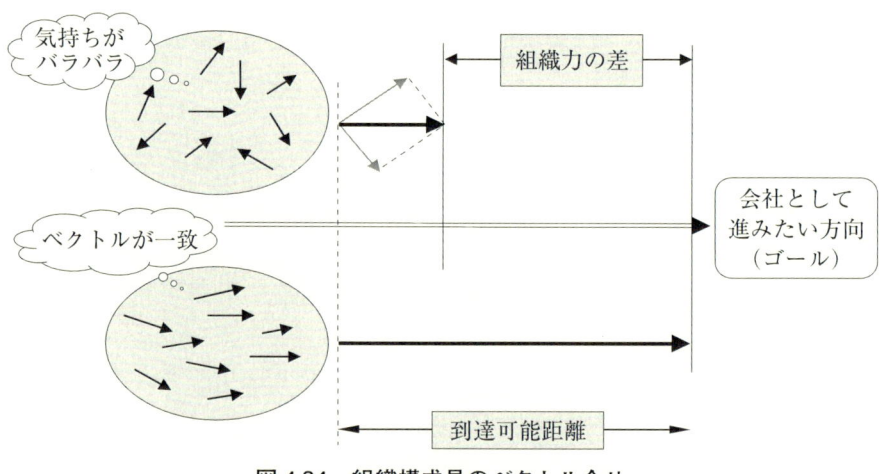

図 4.34 組織構成員のベクトル合せ

管理で取り上げる目標や問題／課題は，あくまで組織にとっての最重要項目であり，それはせいぜい 3～5 程度にしかならないはずである．逆に言えば，重点に絞り込めないような組織は，まだ解析力が十分に備わっていないということの現れと考えるべきである（図 4.35）．

6) 日常管理の腕で方針管理の成否は決まる

日常管理も方針管理も基本は「管理」にある．したがい，日常管理／方針管理のしくみがいくら整備されていてようと，肝心の「組織としての管理の力量」が不足していれば，日常管理も方針管理もその機能は発揮し得ない．この組織としての管理の力量は，いきなり身に付くものではなく，地道な教育／訓練をそれなりのプロセスと時間を掛けて推進していくことで初めて身に付くものである．どういうプロセスを踏むべきかは後述する

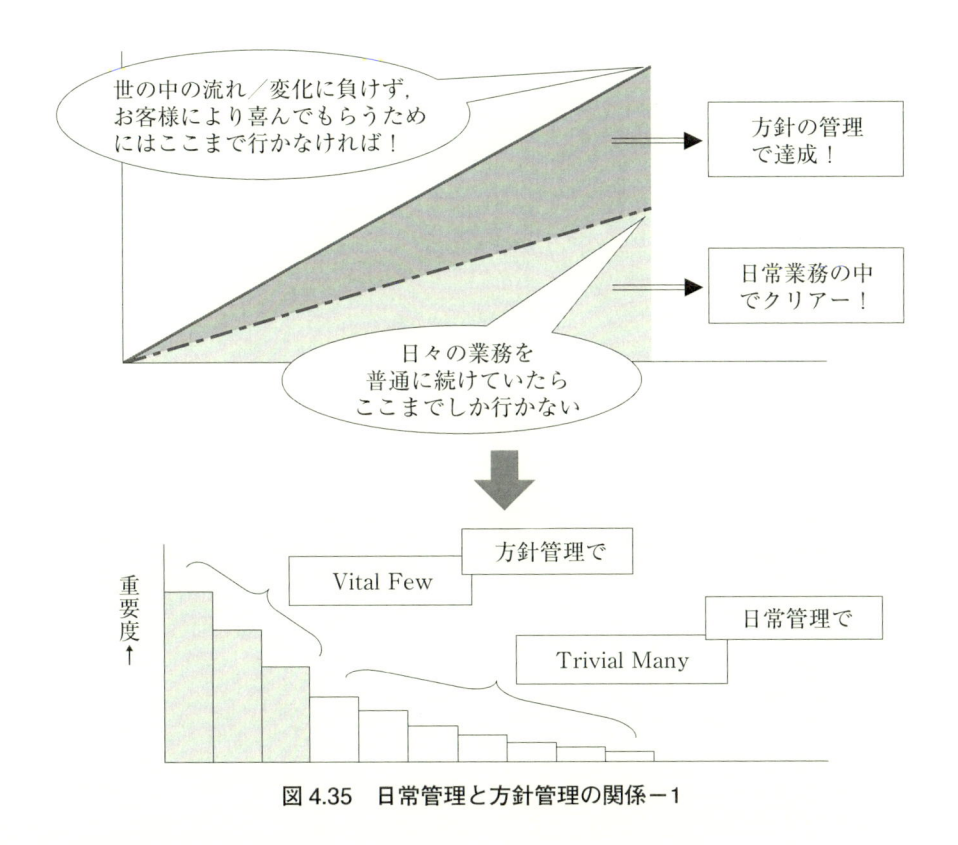

図 4.35　日常管理と方針管理の関係－1

第4章 TQM 推進の基本

日常業務の管理ベースの上に，方針による管理の仕事が乗っている

```
        ┌──────────────┐
        │   方針管理    │
┌───────┴──────────────┴───────┐
│       日常業務の管理          │
└──────────────────────────────┘
```

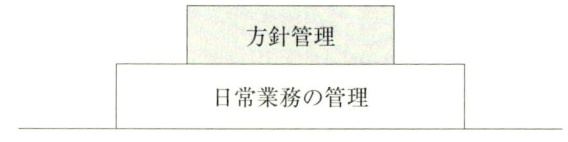

図 4.36　日常管理と方針管理の関係－2

10)で解説するが，いずれにしてもまずは日常管理において管理の力量を身に付け，そのベースの上に乗って方針管理を推進していくというステップは必須であろう(図 4.36).

7) 中長期的視点を持たない方針管理は方針管理ではない

方針は組織のトップから展開されてくるものゆえ，当然，そのトップ方針にどれだけの合理性があるかということが基本となる．単なる思い付き

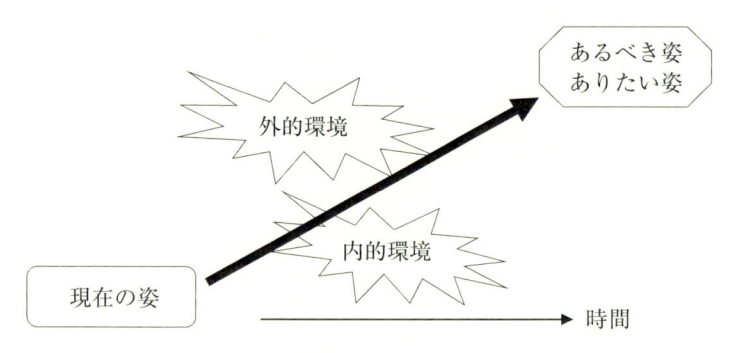

未来のあるべき／ありたい姿を描き，そこに向かう道筋をあらゆる角度から検討し，もっとも合理的と思える道筋を選択すること

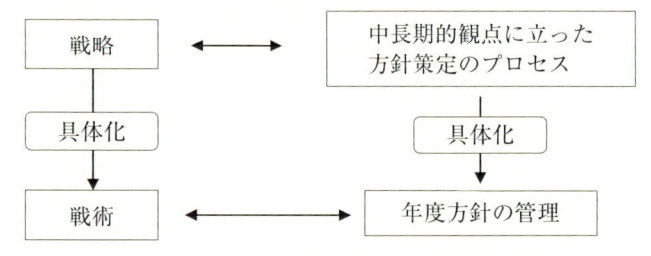

中長期方針を戦略的に立てられるかどうかが基本的なポイント！

図 4.37　戦略的思考と方針管理の関係

のような方針では管理するに値しないし，下も付いてこない．やはり，キチンとした論理が方針策定の背景になっている必要がある．トップの方針には2種類あり，1つは危機感からくる強いニーズを背景とした「あるべき姿」の実現であり，もう1つはトップの熱き想いを背景とした「ありたい姿」の実現である．どちらも現状とのギャップ認識にその基礎を置き，到達ゴールと到達に至る道程（プロセス）の「見える化」および到達までの「時間軸」を示す必要がある．

　これは正に「戦略」の考え方であり，通常の組織においては，これを中長期計画などと称して策定される．戦略というのはそのままでは実行できず，「戦術」に落して具体化していくものだが，方針管理は正に戦略を具現化する手段，すなわち「戦術」の範疇として位置付けされる．すなわち，戦略のない戦術が存在しないように，中長期計画の視点を持たない方針管理は方針管理とは言えない（図4.37）．

8）　管理項目の良し悪しで方針管理や日常管理のレベルは決まる

　方針管理の合理性を構成している重要概念の1つは因果律，すなわち「活動（プロセス）と結果の因果関係を管理する」という点にある（図4.38）．この結果を何で測るかというところから「管理項目」というモノサシが設定されてくる．したがい，良い管理項目がないと，この論理展開が機能しなくなる．良い管理項目とは，方針管理や日常管理の活動プロセスが見えるようになっているモノサシのことを指し，「結果を観る管理点」と「プロセスを観る点検点」の2つがある．どのプロセスをどの管理点／点検点で観ていくかを検討し，職場として「管理項目一覧表」に整理する．そして，組織全体では管理項目体系としてこれを整備していくことで全体の整

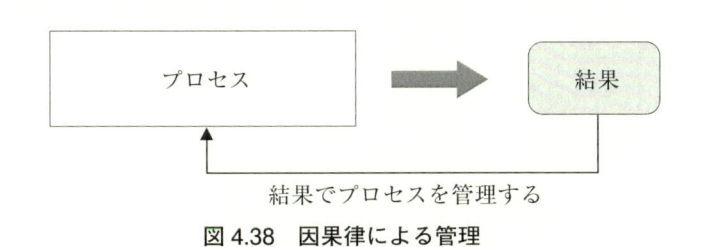

図4.38　因果律による管理

第4章 TQM推進の基本

合化を図ることになる.

しかし，この良い管理項目というのはどこにでも転がっているものではなく，やはり自分たちで努力して発見したり，新たに作ったりすることで初めて得られるものだという認識が必要である．言い換えれば，良い管理項目をどれだけ持っているかということが，その組織の管理レベル(管理の力量)を測る推進尺度になっていると考えてよい．

9) 問題解決能力がないと話にならない

因果律を前提とした活動であるから，因果の構造がわかっていないと管理はできない．良い計画／方針は因果の構造がわかっているから立てられる．また目標と実績の差異原因も因果の構造を解析することで明確となる．結局，まともな方針管理や日常管理を進めようとしたら，因果の構造を解明する組織能力，すなわち「解析力」が組織に備わっていなければな

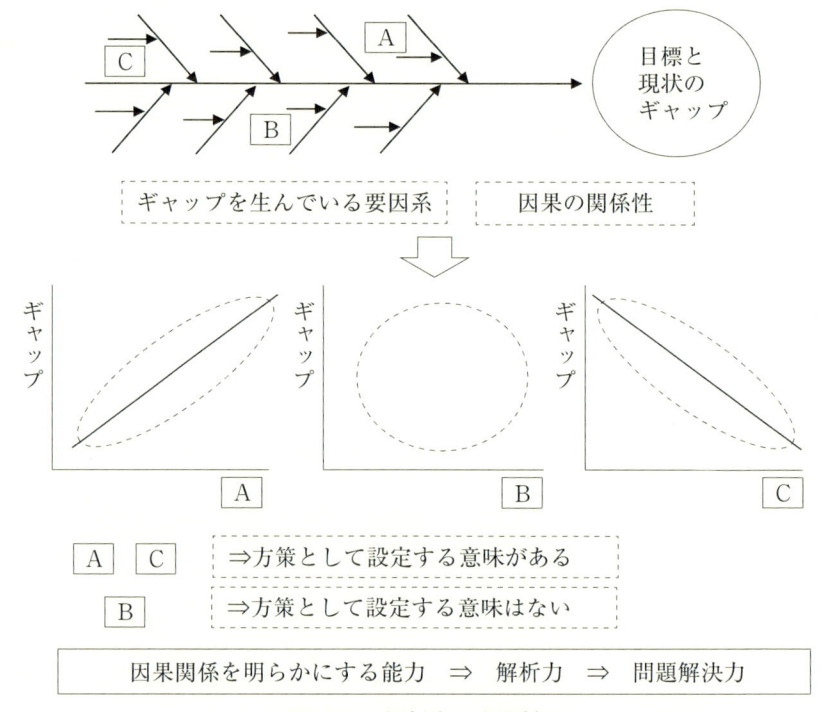

図 4.39　解析力の必要性

らない(図4.39).

10) 管理の腕を上げていくにはステップを踏め

先の6)でも述べたように，管理の腕，すなわち組織が持つ管理の力量は一朝一夕に身に付くものではなく，それなりのプロセスをある程度の時間を掛けて経験していくことで得られるものである．この獲得プロセスに王道はなく，地道な努力が求められる．

どのようなプロセスを踏むかについては，まずは図4.40を参照してほしい．これは改善に向けての組織活動のレベルを模式的に描くことで活動レベルの違いをイメージしやすくしたものである．これは「点の改善」から「線の改善」，「線の改善」から「面の改善」，さらに「面の改善」から「立体」へという形で，組織活動のレベルを変えていくことが重要だという意味合いを示している．そして，この4つのステップが実は，組織が持つ管理の力量を上げていくための訓練プロセスともなっている．以下，活動レベルごとに簡単な解説を加える．

① 点の改善（日常業務から日常管理へ）

まず，「点の改善」とは日常発生するトラブルの1件1件に対して個別に対応していく活動を示している．個々の職場ごとに発生する個々のトラブルをその発生のつど，個別に解決していく進め方で，これを「日常管理活動（レベル−1）」と呼んでいる．発生したトラブルに対して応急処置しか取らず，再発防止の活動まで至らない場合は「日常業務」と呼ぶ．日常業務のレベルに留まらず，再発防止ができるレベルに早く到達することが最大の推進ポイントとなる．この活動で大切なことは単発で終わらせるのではなく，"継続的に繰り返す"という点にあり，その意味で「継続的改善」とも呼ばれている．

② 点の改善から線の改善へ（情報の集約）

点の改善を地道に継続していくことで組織内の同一トラブルの再発は着実に少なくなっていく．しかし，こういった個別再発防止だけでは"もぐらタタキ"にしかならず，トラブルそれ自体の発生数はなかなか減らない．これを改善するには，トラブル発生の根本原因まで遡って手を打つ必

第4章　TQM推進の基本

| 点の改善 | → | 個々のトラブルに対して個別に対応 |

個々の職場ごとに
発生する個々のトラブルを
発生のつど，個別に解決していく

↓

日常管理活動（レベル-1）

| 線の改善 | → | 関連するトラブルをまとめて対応 |

個々の職場ごとに
関連のあるいくつかのトラブルを
ひとまとめにして解決していく

↓

日常管理活動（レベル-2）

| 面の改善 | → | トラブルのパターンを整理して対応 |

組織内で発生するトラブルを
集約／整理し，重点を明確にして
組織を挙げて解決していく

↓

方針管理活動（レベル-1）

| 立体の構築 | → | すべてのトラブルを体系的に整理して対応 |

組織全体で発生するトラブルを
体系的に整理し，組織全体の問題として
全組織を挙げて解決していく

↓

方針管理活動（レベル-2）

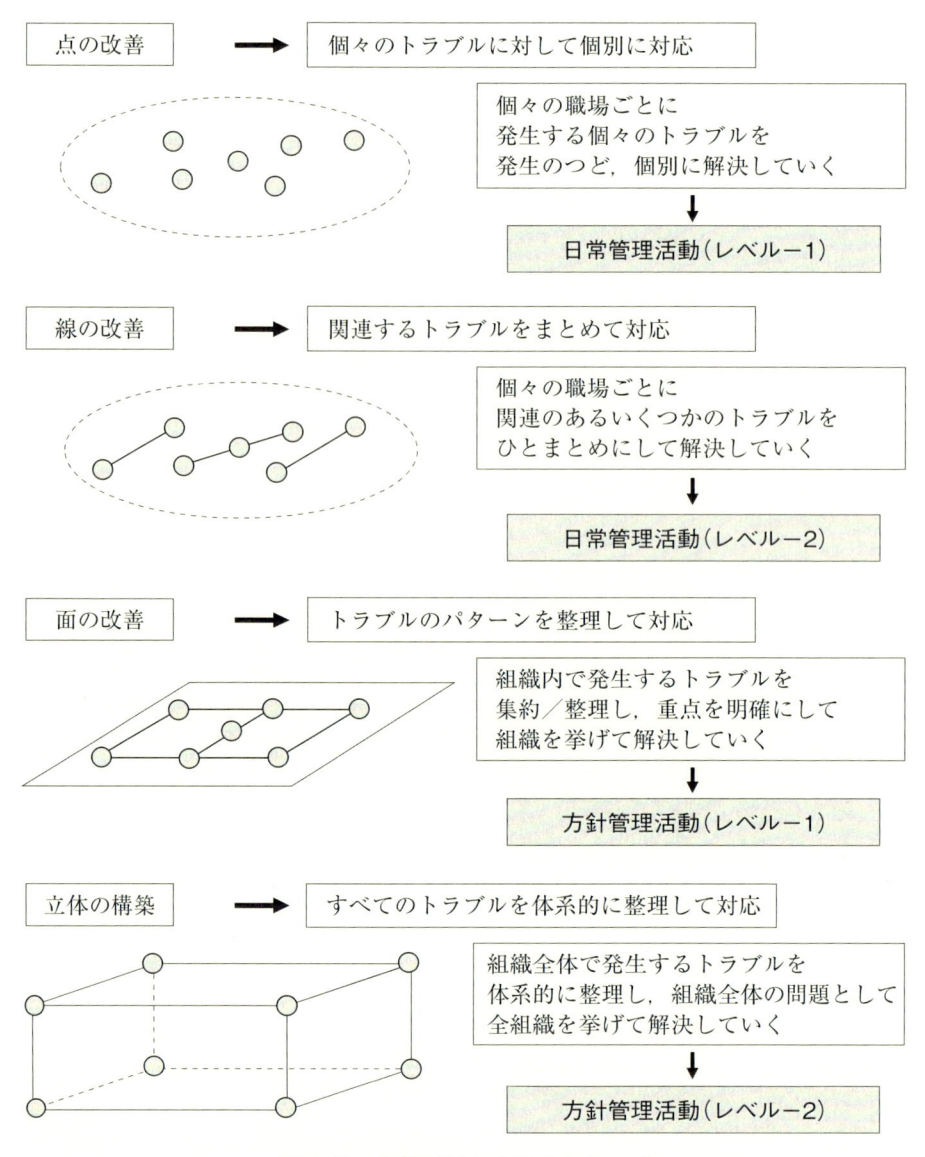

図 4.40　改善プロセスの4ステップ

要があり，これを「点の改善から線の改善への移行」と呼んでいる．線の改善とは，いくつかのトラブルを関連するレベルで一括りにし，それらをまとめて対応しようとするもので，個々のトラブルを個別に見るのではな

く，似た物同士をひとまとめにして議論していく方法論である．

　一般に，共通する現象（トラブル）は必ずその裏に共通する原因を持ち，その共通原因を究明し，手を打つことができれば，それは共通する世界すべてに手を打ったことと同等の効果を生む．これはちょうど散らばったいくつかの点をある共通要素によって1つの線でつなげていくというイメージであり，これを称して「線の改善」と定義し，その活動を「日常管理活動（レベル－2）」と呼ぶ．トラブルを個別に見るのではなく，まとめて見るという活動を進め，日常管理の活動レベルを早く1から2のレベルへ持っていくことが推進上重要である．事例を集めて全体で共通する問題は何かという見方をしていく，そこに「データを集約する」ということの重要さが示されている．

③　線の改善から面の改善へ（組織間活動への展開）

　線の改善が進み，活動のレベルが徐々に上がっていくと，なぜかあるところで行き詰まるようになる．それは事例解析によって判明した共通原因が自分たちの組織内に留まらず組織の外にあるケースが増えてくるからである．線の改善では活動範囲が組織内に限定されるため，組織外の原因が出てくると，諦め／他力本願／他責への逃避が横行する．これを改善するには，職場内だけで進める活動から早く脱却し，職場間の問題として組織を上げて取り組む活動へと，その改善の輪を広げていかなければならない．つまり，自分たちにとって前工程にあたる組織や後工程にあたる組織など，関連するいくつかの組織が共同して1つの共通問題に取り組む体制である．言い換えれば，複数の組織が一致協力して共通するテーマの改善に取り組む組織活動とも言えよう．これは，あたかもバラバラだったいくつかの線が互いに組み合わさって1つの面が作られていくようなものであり，これを「面の改善」と称し，「線の活動から面の活動への移行」と呼んでいる．

　このレベルになると，複数の組織が協力し合わなければならず，各組織／個人のベクトルが同じ方向を向くよう仕掛ける必要が出てくる．そのためには組織共通の価値観を醸成し，それをベースに組織共通の指針／方針／目標などを明確に打ち出す必要がある．さらに，各組織が進める活動

の整合化と円滑化を図るための特別の組織運営体制も必要となってくる．職場内で個別に進める改善活動であれば，こういった特別体制は必要としないが，面の改善のように複数の組織が整合性を持って同時並行的に活動していく場合は，それを支える特別管理体制が必要となり，これを「方針管理活動（レベル−1）」と呼ぶ．

④ 面の改善から立体の構築へ（全組織を挙げた改善活動）

面の改善では，いくつかのトラブルから共通要因を探し出し，その要因が複数の組織に関連する場合，関連組織が協力し合ってその問題の解決に取り組むといった活動であった．しかし，この活動に留まっていたら組織全体の目的／目標／夢の実現は難しい．やはり，組織全体の問題や課題について，全組織を挙げて取り組む改善活動が求められる．これを実践するには，組織を取り巻くすべての情報を体系的に整理／解析し，その背景にある因果の構造（その組織が持つ弱み／強み，組織が抱える基本問題／課題など）を究明し，それに対して組織を挙げて対応することが要求される．必然，その組織のトップ自らが改善の方向を提示し，それをある年月をかけて同じ目標に向かって進むといった全組織的活動にしなければならない．このような最高レベルの全組織的改善活動を「方針管理活動（レベル−2）」と呼ぶ．

このレベルになると，過去に発生したトラブルだけでなく，将来発生するかもしれない予測トラブルや将来課題も活動の対象となっていく．さらには，そういった将来的課題に対して組織全体をどういう姿にしていくか，どんなビジョンを描くかという，いわゆる"あるべき姿"，"ありたい姿"の構築も必要となってくる．これはあたかも1つの理想的な家（立体）を構築していく活動に似ており，その意味で「面の改善から立体の構築へ」といった考え方になっていく．

以上の4ステップを順を追って確実に踏むことで，組織の持つ管理の力量は徐々に上がっていく．この手順を面倒くさがってスキップしたり，省略したりすると，見掛けばかりの方針管理，形式ばかりを追う方針管理にしかならないので注意が必要である．そして，この4つの改善レベルと組

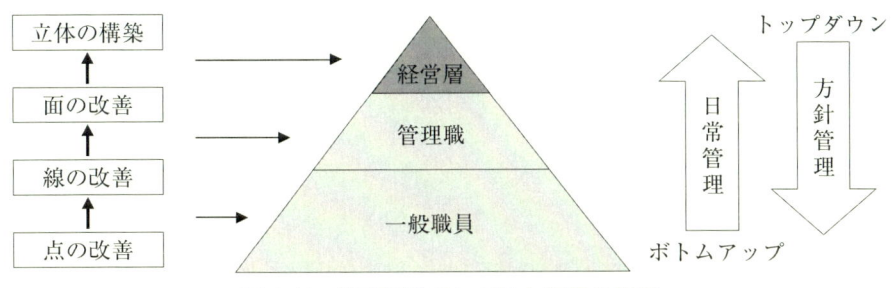

4.4 方針管理／日常管理とその推進

図 4.41 改善活動のレベルと組織の関係

織階層の関係は対応し，トップダウン型の展開とボトムアップ型の活動とが車の両輪のように回転していくことで，組織全体の活動がスムーズに進むことになる(図 4.41)．

11) トンネル型方針に気を付けよ

トンネル型方針とは，石川馨先生の語録に出てくる言葉で，上の方針をそのまま受け，それをそのまま下に展開することを言い，俗に「金太郎アメの方針」と揶揄している．どんなにトップの方針が優れていても，それをそのまま何の変換もせずに末端まで展開したのでは，その方針の実現は望めない．やはり，下に行けば行くほど，より具体的な形に変換されていくことで初めて実現への確率が高まっていくのは当然である．その意味で，トップとボトムをつなぐ「ミドルの役割」がより重要視される．そういったミドルの力量をいかに高めていくかということも，日常管理や方針管理を推進していく上で大変重要な意味を持つ．

12) 目標管理的方針管理から脱却せよ

組織が持つ本質的キャパシティー(業務遂行に関する量的能力)を無視してはいけない．キチンとした組織であれば，組織が保有するキャパシティーは，その組織に与えられた機能を日常的にこなしていくのに必要十分な量として設定されている．したがい，そこへ新たな業務として「方針項目」が付加されれば，業務のオーバーフローが起きるのは当然である．とすれば，組織に方針を展開する際は，組織が持っている基本業務量と今回

161

展開しようとする方針遂行に予想される業務負荷量とがどうバランスするかを十分検討しておく必要がある．もし，不足する場合はそれを補う手立てが方策の中に同時に盛り込まれていなければならず，その責任は方針を展開する上位組織にある．

これは業務量のみに限らず，方針活動に必要な経営資源（人／モノ／カネ／情報など）すべてについて当てはまる．組織が保有する経営資源では達成不可能な方針を平気で展開し，後は気合で達成しろといったやり方は無謀でしかなく，これを石川馨先生は「大和魂的管理」と呼んでいた．過去の歴史を紐解けば，兵站を全く考えずに無謀な戦を展開し滅んで行った国は数多く，このような過ちを方針管理の世界で犯してはならない．目標のみ掲げ，後はお前に任せた，やる気と気合で何とかしろというのは，やはり旧式の管理方法としか言いようがない．

13) 納得と共感をベースに全員の commit を勝ち取れ

どんなにしくみが整備されても最後の実践力はすべて人に掛ってくる．人の力や能力が最大限発揮されるのは自らが動こうとした時（自働き）に限られ，上から展開した方針だから文句を言わずにやれという力任せの進め方では「やらされ感」しか生まれず，人の持つ潜在パワーは減退するだけである．

一方，自働きを支える源泉はどこからくるかというと，それは人の心の奥深くに潜むホントの心が納得／共感し，その活動に Commit した時だと言われている．とすれば，そういう納得と共感を勝ち取るための仕掛けを工夫していくことが推進の極意となるのは当然である．その仕掛けが実は「方針のスリ合せ」なのである．方針のスリ合せとは，方針展開フローに記載された単なる形式的ステップではない．このスリ合せこそ，方針管理に参加するすべての人の心を1つにしていくための最大の仕掛けであり，納得／共感を醸成する大変貴重なプロセスであるということを忘れてはならない．

14) 信頼と信用の善きサイクルを回せ

職場における上司と部下の信頼と信用の関係については，後述する5.3節で述べるが，要は，職場の人間関係が良くなければ方針管理などできるわけがないということである．もう少し言い方を変えると，方針管理を通じて職場の人間関係を良くしていくという逆の発想もできるということである．

15) トップのリーダーシップの意味を間違えるな

トップのリーダーシップと言うと，多くの人はトップが先頭に立って組織全員を引っ張っていくといったイメージを持つ．しかし，方針管理や日常管理においては，強引に引っ張っていくことだけがリーダーシップではないということを理解しておく必要がある．方針管理や日常管理における真のリーダーシップとは，「人／組織が本来持っている力（潜在的なものも含める）を最大限発揮できるような状況や環境を作り出すこと」である．強引に引っ張ることによって，本来，人が持っていた隠れた能力が影を潜めてしまうとすれば，それは決して真のリーダーシップとは言えず，むしろ弊害に近い．俗に「やる気を引き出す」という言い方をするが，方針管理や日常管理におけるトップのリーダーシップとは正に「人への働き掛け」にあると考えてよい．当然，推進者はそういう配慮を持ってトップの言動をコントロールしていく必要がある．

それを一言で言えば，「トップとしての役割を演じてもらう」ということになる．トップが役割を演ずるには，"場"と"脚本"が必要であり，これを用意するのが推進者の仕事となる．この「場と脚本」は，聴衆，すなわち組織構成員の性格や特徴を読み切っていないと作れない．結局，推進者は聴衆の真の心がどこにあるのかを正しく把握し，その分析を通じて，トップに何をしてもらいたいかを伝えていく．そしてトップはその求めに応じて，自らの想いを熱く語り，かつ行動することによって聴衆を自らの世界に引き込んでいく．それこそが真のリーダーシップであり，それが実現できれば，組織構成員は放っておいても，自らの意思によってトップの元に集まってくる．

16) 推進の意味を理解せよ

方針管理や日常管理の推進に限らず，推進するとは以下の3つが基本となる．

① 推進の基本は"推して進める"にある

推進と牽引とは全く異なる活動である．しかし，意欲のある真面目な推進者ほど，推進ではなく牽引をしがちなので注意が必要である．引っ張れば人は動くが，その本心は「引っ張られている」だけで自ら動いているわけではない．自ら動いていないので引っ張るのを止めると動きは止まる．また，心ある人ほど引っ張られることに抵抗を示すので，善き人材ほど牽引によって心身を消耗していく．

一方，本来の推進とは「後ろからそっと支える」ことに，その極意がある．あたかも，坂道を登る人を後ろから支えるか如き構図である（図4.42）．支える推進者は後ろに居るので支えられている本人は気が付かず，自らが自らの意思で前に進んでいるという意識が芽生える．それが「自働き」をより強固にしていく元となる．要するに，一人立ちできる人材をいかに増やしていけるかが推進の極意と知るべきである．

② 進みやすい状況を作る

方針管理であれ日常管理であれ，組織にとっては今までやったことのな

図4.42　推進の極意は後ろから支えることにある

い活動が大半を占める．当然，その道は「いばらの道」や「不毛の土地」であり，さまざまな障害がその行く手に立ち塞がっている．推進者がやるべき仕事は，そういったいばらの道や不毛の土地をいかに「歩きやすい道」，また「住みやすい土地」にしていくかということに尽きる（図4.43）．何が障害となっているかは，組織によってさまざまなので，それを事前に発見する眼力というか嗅覚が推進者には必要である．現実には，「その障害が見えてからでは遅過ぎる」ということが結構多いからである．TQM含め，方針管理や日常管理の推進途中で挫折していく組織の大半は，障害に対する認識不足，および障害への対応の遅れに起因しているといっても過言ではない．

③ **結局最後は"水を飲むのはウマ自身"と心得よ**

推進者がどんなに頑張ったところで，自分がやるのではなく相手にやってもらうしかないわけで，最後は相手が本気になるかどうか，自分から進んでやれるような実力や気力が付いたかどうかに掛かってくる．その辺の割り切りができるかどうかで推進者の心の有り様は相当変わっていく．言い換えると，相手を本気にさせること，自分からやれるだけの実力や気力を付けさせること，それが推進者の仕事だということになる．水を飲むかどうかはウマ次第だが，水が飲みたくなるように仕向けること，あるいは水の飲み方を仕込むことはできるということである（図4.44）．

図4.43　推進とは障害の除去にある

> あー，喉が渇いた　水を飲みたいナァ

> 飲みたくなるような状況を作り出すこと

図 4.44　水が飲みたくなるには……

17）　方針管理の目的を見極めよ

　方針管理を「方針の管理（Policy Management）」と読めば，方針達成を目指して PDCA を回すこととなり，「方針による管理（Management by Policy）」と読めば，方針という手段を使って経営管理のしくみについて PDCA を回すことになる．どちらを目的とするのかによって，方針管理を担当する組織の役割も変わってくる．方針の管理であれば経営企画部門のように経営を推進する組織が主管となるし，方針によって管理のしくみを管理するのであれば TQM 推進部門のように人／組織／しくみといった経営インフラを推進する組織が主管となっていく．いずれにしても，方針管理を組織にキチンと根付かせていくためには，これを推進する専門組織を持つこと，そして，その組織はトップ直轄とすることが必須条件となろう．

　方針管理はあくまでツールであり手段であるから，何を目的としているかによって推進の仕方は変わってくる．つまり，方針管理で何をやりたいのかということがまず先にくる．方針管理を使って経営管理をしたいのであれば，経営企画部門が中心となって，その目的に合った推進活動を展開すればよい．もし，方針管理を使って TQM とか品質保証を進めたいというのであれば，TQM 推進部門や品質保証部門が中心となって，方針管理活動を推進していけばよい．いずれにしても，目的を曖昧にしたまま，手段としての方針管理を無批判に導入するのが最悪である．

4.4 方針管理／日常管理とその推進

18) 方針管理と日常管理を混同するな

これも何度か述べてきたことなので敢えて説明する必要はないと思われるが，さらに追記するとすれば，「混同することは確かに問題だが，方針管理と日常管理を別個にやるというのはもっと問題だ」ということであろう．方針管理と日常管理とは車の両輪であって，片方だけでは車（組織）は前に進まない，両輪がバランスよく整って初めて組織は前に進むということを認識する必要がある．つまり，片方だけが充実してもダメ，両輪がうまくバランスし，お互いがお互いを補完するような形で整合していることが何よりも大切だということである．

19) トップ診断を活用せよ

経営トップによる組織活動のチェックはどの会社でもやっている．トップに方針への興味があれば，形はどうであれ，自分の出した方針がどうなっているのかチェックしたくなるのは当然である．TQMにおけるトップ診断の考え方は，元々はデミング賞の審査法から来たもので，Aスケジュールタイプ（会議形式）とBスケジュールタイプ（現場調査形式）とに分かれる．どちらの方法も一長一短があるので，組織の特徴や方針の中身，診断したい事項などに合せて適宜選択するのがよい．ただし，トップ診断は「Qの診断」が基本であり，売上げとか利益といった結果系の経営指標ばかりを追求するような診断はトップ診断の本質ではないと心得ておく必要がある．ここで言う「Q」とは，製品品質といった狭義のQだけではなく，QCDSMEを初め，サービスの質，人の質，仕事の質，組織の質など，あらゆる質がトップ診断の対象となるということを理解しておかなければならない．

また，診断とは「診察して断を下す」という意味であり，基本機能は，あくまで体（プロセス）の健康状態を診ることにある．ヒヤリングが中心なので，相互信頼とコミュニケーションがベースとなる．一方，似たような言葉で「監査」という機能があるが，監査とは「監督（取締まる）して査察（調べる）する」という意味であり，何か悪いことをしていないかという性悪説がベースとなっている．形式が似ているため混同しやすいが，この診

断と監査とは似て非なるものであることを理解すべきである．

　トップ診断を活用するポイントはいかに効果的にやるかということに尽きるが，トップ診断を何のためにやるのかという目的によってかなり進め方は異なってくるので注意してほしい．以下，トップ診断においてチェックする視点を列挙しておく．

- 本気で取り組んでいるか
- 論理(スジ)が通っているか
- 戦略(思い)があるか，現状打破的か
- 重点指向ができているか
- 事実に基づいているか
- 広い視野(全体最適)に立っているか
- 目標と方策は対応しているか
- 目標と管理項目が対応しているか
- 目標は達成可能か
- 何か困っていることはないか
- 質の議論ができているか
- お客様のことを考えているか
- 刹那的になっていないか　など

20)　日常管理は維持ではない

　組織を取り巻く外部環境は常に変化している．したがい，組織の目的を維持していこうとすれば，その変化に応じて常に何かしらの改善を継続していかなければならない．何もせず放っておけば相対的には後退していくしかないからである．何度も出てくる PDCA の A は仕事の仕方への処置を意味している．したがい，PDCA を正しく回していけば，必ず改善に繋がるはずで，仕事の仕方は1回転するたびにレベルアップしていくはずなのである．日常管理は組織目的の達成を維持することであって，決して活動の中身や進め方それ自体を維持することではないということを肝に銘ずるべきである．

21) 日常管理で標準に基づく管理を

日常管理の基本は SDCA のサイクルを回すことだと言われている．これは，いわゆる「標準に基づく管理（Management by Standards）」を推進するということになるが，そこでのポイントは以下のような「標準の設定と徹底」にある．

- 設定 ⇒ 現在の技術レベルや管理レベルにディペンドするので，レベルが上がればそのつど変更していく必要がある
- 徹底 ⇒ 標準に対する教育／訓練が活動の基本となる．PDCA サイクルの Do の段階で最初にやるべき活動は教育／訓練であることを理解すべきである．さらに，教育／訓練後のフォローが必須である．フォローの主な中身はモニタリングと必要な是正措置である．

22) 日常管理の要点は変化点にある

日常管理の基本のところでも述べた通り，日常管理のエポックは異常の発生と変化点の生起にあり，これをうまく管理できるかどうかで日常管理の質は決まってくる．このうち，異常の管理は比較的徹底するのだが，変化点の管理は意外と抜けてしまうことが多いので，推進にあたっては特に注意しておく必要がある．

標準はさまざまな理由により必ず改定されるものである．この改定は「意図的な変化」，すなわち「変更」の典型である．各組織に標準がどのくらいあるかは，組織の特徴や規模によってさまざまだろうが，例えば300件程度の標準があって，それがほぼ年1回程度改定されるとすれば，ほぼ毎日，何かしらの標準が改定され，変更が発生していることになる．こういう変更に対してどう維持管理していくか，いわゆる「変更に対する管理」が日常管理にとって重要な意味を持ってくる．

一方，組織を取り巻く環境は日々変化しており，それによって意図しない不可避の変化が毎日のように発生している．こういった外的要素の変化に対して頑健な管理体制をどう設定していけるか，いわゆる「変化点（狭義）に対する管理」が日常管理におけるもう1つの重要なキーポイントと

なっている.

4.5　標準化とその推進

　標準化(Standardization)の思想や方法論は,単純化(Simplification)／専門化(Specialization)の思想とともに,国家レベルから,モノづくりの現場に至るまで,さまざまな分野で大きな成果を上げてきた.

　本書では,組織内で進める標準化(いわゆる社内標準化)を中心に記述していく.

4.5.1　標準化を巡るいくつかの課題
(1)　標準化と人の問題

　従来の日本的経営を支えていたシステムでは,組織内教育／訓練手段により時間とコストをかけて徐々に人を育てていくシステムが機能し,たとえ標準化が完璧でなくとも,組織内教育／訓練を通して醸成された共通の価値観と優れた人の「質」によって,業務のアウトプットはある程度保証されていた.

　しかし,働く者の意識／価値観の変化,新しい雇用形態の採用「アウトソーシング」の進展などにより,標準化と教育／訓練の相互補完的バランス管理の体制が崩壊の危機に瀕している.

　そんな中,マクドナルドやディズニーランドといった「マニュアル」に代表される欧米流標準化の考え方が大きな脚光を浴びている.これらの企業は,「人種のるつぼ」とも言える米国文化の中で,「多種多様な人材をうまく使って,目的とするアウトプットを保証する」という命題を以下のような方法で見事クリアしている.簡潔に言えば,

　　① 企業理念のわかりやすい明示とその普及
　　② ジョブセグメントの徹底とそれに基づく責任／権限の明確化
　　③ 細分化された業務プロセスをカバーするマニュアル類の整備
　　④ マニュアルに基づく短期集中型の徹底訓練
　　⑤ 目標による管理と業績評価の完全なリンキング

となるが，標準化という観点に絞れば，②，③，④がメインとなろう．

　こういった欧米流標準化の考え方や方法論を取り入れようとする場合，人を「善」と見なすか「悪」と見做すかによって標準化のあり方が180度異なってくる，ということを忘れてはならない．

　人の問題を考えるもう1つの視点は，ヒューマンエラーである．つまり，「人間はミスを犯すもの」という前提に立って，より信頼性／安全性の高いヒューマンマシンシステムをどう構築していくかという課題である．

　さらに，複雑化／複合化／高度化した巨大システムの信頼性／安全性を支える活動として，標準化は重要な要素であり，中でも，ヒューマンエラーを防止してシステム全体の信頼度を高めるための標準化は今後ますます重要視されていく．

(2) 「知」の蓄積／伝承／活用／創造のための標準化

　人／組織／製品などの中に潜在化／埋没化している知（暗黙知）を目に見える知（形式知）に変換し，組織の財産として活用し，さらに，その知を将来へ伝承し，それをベースに新たな知を創造していくため，知に対する標準化が求められている．

　標準化を単に標準書の形でまとめたらそれでおしまい，としていたのでは，やはり「知を伝承し活用する」，あるいは「知を創造する」といったレベルには至らない．

(3) 経営革新／業務改革における標準化の役割

　経営革新／業務改革の底辺に流れる基本思想はBPR (Business Process Re-engineering)，すなわち，今までの仕事の仕方をガラリと変えて，まったく異なる新しいやり方／しくみで目的を達成しようとするものであり，「継続的改善」や標準化による「維持」を見出すことは困難である．

　しかし，どのような改革であっても，改革した後にはその状態を維持する世界が必ずあり，維持と改善が車の両輪であったように，改革においても維持の持つ役割が必ずあると考えるべきである．

（4） グローバルスタンダードと社内標準化

ISO／IEC に代表されるように，「グローバルスタンダード」と呼ばれる世界標準がさまざまな分野に広がり，それらが企業の活動をいろいろな面から規制するようになってきた．

このようなグローバルスタンダードの広がりの中で，それらを自社のルール体系の中に柔軟かつスピーディに取り入れ，既存体系との間で生じる問題を極力押さえながら素早く立上げていく社内標準化のマネジメントが，重要な意味を持ち始めている．社外から入ってくるさまざまなルールを社内に取り込み自社の標準体系を整備／維持管理していくしくみや方法論が求められている．

（5） ICT 革命下での標準化

社内標準化を推進していく過程で，1つのネックとなっていたのが，標準の制定／改廃に伴う標準管理の作業，いわゆる「標準の維持／管理」である．この種の問題は，通常，個々の業務に埋没しているため，なかなか経営レベルまで問題意識が広がることは少ない．しかし，標準が，まだ書類の形で保管／管理されているような企業にとって，こういった維持管理の世界は想像以上に深刻な問題を潜在化させている．

これからの組織にとって，最先端の情報技術を駆使して標準の維持管理やデータベース化を進めていくことは必須条件となろう．そのためには，ERP パッケージ（Enterprise Resource Planning package）に合せて自組織のビジネスプロセスを変革していくのと同じように，標準管理のパッケージソフトに合せて，自組織の標準管理体制や仕事の仕方も変えていかなければならない．

さらに，最近の動向として「文書化によらない業務の標準化」も挙げておく必要がある．簡単に言えば，標準に従った仕事が，スタートの段階から自然と行えるよう，あらかじめシステムの中にそういう標準体系を組み込んでおくという考え方である．業務はすべてシステムの指示に従って進められ，特に意識しなくても，結果としてその仕事は標準通りに進められていく．こういうシステムが普及すると，業務プロセスに人為的要素の飛

び込むケースが減るので，従来のように標準書やマニュアルを事前に用意し，作業者を教育／訓練する手間が，かなり不要となってくる．

(6) SDCA の回し方と Check の機能（監査）

標準化の活動は，簡単に言えば，SDCA のサイクルを回すことに他ならない．すなわち，Standardize, Do, Check, Act という4つの機能を順次回しながら逐次スパイラルアップしていくことである．そして，このサイクルをうまく回していくためのドライビングフォースが Check の機能であり，この機能をどれだけうまく発揮させ得るかによって，標準化推進の良し悪しがほぼ決まってくると言っても過言ではない．

この Check の機能では，大体，以下のような観点からチェックするのが一般的とされている．

① 標準通り実施できているか．
② 当初の目的通りの結果が得られているか．

①は，いわゆる「標準の遵守」という観点であり，これがうまくいっていないとすれば，教育／普及／訓練などに問題があるか，あるいは，標準そのものに無理があるかのいずれかとなる．

②は，①がクリアされた後，「その結果としてのアウトプットが当初の目的に合致しているか」という観点に立つ．もし，そうなっていないとすれば，標準そのものに本質的な欠陥があるという話になってくる．いずれのケースでも，この Check によって，何らかの問題点が発見されれば，次のステップである Act によって，その問題に応じた対策が講じられ，その結果，SDCA のサイクルが回転していくことになる．つまり，SDCA はこの Check と Act という機能がキチッと働くことによって始めてスパイラルアップしていくということを認識する必要がある．

したがって，組織内標準管理体制を構築していく場合，Check の機能を組織機構の中にどう配備していくかが，大変重要な意味を持つ．そこで問題となるのが，この機能を誰の責任でやるのか，すなわち「自己チェックで行うのか，他者チェックで行うのか」ということである．

ここにも，後で述べる「人間を善と見做すか悪と見做すか」の議論が登

場してくる．「人間本来善」と見做す場合は標準を自ら設定し，自ら実行し，自らそれをチェックする．すなわち，SDCA を自らの責任において回していく考え方が基本となってくる．一方，「人間本来悪(ないしは弱)」と見做す場合は，SDCA の各プロセスに自己以外の他者を介在させ，能力に応じた機能分化と役割分担の元，人間を基本的には信用しないという思想が基本となる．ここに，その代表的な道具立てとして，いわゆる「監査(Audit)」と呼ばれる機能が登場してくる素地がある．

　監査と言うと，まず頭に浮かぶのが会計監査や業務監査である．TQM でも，品質監査や品質管理監査があった．これを標準化の範疇にしぼって言えば，ISO 9001／ISO 14001 などの規格で有名になった内部監査があり，外部監査としては当事者による第二者監査／監査機関による第三者監査などもある．しかし，いずれの場合も極端に言えば，人間不信を前提とした他者によるチェック機能といった感覚を拭いきれない．

　結局，人間の本質をどう捉えるか／理想論か現実論かという話に帰着する．SDCA を確実に回そうとすれば，三権分立的思想の元，他人の力を必要とする部分は必ず存在するという考え方には，それなりの説得力がある．特に，前述したように，今後，ますます多種多様な人材が社内に溢れるようになれば，なおさらであろう．

　「標準化は，本来"人間そのもの"を管理対象とした１つの方法論」という原点に立てば，監査の機能は１つ間違えば，「他人によるアラ探し」に陥る．下手をすると，本来の標準化の目的から外れていく恐れもあるということを十分認識しておく必要がある．

　このように，監査の機能は本質的に「両刃の剣」ゆえ，それをどう取り入れ，どう活用していくか，よほど注意して取り組まないと思わぬ怪我をしかねない．にもかかわらず，ISO 9001 などの普及に伴い，単に「規格で要求しているから」と言うだけで「内部監査制度」を導入する組織が増えている．形だけ整えるのであれば別に問題はないが，それでは，本当に役立つ標準化にはなり得ない．

　SDCA の回し方，すなわち Check の機能をどういう立場で設定し，「監査」の機能をどうセットしていくかは，恐らくそれぞれの組織が持つ特徴

や置かれた環境によって変わってくるだろう．しかし，原則論としてどうあるべきかといった指針ぐらいは打ち出していくことが必要がある．

（7） 海外展開と標準化

1990年代，バブル崩壊と超円高のダブルパンチを受けた日本の製造業は，世界的レベルで広がる価格破壊の中，高コスト構造を回避するため，海外から安価な材料や部品を輸入したり，自社の工場を海外に移転したりする政策をより強めた．

しかし，Made in Japan という絶対的ブランドを背負う日本メーカーにとって，いくら海外製だからと言って品質／納期まで犠牲にすることは顧客が許容しない．結局，QCDすべてにわたって「日本製と同レベル」を要求されるのは当然の帰結である．

必然的に，輸入部品や海外生産品のすべてをどうやって日本製と同レベルにするかが大きな課題となり，これを解決するために多くのメーカーが取った方策は，いわゆる「日本式モノづくりの海外移転」である．

しかし，そこで問題となるのは，モノづくりのインフラとともに，文化や習慣／言語といったものが持つ大きな壁である．日本人だけならばア・ウンの呼吸で済んでいたことが，海外にあっては，それでは済まなくなる．

こういう状況を解決するための強力な道具立てが標準化である．しかしその標準化も日本の習慣／文化の中で培ってきたものゆえ，言語も含め，そのままの状態では，なかなか海外では役に立たない．

海外進出において役立つ標準化のあり方は，グローバル化していく上での必須課題である．

4.5.2　社内標準化のあり方

以上のような課題をふまえ，これからの日本企業が向かうべき社内標準化の方向性について述べる．

1） 標準化の定義と標準化が持つ本質的矛盾

まず，「標準化とは一体何か」を原点に戻って考えてみる．標準化の解

説書をひも解けば，さまざまな定義が記されているが，ここでは，標準化が持つ本質を見究めた上で以下のように定義する．

「標準化とは，人間が不得意とする部分を補うとともに得意とする部分をさらに活かすためのルール化」

もちろん，この定義は目的しか書いてないので，正確には定義とは言えないが，標準化の本質を考える上ではこれで十分であろう．

人間は決して一様ではなく，それぞれ固有の性質／性格を持っているから得意／不得意とする部分も人によって異なる．ゆえに，それを補い強化する手段としての標準化も人によって変わってくる．

例えば，西洋と東洋では，その文化も含め多くの違いがある．必然的に，得意／不得意とする部分も西洋人と東洋人とでは異なる．とすれば，それを補い，強化するためのルール化も同じようにはならない．結局，人の違いを生み出す要因は無数にあり，その違いに即して得意／不得意も変化する．したがって，標準化はその違いに合わせて妥当な形を選択すべきで，決して一様には進められない．

一方，標準化は，元来，均一化／単純化を基本思想として持っており，ここに標準化が持つ本質的矛盾の存在に気付く．この矛盾を解くカギは「差の認識」，すなわち，「どこまでが同じで，どこからが違うのかをよく見究める」ということである．だからこそ，標準化を論じる時は，こういった人の違いに基づく得意／不得意の違いを見究める怜悧な目と綿密な解析が最大のポイントになる．

2) 標準化に対する基本的な心構え

標準化は，可能な限り必要最小限に止めることを基本原則とすべきである．無闇矢鱈と意味のない標準化をしない．たとえ，標準化などしなくとも本来の仕事の目的が効率的，かつ合理的に達成されるのであれば，むしろそちらの方を指向すべきである．現状では，まだそれを可能とするだけの体制や条件が整っていないから「それを補う便法として標準化という管理の手段を使うのだ」という位置付けにする．

3) 標準化すべきもの／すべきでないもの

標準化を進めていく場合，標準化すべきもの／すべきでないものの区別をどこかで線引きする必要が出てくる．以下，その簡単なポイントを述べる．

〈標準化すべきもの〉

それをルール化しておかないと，仕事の目的である最終アウトプットのQCDが確保されず，そのアウトプットの受け手（顧客／後工程／会社など）に対してQCDの保証ができなくなるもの．

〈標準化すべきでないもの〉

それをルール化すると，人間が本来持っている良い面（改善意欲／良いことをうまくやろうとする意識／創造性など）を著しく阻害してしまう恐れのあるもの．

もちろん，これらは，かなり概念的な表現であるため，実際に運用していくには，組織ごとに，具体的な形で各々のケースを指定していく必要がある．

4) 標準化できないものの存在

標準化すべきもの／すべきでないものという分類以外に，本来「標準化できないもの」があるということも認識しておく必要がある．

すなわち，

① ルール設定の前提となっている条件が常に変化／変動してしまうようなもの
② ルール設定時には考えも及ばなかった要素によって生じるルール自体のヌケ／オチ／モレ
③ 人間の能力では制御不能な要素

などは本来，標準化は不可能である．

現実には，このような標準化が不可能な要素によって，目的の効率的／合理的達成が阻害されるケースが多い．これは，すなわち標準化が決してオールマイティではなく，規定したルールでは処置できない事態が必ず発生するということを意味する．しかし，「ルールがないからダメだ」と発

想をするのではなく，たとえルールがなくても他の手段（組織体系／管理体系／教育体系など）で，それらの事態に柔軟かつ適切に対応できる，あるいは補完していく体制の構築を指向すべきである．つまり，すべて標準化に頼るのではなく，他の手段との融合を図りながら，目的とするアウトプットの合理的かつ効率的達成を目指す．そういう「総合管理体制」こそが TQM が目指す最終ゴールであると考えるべきであろう．

したがって，社内標準化の推進にあたっては，すべてを標準化することはできないという前提に立って，標準外の作業／業務，規格外の仕様／方法などについての態度／あり方を十分議論し，「標準外のことに対して我々はどう立ち向かうべきか」をあらかじめ明確にしておくことが重要である．

5) 標準は must か should か had better か

標準の末尾をどう書くかによって標準の位置付け，すなわち標準の強制力がまったく変わる．

〈肯定的表現〉

　～しなければならない（must／shall）

　～すべきである（should）

　～した方がよい（had better）

　～してもよい（may／can）

〈否定的表現〉

　～してはならない（must not／shall not）

　～すべきでない（should not）

　～しない方がよい（had better not）

ここで問題としたいのは，社内標準化を進める場合，末尾をどう書くか，すなわち「標準というものにどの程度の強制力を持たせるか」ということである．

これについては，さまざまな意見があり，一概に「こうでなければならない」というものはないが，モノの標準（規格）は must の概念，業務系の標準（規定）は should／had better のレベルとするのが，本来目指すべ

き社内標準化の理想像であろう．モノの標準は，メーカーとして保有する固有技術の集大成であり，そうしなければならない技術的／理論的背景や根拠が存在するので，必然的に must に近い表現になっていく．一方，業務系の標準は主に仕事の進め方を規定するものだから，そこには必ず人間が介在し，例の性善説／性悪説／性弱説の考え方によって，must で書くか should で書くかが変わっていく．

6) 性悪説的標準化の限界

もし「人間は本来悪である」とするなら，勝手なことをさせないために仕事の進め方を規定する標準は，恐らく must で書き，いかに，それを遵守／徹底させていくかを指向することになる．これが，まさに欧米流の思想に基づく標準化の典型となる．しかし，どんなに must で書いても，それを実行するのは人間だから，その人間が遵守しようという意識がなければ何の意味もない．無理に守らせようとすれば罰則によってしばる以外に手はなくなる．欧米文化では，これを「契約」という別の思想で機能させ得るが，逆に，契約以外のことは一切やらないという弊害も生む．

このような人間不信をベースとした性悪説的標準化には，以下の点で限界がある．

① 人間が作る以上，パーフェクトな標準は決してできず，オチ／モレ／不備が必ず出る．
② 守ろうとする意思がなければ，どんなに細部にわたって書かれてもその通りには実行されない．
③ 標準を作る側とそれを実行する側とが分離するため，仕事の結果に対する保証責任があいまいになる．
④ チェックの機能と罰則が際限なく広がり，膨大なコストがかかっていく．

③についてさらに解説すると，実行する側は「標準通りやることが責任，標準通りやったのに結果が悪ければ，それは作った側の責任」という論理になる．必然的に，実行する側は標準を守ることが目的化し，その標準がもともと何のために設定されたのかすら忘れられていく．これが「実

行責任と制定責任の分離」が持つ弊害である．また，何とか守らせようと監視／監査と罰則を強化すれば，その網の目を潜ろうとする知恵も同様に働くため，監視と罰則はさらに強化せざるを得なくなっていく．

7) 業務系標準のあり方

業務系の標準は本質的に「人間本来善である」という前提に立たない限り，その実効は得られないとするのが正しい見方であろう．とすれば，それは決して must で書かれるべきものではなく，should ないしは had better で書かれるのが本来の姿ではないかと思われる．

つまり，業務系の標準は，まずその目的を明示し，その進め方については「こうした方がよい」，「こうすべきだ」といった程度に止め，後はそれを実行する人間の本来善とする心に任せていく．そうすることによって，初めて標準自体の不備のカバーや不測事態への対応なども取られていく．それが単なるロボットではない，血の通った人間がなせる本来の姿であろう．パソコンがソフトで規定されたこと以外には絶対動かない，あの融通のなさを人間にも当てはめようとする誤りは，極力避けるべきではなかろうか．

しかし，この論理の大前提には「人間は誰でも良い教育と訓練を受ければ，ある一定以上の能力を必ず発揮し得るものだ」という深いヒューマニズムの存在がある．もし，どんなに教育／訓練しても人間の資質／能力／性格にはバラツキがあり，必ずしも満足できるレベルには到達し得ないという考え方がベースとなれば，この話はまったく変わってくるということも頭に留めておく必要がある．

8) 標準化の2つのアプローチ

標準化の進め方／標準体系の構築には基本的に以下のような2つの道がある．

〈システム的アプローチ〉

企業にとって必要なものをあらかじめ設定し，上から順次展開して体系的に標準化を図っていく方法

〈積上型アプローチ〉

業務を進めていく上で標準化が必要となった段階で, そのつど, 個々の標準を順次制定／整備していく方法

伝統的な日本の品質管理が今まで指向してきた標準の整備／体系化の思想は基本的には積上型アプローチであり, その典型がいわゆる QC ストーリーであった. つまり,「標準化」は当面の問題がすべて解決した後の「歯止め」の機能として位置付けられ, 問題解決が進めば進むほど, 標準の数も増えていく. つまり, 組織の財産（固有技術）が貯まっていくという, まさに積上型の思考プロセスで標準化を考えていた.

一方, ISO 9001 など欧米文化を背景としたグローバルスタンダードの思想は, 要求事項が最初から規定されており, それに基づいて必要な標準を整備していく, いわゆるシステム的アプローチが基本となっている.

9) どちらの思想を重視して体系化を図るか？

欧米で誕生した標準化の基本思想は, 性悪説を前提に管理する側がされる側をどうコントロールするかという観点から業務全体の体系化が図られている. これは,「一部の支配階級（英国：大ブリテン／米国：アングロサクソン／独：ゲルマンなどに象徴される）が大多数の被支配階級（植民地／奴隷など）をいかに統治するか」という過去の長い歴史をその背景に持ち, ローマを中心とした宗教支配にも類似の文化が見られる.

さらに, 欧米には gifted person, すなわち, この世には神から優れた能力を授けられた特別の人間がおり, 完璧なシステム（ルール）もそういう人間によって作り得るという思想がある. システム的アプローチが前提とする完璧なプランニング（全体を掌握できる卓抜した能力）に対しても, 欧米人は, 特に奇異には感じていない節がある. 一方, 従来の日本は, いきなり完璧なものはできないからこそ,「SDCA を回して徐々に, 着実に理想のシステムに近づこう」という, いわゆる「改善」の思想をベースとして標準の体系化を考えていた.

ISO やグローバルスタンダードと言われる類いは, まさにこういった欧米文化の典型であり, 規格（ルール）作りは一部の人間で定め, 後はそれ

を採用せよと迫る上意下達的性格を持つ．もっとも，ある程度システム化されているため，考える労力は省ける．また，力と工数さえあれば構築できるというメリットはあるが，一部の人間によってルールを定め，後は「それに従え」という考え方と「みんなで作り，みんなで守ろう」という考え方とでは，どちらが日本に適し，組織のためになるだろうか．やはり，後者の方が日本の文化に適しているような気がしてならない．

10) 今後の方向性

今後の標準化の方向性を一言で言えば，「人間に対する管理のあり方はどうあるべきか」ということに帰着する．

このような観点から，今後の標準化について以下列記しておく．

① 品質を中核とした経営管理の世界で，TQMがこれまで目指してきた基本思想の1つは「人間性尊重の経営」，「全員参加／全部門参加など参画意識を貫く経営」であった．しかし，日本企業が置かれたグローバル化の現状を考えた時，今後ともこの思想を踏襲すべきなのか，それとも新たなパラダイムで臨むべきなのか．残念ながら，この問いに対する答えはまだ得られていない．

② 日本が目指すべき経営管理の理想像は，組織体系／教育・訓練体系／標準体系／管理体系のバランスがうまく取れた総合管理体制にあった．しかし，今まで，継続的改善という名の元に，ゴールに至る道筋に時間をかけ過ぎた．企業を取り巻く環境がものすごいスピードで変化しているこの時代，そのニーズに合わせて，スピーディかつ効率的にこの道筋を踏襲し早くゴールにたどり着くには，ある程度システム的アプローチの方法論が有効性を発揮すると考える．とはいえ，継続的改善をベースとする管理のあり方には，成果を一つひとつ，着実に積み上げていく方法論が持つ「確実性」と「安定性」がある．こういった優れた特徴を捨て去るべきではない．そういう意味で，標準体系も含めた総合管理体制を構築していく方法論として，システム的アプローチと積上型アプローチを有機的に複合させた新しい方法論の登場が望まれる．

③　どんな場合でも，人間が関与するしくみで大切なことは，「そこに組込まれる人間が活性化するようになっている」という点である．そのポイントは「考える余地」と「自由度の許容」にある．そういう意味で，人の活性化を考慮した標準化には，やはり SDCA を「自ら回すようなしかけ」が，何らかの形で入っていることが望ましい．

④　異文化集団を使って仕事をしなければならない社会／管理する側とされる側が明確に区別される社会／契約を前提にバランスが重視される社会，常に，そういう欧米文化をベースに構築された標準化の思想と日本の文化をベースに構築された標準化の思想とで相容れないものがあるのは，むしろ当然である．それを十分理解した上で，利用価値の高いものをうまく吸収／活用していくことが大切である．もともと，QC も TQC も米国からの輸入品であったが，日本文化の中で「日本的 TQC」として開花させた歴史を我々は持っている．欧米流標準化に対しても，ただ，それを鵜呑みにするのではなく，有用なエッセンスをうまく取り入れ，日本に合った形で変換し，上手に根付かせていく工夫／研究をしていくべきである．

4.5.3　社内標準化を推進していく上でのアイデア

今まで述べてきたことをベースに，社内標準化を進めていく際の参考として，いくつかのアイデアを述べる．

①　モノに関する標準（規格関係）は，must 表現を原則とする．ただし，明確な技術的根拠や理論的裏付けが取りきれていない技術的経験則（失敗事例など）については規格のランクを落とし，当面 should 表現で活用していく．

②　業務系の標準（規定関係）は，まず目的を明示した上で最終結果を保証させる表現とし，そこは must 表現とする．その達成手段や方法／プロセスなどについては，「標準化すべきもの」として規定された項目以外，その根拠（なぜそうすべきなのか）を示した上で，should 表現とする．

③ 「人間本来善」を前提とした標準化を目指すことを基本ポリシーとする．ただし，人間には不得意な部分(弱点)が必ずある．それは「心」の面も含めた人間ゆえの弱さである．したがって，これを補完するためのルール化は確実に行う．

④ must の標準は，システム的アプローチで構築することを基本とする．業務系の標準においては，「社員全員が必ず守らなければならないことは何か」をリストアップし，オチ／モレなく規定化していく．この場合，何か基準になるもの(ベンチマーク)を必ず用意する．ISO 9001 や ISO 14001 などはその基準の1つだが，すべてを網羅してはいないため，基準とすべき法体系は別に用意する．

⑤ モノの標準(規格)については，ベンチマークではなく，組織として必要な技術は何かという観点から組織独自の技術ツリーを作り，それをベースに体系化を進めていく．

⑥ システム的アプローチといえども，積上式の良い点，すなわち過去の失敗体験，ないしは成功体験を今後に活かすという思想は必ず盛り込む．

⑦ should の標準は，積上式アプローチを前提として Needs 主導型の標準化を推進する．そのためには，作られた標準をどこへ分類するかという分類体系を先に構築しておく．その際，単なる分類ではなく活用のしやすさ／検索の容易さを考慮したものにする．

⑧ should から must へ，あるいはその逆への行き来を自由に行えるような柔軟な体系を指向する．

⑨ 「最初から完璧な体系はできない」という前提に立って，SDCA を回しながら仕上げていくというダイナミックな標準化体系のしくみを作る．

4.6 品質教育とその推進

4.6.1 教育を仕かける側から見た問題

組織(すなわち，教育を仕かける側)が，その構成員(すなわち，教育を

受ける側）に対して施す教育／訓練を検討する場合，組織として最も気にする視点は，教育に投下するコストとそれに対する期待効果とのバランスであろう．そこで，組織において実践する品質教育論のスタートとして，まずはこの問題に焦点を当てる．

（1） 教育は経費か投資か？

「経費」とは，簡単に言うと"かかるコスト"である．「今を生きるために必然的にかかるお金」のことである．一方，「投資」とは"かけるコスト"を意味する．その心は「将来のためにお金をかける」ことである．このような視点から教育を眺めて見た場合，果たして，教育はどちらの立場で行っているのだろうか？

教育を「経費」として捉えている会社では，他の経費と同様，教育も期間損益を左右する統制費の1つとして見ていることになる．当然，当期利益の状況いかんによって，教育予算の額が変動する．特に，景気が悪くなってきた時など，一律○○％という形で否応なくカットされる対象となる．したがって，教育を経費として捉えている会社では，「教育の経営貢献性をどう示せるか」が1つの大きなキーポイントとなってくる．

一方，教育を投資として捉えている会社では，他の多くの投資案件との対比が問題となってくる．これは，いわゆる選択と集中の問題であり，「仕分け」の議論が中心となる．したがって，「教育の投資効果をどう示せるか」が大きなキーポイントとなってくる．この効果は，多くの場合，投資回収という概念で評価され，回収期間の評価はその会社の教育に対する価値観に応じて変化する．

いずれの場合も，短期／長期の違いはあっても，結局は教育の成果（アウトプット）を何らかの形で金額換算しなければならない．しかし，教育の成果を金額で測定するのは大変難しい命題で，企業の教育担当者が長年悩んできたことの1つである．ここでは，その1つ手前の議論として，教育成果の測定について述べる．

（2） 教育成果の測定に関する1つの考え方

　教育対象である社員を「人材」と見るか，「人財」と見るかで，その考え方が大きく変わる．

〈人材としての捉え方〉

　「材」とは，あるアウトプットを得るために投下される資源のことを意味する．いわゆる生産における4要素(Man／Machine／Material／Method)などと同じ概念で，「材」は，活動手段の1つとして位置付けられる．これを経営的に見れば，ある一定期間内に行われた生産的活動における損(Loss)と益(Profit)との関係性が問題となるため，いわゆる P／L 概念に相当する．

　ゆえに，人を「材」と見なす場合は，「ある一定期間内に行われた活動（プロセス）のインプットとアウトプットとの関係性（良し悪し）が，手段としての人によって変化するかどうか」が問題となる．したがって，もし教育によって「人の質」が改善され，それによって活動のアウトプット改善につながるなら，教育の実施前後で，このインプットとアウトプットとの関係性は恐らく良い方向に改善されるに違いない．とすれば，この変化を何らかの方法で測定／評価することができれば，人材に対する教育の成果を測定することは可能となる．

〈人財としての捉え方〉

　「財」とは，それ自体が経済的価値を持つ資源のことを意味し，資産（資金／在庫／債権など）と同じ概念となる．資産は，企業の存立基盤である．人を資産と見做す話は，武田信玄が語ったとされる「人は石垣，人は城」という格言に相通じるものがある．経営的に言えば，ある時点時点での状態が意味を持ち，過去のある時点からの増減が問題となる．つまり，いわゆる B／S 概念に相当する．したがって，人を「財」と見る場合の教育成果の測定は，人としての価値をまず定義／測定し，それが教育によって向上しているかどうかを評価すればよいことになる．

　ここで，人としての価値は，能力／力量／ポテンシャリティ（潜在能力）／リーダーシップ／パフォーマンス（業績発揮度）／知識／知恵／影響性など，さまざまなものが考えられよう．経営的には，人が生み出す経済

的価値がそのまま人の価値に直結するかもしれない．

人を「材」ではなく「財」と見做す場合の教育成果の測定で注意すべきことは，ある程度，長い目で見て測定／評価するということである．

一方，資産に，
- 正の資産（価値ある財産）　⇒　流通在庫，正常債権
- 負の資産（価値のない財産）　⇒　不良在庫，不良債権

という捉え方があるように，人財においても，「正の人財」／「負の人財」という捉え方ができる．つまり，表面上の価値を測定するだけでなく，社員の心の健康状態なども含めた真の実態をよく調べ，
- どのくらい人財が正常化しているか
- 不良化している人財がどのくらい居るか

を把握することが大切となる．その上で，不良化の中身をよく解析し，もしそれが能力／力量不足によるものなら教育／訓練によって正常化を図るべきだし，もし職場が要求している機能と本人の力量とのアンマッチが原因となって不良化しているのであれば，ローテーションなどを検討する必要がある．また，気力／モラールの低下が原因ならモチベーション向上などの方策を検討しなければならない．これらは，教育とは異なる別のアプローチとなるが，教育／訓練が人に対するアプローチの一手段であることを考えれば，同じ範疇として扱うべきものと考える．

4.6.2　教育を受ける側から見た問題

(1)　現代の世情と実態認識―社員は教育に飢えているか？―

日本の社会は，終戦直後の混乱の時代から高度成長期を経て現在に至るまで大きな変化をとげ，人の性格や特徴／価値観も大きく変化した．大雑把に「昔」と「今」という切り口で，人に関する変化や違いを整理すると，大体，以下のようになる．

【昔（終戦から高度成長期まで）】
- 情報量自体が少なく，入手も困難
- 知らないことが多かった
- 無知＝弱さが成立した

- 基本は競争／上昇志向
- 知識への渇望が強かった
- 中卒／高卒は当り前
- 勉強はさせて貰うもの
- 教育は自ら名乗り出てつかむもの

【今（いわゆる当世若者気質）】
- 情報氾濫，勝手にどんどん入ってくる
- ICT／インターネット時代
- 情報の取捨選択がキーとなる
- 知り過ぎる／見え過ぎる面も多い
- 現状肯定／維持指向
- 別に知らなくても困らない
- お受験／塾通いの高学歴社会
- 勉強は外から与えられるもの
- 教育は上からの命令／仕事の一環／シブシブ

もちろん，こういった落差は，教育に限った話ではないが，まずは，この落差を認識しておく必要がある．

（2） 対応にあたっての考え方

通常，組織内で教育／訓練を行う場合は，階層別／項目別の教育体系を作り，それに沿って教育計画を立てて進めていくものである．しかし，現実には，その通り実施しても，なかなか目的通りの結果が得られない場合が多い．なぜなら，「ウマを水辺まで連れて行くことはできても，こちらの意図通り水を飲んでくれるかどうかはウマの気持ち次第」という大きな壁が立ちはだかっているからである．

この壁の存在を無視して，無理やり押し付けるような教育／訓練を行っても，本人の身には付かず，結果として実務に反映されることはない．やはり，社員教育の実施にあたっては，この壁をある程度乗り越えるような，何らかの「しかけ」や工夫を用意しておく必要がある．例えば，

- 受講していないと困る状況を作り出す

- 受講すると得する状況を作り出す
- 受講していないと，かっこ悪い，みっともないと思わせる
- 恥ずかしいことだと思わせる
- 何らかの特典／褒美を付ける　など

といった方法が考えられる．この背景にある思想，すなわち「人を動かすための「しかけ」の基本原則は，5.3節の(11)で述べる「北風と太陽」の考え方である．強権発動タイプの「しかけ」が北風思想であり，自発性誘発タイプが太陽思想に基づく「しかけ」となる．

たとえば，社内資格制度などを QC 検定と合体させ，各級の合格を各層の資格要件として位置付け，目標値化し，その取得を目的として教育を計画／実施していくといった進め方が考えられる．つまり，QC 検定というツールを活用して人財育成ロードマップを作り，それに沿って教育していく「しかけ」を用意するということである．この人財育成ロードマップは，QC レベル（または QC 検定の級）を縦軸，時間経過を横軸に取ったマップ上に，メルクマールとしてのマイルストーンを適宜置くことによって育成活動の節目を用意したものである．これを個人別に作成し，それぞれの節目で目標（習得すべき力量）と実態（現状の力量）とのギャップを測定／評価しつつ，そのギャップを埋めるための個人別教育実施計画（何を，いつからいつまでに，どうやって）をプランニングして，マップと教育計画とを連動させていく「しかけ」である．ここで，個々のマイルストーンのクリアが本人の人事査定と連動するような「しかけ」にすれば北風思想となり，クリアするかどうかは本人の意思だが，もしクリアすれば，金一封と表彰，さらに級別 QC 認定バッヂの着用という名誉が与えられるといった「しかけ」にすれば太陽思想に近くなる．

4.6.3　教育をめぐる課題とその処方箋

企業など組織における品質教育には，仕かける側と受ける側のギャップも含め，さまざまな問題／課題が生じる．ここでは，それらをオムニバス風に取り上げ，問題／課題の所在とそれに対する対応の方向性や考え方を処方箋の形で提示してみたい．

（1） 教育効果半減期3カ月の法則

　人間の特性として，「教育終了直後から忘却は始まる」ということを肝に銘じておく必要がある．教育で得た知識は記憶量として脳に蓄積されるが，そのレベルは時間とともに低下していく．特に，モチベーションが低い状態での受講や実務と少し切り離された分野の講座などにおいて，この低下レベルは大きくなる傾向が見られる．どのような形で落ちていくかは個体差があるため一律には定まらないが，1つの単純モデルとして表わせば，

$$Y(t) = 2^{-t} \cdot Y(0)$$

　　ここで，　　t：時間間隔を表す変数
　　　　　　　　$Y(0)$：教育終了直後の知識量
　　　　　　　　$Y(t)$：t時点での残存知識量

と表わすことができよう．

　もし，tが3カ月程度だとすると，3カ月で知識量の残存率は50％，6カ月で25％，1年経つとわずか12.5％しか残らないことになる．つまり，何もしなければほぼ1年で無に帰すのである．

　したがって，忘却を放置しないためには，何らかの方法で得た知識の維持，または引上げを工夫することが求められる．最も基本的な方法は，教育で得た知識を実際の業務に対して，繰り返し使い続けることであるが，すべての知識を実務に活かすことはなかなか難しい．適用する場面が，必ずしも常にタイミング良く出てくるわけではないからである．また，使うかどうかは本人次第という本質的で厄介な問題もある．このことからも，教育で与えた（仕かけた側からは「与えた」となるし，受けた側からすれば「得た」となる）知識を退化させないためには，これを維持／持続させていくための社内的なしくみ／しかけが別途必要であることがわかる．

　そのための工夫として，例えば，社内研修の講師をさせるという「しかけ方」がよく使われてきた．これは，「他人への教育／指導は最高の教育」という人間のある面での本質に基づくからである．

(2) 事例やマニュアルをほしがるクセ

5.3(12)項でも述べるように，何かを学ぼうとする人が陥りやすい2つのワナとして「手順をほしがるクセ」と「マニュアルをほしがるクセ」がある．これは教育をする側にとって必ずぶつかる問題であるが，前述したように自分たちで苦労しながら独自のモノを作っていくという考え方で教育していくことが望ましい．でき上がった結果だけでなく，その作成過程を通じて人財が育成されるという隠れた真のねらいも存在するからである．

(3) 仕事と教育のハザマ

教育計画を立て，募集をかけても，仕事が忙しくて教育なんかしていられない／させられないというホンネの声が，現場には思いのほか多いものである．まさに，自転車操業的業務運営（常に漕いでいないと転んでしまう）の宿命とでも言えようか．だからといって，何もしなければ何も変わらず，結局は忙しい状況が永遠に続くだけである．したがって，どこかでこの負の連鎖を断ち切らなければ改善は望めない．教育をしかける側としても，こういった膠着状況を打開していく工夫が求められる．

これに対する1つの処方箋としては，教育プロセスの中で，「なぜ，あなたは忙しいのか」，「何があなたを忙しくさせているのか」を考えさせることである．現状を打破する答えは，自ずとその中から出てくると言っても過言ではない．人を忙しくさせている要因の中には，必ずと言ってよいほど「人の問題」がある．そして「人の問題」の中には，ほぼ確実に「人の力量」に関するものが存在する．したがって，そこの部分に光を当てていくことによって教育との関係性を意識させ，理解が得られるよう推進していくのである．

(4) 知識を測るか，能力を測るか

知識の量だけで「人」を評価することはできない．また，知識の量だけを見て，人を活用することもできない．やはり人を活かし，また活かせるような人に仕上げていくためにも，「人の能力」を知識だけではなく，別の何かで測りたいと願うのは，教育担当者の永年の夢ではなかろうか．

しかし，知識の量を測るのは比較的やさしいが，能力を測ることは絶望的に難しい．人に対して行うほとんどのテストは，結局「知識の測定」に帰着している．

例えば，課題を与え，その解決法を求める能力評価テストの類も，本質的には「いろいろ知っている」からこそ，「解決する方法」を導くことができるわけで，結局は，「知識の広さ」がベースとなっている．確かに，知識を組み合せ，結合／展開して，目的とする解に到達するのは知識というより能力に近いが，それでも，それは人の能力の一部にしか過ぎない．

この問題に対する1つの処方箋としては，人の能力を構成する要素を可能な限り列挙し，その要素のレベルで測定した上で，多次元空間上での「能力の構造化」を図るといった地道な方法しかない見当たらない．しかし，「人の能力を構成する要素」は無数にあってすべてを列挙することは到底不可能なので，結局は目的に戻って考えるしかない．つまり「何のために人の能力を測りたいのか」ということになる．その目的から見た「知りたい人の能力」はある範囲に限定されるはずだから，その限定された能力の構成要素について測定すればよい．

（5） 教育における must／should／had better

4.5.2項で述べたことが教育においても存在する．すなわち，

- must（ねばならない）
- should（すべきである）
- had better（した方がよい）

および，その否定語である，

- must not（してはならない）
- should not（すべきではない）
- had better not（しない方がよい）

という世界である．

しかし，人の教育については，must よりも，should や had better 的な事項の方が圧倒的に多い．人の問題（Human Issues）は，それだけ多様性があり，絶対的な must と言い切れるようなことは少ないからである．

逆に言えば，must でしばるような狭い了見で教育を論じるのは，かなり無理がある．人はそれだけバラツキが大きく，ある人に成功したからといって，その方法や内容が必ずしも他の人に適するとは必ずしも言えないからである．つまり，一人ひとり，その人に適した独自の教育内容と方法があるということである．

しかし，社内教育の現実として，個人別の教育計画は立てられても，個人別にオリジナルな教育を設定し実践していくのは，コストと時間を考えると，ほぼ不可能と言ってもよい．むしろ，教育をしかける側にとって大切なのは，そういうことを十分理解した上で，いかに効率的な教育をしていくかということに尽きるのではなかろうか．まさに，教育においては「人を見て法を説け」が当てはまる．

(6) 教育と訓練の混同

教育と訓練とでは，基本的な思想がまったく異なることをどれだけの教育担当者が理解しているだろうか．一言で言えば，教育とは「教え育むこと」であり，訓練とは「訓じ鍛えること」である．明らかに意味が異なる．これらの語源をたどれば，いずれも軍隊用語にぶつかる．歴史的に見れば，儒教的なニオイもしてくることに気付く．例えば，現代ではほとんど一般に使用されることがなくなった「訓育」，「教練」といった用語もあったということである．

一方，英語では，Education と Training の違いとなる．ここで，Educe とは「潜在しているものを引き出す」という意味があり，Train には「列を作り，整然と並ばせる」という意味がある．このことから，欧米文化においても，教育と訓練は別の概念であったことが明らかであろう．

さて，教育／訓練を別の角度から眺めてみると，教育は性善説，訓練は性悪説にそれぞれ基づいていると考えられる．つまり，性善説では「人は成長するもの」と捉えている．ゆえに，教え育むことによって人はいくらでも進歩／発展していくものと考える．一方，性悪説では「人は勝手気ままで手に負えないもの」である．ゆえに，組織の役に立たせるためには，人は訓じ鍛える必要があるという発想になっていく．

結局，人を人材と見なすなら訓練を，人財と見なすなら教育を目指すことになろう．たとえば，ある作業の習得場面を考えてみよう．もし，人を単なる労働力としてしか捉えていないなら，標準通り作業してもらうことのみが目的となるため，訓練をしっかりやることが大切となる．しかし，作業の改善までしてくれるような優れた人財に育てたいという目的があるなら，作業標準の背後にある心／思想／理論／技術まで理解／習得させる必要がある．そのためには，キチンとした教育が必要となってくる．

一般に，教育には多くの時間とコストがかかるばかりでなく，その効果も長期的スパンに立たないと見えてこない．しかし訓練は工夫次第でかなり効率的に行うことができる性質を持っている．したがって，変化／スピードが代名詞となっている現代においては，訓練はできても教育をやり続けるのはかなり難しい状況下にある．とはいえ，教育と訓練のどちらが優れ，どちらを指向すべきかといった議論はあまり意味を持たない．要は，「真に達成したい目的が何か．そのために，人をどのような位置付けとして捉えるか」によって，教育でいくのか，訓練でいくのかを適宜変えていけばよいということである．

たとえば，マニュアルと訓練技術を工夫することで，短時間でアルバイトを戦力化することに成功したマクドナルドやデニーズのような世界もあれば，マニュアルと訓練のみに止まらず，サービスの持つ意味や心までキチンと教育することで，ゲストをもてなすサービス品質を確立したディズニーランドやリッツカールトンのような世界もあるということである．

(7) 標準化と教育の関係

標準化 SDCA サイクルのうち，実務的に重要なのは D の部分で，その中核は教育／訓練にある．実務レベルの標準化で失敗するケースの大半が，S（標準制定）で失敗するより，むしろ D（標準の実施）の失敗によることが結構多いからである．そして，その多くは標準に対する教育と標準通りの仕事ができるようにするための訓練の部分で失敗する．

標準に対する教育では，その標準が持つ目的／意義／ねらいや設定の意図／背景／理由などを相手が納得できるようにキチンと教えていくことで

ある．また，標準の訓練では，そのルール／方法を正しく実践するためのやり方をキチンとトレーニングし，しっかり身に付けさせることである．これは，あの山本五十六の名言，「やってみせ，言って聞かせて，させてみせ，褒めてやらねば人は動かじ」に通じる世界といえよう．

　標準化と教育に関するもう1つの側面として，「人に対する教育がしっかりできていれば，細かな標準など実はあまり要らなくなる」という真実も忘れてはならない．人は自ら理解／納得し，自発的に行動するとき，より優れたパフォーマンスを見せるという人間の本質に思い至れば，「標準とは，人が持つ弱点を補完するものであって，人をしばるものではない」という認識に立った標準化を推進すべきだということがわかってくる．「人は間違いを犯す動物（Error is human）」ゆえ，人のバラツキ含めて，ミスは決してゼロにはならない，だから，その人の弱点を補うために標準化というツールを活用する．しかし，教育による自発性の醸成によってミスの確率はかなり減っていく．したがって，力で押え込むような標準化ではなく，人の良い面を引き出すような柔軟な標準化を目指す．むしろ，そういう考え方で推進していく方が長い目で見て，組織にとってより良い結果を生む．

(8) OFF JT と OJT

　教育というと，大方の人は「教室で行う座学」，すなわち OFF JT（Off the Job Training）をイメージする．この一因として，江戸時代の寺子屋から始まって明治／大正／昭和と文部科学省が進めてきた教育の歴史がある．つまり，教育とは，教室で先生が生徒に教鞭を振るうものというイメージが多くの人の体に染み付き，ほぼそれが DNA 化しているからではなかろうか．

　しかし，教育をより効果的／効率的に進めていくには，こういった硬直化した教育のイメージをもっと広く，柔軟に考えていく必要がある．例えば，ディスカッション／ディベート／体験学習／実験／実習／グループ学習など，頭だけでなく，五感や手足，体のすべてを使って教育していく方法を工夫すべきであろう．

一方，企業で「社員や部下の教育はどうしているの？」と聞くと，多くの場合，「OJT でやっています」という答えにぶつかる．しかし，その実態を調べてみると，実際は何もやっていないことが実に多い．確かに，教育は仕事を通じて行うことが究極の姿であると言われ，その方法として OJT（On the Job Training）が金科玉条のように言われてきた．しかし，OJT の本質を正しく理解しないまま，OJT と称して，単に「オレの背中を見ろ」／「仕事は盗め」といった旧態依然のあり様がまかり通っている．これでは，何もしていないことと同義と言われても仕方がない．

やはり，人を育て／人が育つような仕事の仕方／させ方をもっと工夫していく必要がある．言い換えれば，OJT を正しく行うには，教育学とか心理学などといった人間行動に関する科学的アプローチを基本に，OJT の「仕方」／「しかけ方」／「しくみ」を新たに開発していくことが求められる．さらに，それを実践する先生方の教育も併せて必要である．

とはいえ，OFF JT も OJT も，その根底にあるのは，基本的に Training（訓練）であり，教育（Education）にはなっていない点をもっと意識する必要がある．つまり，「訓練」としての OJT ではなく，「教育」のための on the job のあり方，すなわち OJT から OJE（On the Job Education）への転換をもっと研究していく必要がある．

(9) 非正規社員と教育

多くの企業で，人の変動費化／人件費の抑制，さらには働く人の意識の変化などにより，非正規社員比率が増加の一途をたどっている．その結果，「人の質」や人が行う「仕事の質」が担保できなくなってきている．

かつての伝統的／日本的経営の1つは，終身雇用制であった．その制度を背景に，新入社員の段階から長い時間をかけて社員を育成し，「人の人財化」を図っていくことが，高学歴社会と合せ，社員の仕事の質を担保し，日本企業が世界と戦う際の「裏の競争力」となっていた．しかし今や，非正規社員比率の増加とともに，その競争力は失われつつある．これにどう対応していくか，各社とも喫緊の課題となっている．

当然，企業の教育担当者としては，非正規社員に対する教育／訓練をど

う進めていくべきか，正規社員に実施してきたのと同じ考え方／進め方でやっていいのか／悪いのかなどが，特に気になる点であろう．端的に言えば，「訓練はできても教育は絶望的に難しい」というのが多くの教育担当者のホンネではなかろうか．

　一方，欧米企業の文化では，一部を除き，企業が社員に対して実施する活動は，その大半が「訓練」に集中しており，「教育」についてはあまり考えられていない．また社員の方も，「教育は自分のために自分でやるもの」であって企業から与えられるものではないという意識が強いように思われる．社員から見れば企業自体も自己実現の手段に過ぎず，機会があれば新しい会社に何の躊躇もなく移っていく欧米文化の特徴が，その背景にある．問題は，こういった欧米文化が昨今の日本にも根付き出しているということであり，そこに問題の深さがある．

　必然的に，ほとんどの日本企業にとって，もはやこの問題から目をそらすことは不可能で，何らかの処方箋が必要となっている．基本的には，人事制度の問題もあるが，非正規社員はやはり「人材」であって「人財」にはなり得ないと腹を括るのが1つの道である．

　となれば，非正規社員に対しては，教育ではなく訓練を徹底することで，人が行う「仕事の質」を担保するしかない．そのためには非正規社員に対する効率的／効果的な訓練方法を開発するしかないが，訓練方法については，先にも述べたように，マクドナルドやディズニーランドなど，欧米企業の長い歴史と文化を背景としたプロセスに一日の長がある．

　つまり，Job Description と業務標準の整合化，業務標準と Training の組合せ，目標と報酬のバランス，それらを契約というシステムで繋いでいく体系など，欧米企業のやり方を謙虚な姿勢で学ぶことが，非正規社員を戦力化していくための仕掛け作りや訓練法の開発に不可欠であろう．

(10) 最近の新入社員と教育のあり方

　最近の若い人の人生観や価値観は古き人間にとって理解の外にある．
　こういった新入社員を旧来の社風／慣習に適合するよう仕向けるべきなのか，それとも企業の方が新人類たちの思想／価値観に合うよう自らを変

えていくべきなのか，悩む選択である．

とは言え，ダーウィンの進化論が教えている「生存するものは強いものではなく変化に適応できたもの」という真理を考えれば，世の中の変化に応じて企業もそれに適応できるよう変わっていかなければ，生き残ってはいけないことは明らかである．とすれば，旧来の教育のあり方／内容も，基本的には若い人の変化に合せて変えていくことを指向すべきであろう．

ただし，もう1つの至言，「不易流行」も忘れてはならない真理である．すなわち，変えるべきものは勇気を持って変えていく，しかし変えてはならないものはしっかり死守していく．この区別をはっきりさせるということである．

変えてはならないものの典型は，企業が長年の歴史の中で築き上げてきた善き伝統や文化である．これは，どんなことがあっても守り続ける努力が必要で，たとえ新人類といえども，その文化に溶け込んでもらわなければならず，そのために行う教育を惜しんではならない．

(11) 海外における品質教育の捉え方

グローバル化や昨今の円高もあって，海外移転や海外拠点増加の流れが止まらない．当然，グループ全体の外国人比率もますます増え続けている．そういう海外拠点の社員（現地人）や社内の外国人に対する教育は一体どのように進めていけばいいのか．外国人への教育は，まさに企業の教育担当者にとって頭の痛い難問となっている．

基本的には，「文化が違う」ということをまずは認識し，その違いを尊重するところからスタートすることが，この難問を解決する第一歩となろう．つまり，日本流を無理矢理押し付けるやり方は，結果として「労多くして益少なし」ということである．

進め方の基本ステップとしては，まず「日本人とどこがどう違うのか」，その違いやギャップを明確化することであろう．その上で，その違いやギャップをどう埋めていくのかを考えていく．この場合，ギャップは「埋める」のであって，ギャップを「飛び越え」たり，「無視」したり，こちらに「引き入れ」たりすることでもない．

つまり，「ギャップを埋める」とは，「こちらも変わる」ことを意味している．相手の文化や言語／価値観をよく理解し，それに合せて自分たちの作ってきた仕事の仕方／方法／考え方も変え，それをベースとして海外現地人の教育／訓練の仕方を新たに開発していくのである．この場合，現地に合った現地人のための教育／訓練は，現地の人に作らせることが大切である．現地のことは，現地の人しか本質的には理解できないからである．以上の考え方は，新人類に対する対応と同じで，「変わらなければ生き残っていけない」という基本原理に基づく．当然，「不易流行」も忘れてはならない．わが社の善き伝統／慣習／社風／仕事の仕方／しくみのうち，継承／伝承／移転／移植させるべきものは，たとえ，それが海外現地人であろうとなかろうと教育していくべきなのである．

ただし，海外をすべて一括りにして考えてはいけない．欧米と言っても，アメリカとヨーロッパではものの考え方が全然違うし，アジアと言っても中国と東南アジアではまったく違う．やはり，それぞれの国の文化に合せて適切に対応していくことが必要である．これはTQMの基本原理である「マーケットイン」の思想に相通ずる概念である．

(12) 教育は内製化かアウトソーシングか

昨今の厳しい状況を打開する1つの策として，「アウトソーシング」や「アライアンス」が大流行している．ここには，「何でもかんでも自前主義」から脱皮し，不得意分野は「外出し」していくことで，経営の効率化を図ろうという意図がその背景にある．とすれば，品質教育も例外ではなく，アウトソーシングしたり，アライアンスを組んだりしていくことによって自前主義の非効率性を打破すべきだという話になってくる．

ところが，日本の品質教育では，脱自前主義という昨今の流れとはまったく逆の傾向が見られる．つまり，戦後の復興期から，企業の品質教育は，日本科学技術連盟や日本規格協会という教育専門機関にアウトソーシングされてきたが，最近では，むしろ社内で品質教育を行う自前主義の動きが盛んとなっているという動きである．

この動きの背景には，昨今の企業の厳しい台所事情がある．すなわち，

アウトソーシングすれば外にお金が出て行くが，社内でやれば大半が固定費なので実質的な費用は少なくて済むというソロバン勘定である．

　品質教育は内製化を指向すべきなのか，それともアウトソーシングを目指すべきなのか．この命題に対するキーワードは，先に述べた「教育」と「訓練」の違いである．すなわち，「教育」を目指すのであれば内製化，「訓練」が主体であるならアウトソーシングの方が効率的であるという捉え方になろう．

　しかし，現実にはそう単純に割り切れるものではないので，これに「コラボレーション」というキーワードを追加すべきと考えている．つまり，内製化の良いところ／得意なところ，アウトソーシングの良いところ／得意なところをそれぞれ上手く組み合せて，ハイブリッドな教育／訓練の実践体系を構築するということである．

(13) 品質賞(デミング賞)挑戦の効用から学ぶ

　デミング賞を受賞した企業の経営者が，過去を振り返って語ることの多くに，「デミング賞に挑戦して何が良かったかと言えば，それは人の育成が進んだことだ」，「ホンネから言えば，デミング賞は10年ごとに挑戦したい．なぜなら，10年経つとほとんどの人が入れ替わってしまうから」という言葉がある．

　この話は，「3年，5年かかる社員教育が，デミング賞に挑戦すれば，半年でできるようになる」という石川馨先生の語録からも，その一端を垣間見ることができる．品質教育を効果的／効率的に進めようとすれば，デミング賞挑戦ほど手っ取り早く有効なものはない．しかし，この旨味は，それを経験した企業にしかわからない．また，デミング賞挑戦そのものが，現実には結構ハードルが高いといったことから品質教育の普及／推進ツールとして，デミング賞が位置付けられることは多くない．

　しかし，デミング賞挑戦がなぜ品質教育の普及／推進に有効なのか．その要因を探り，その有効要素を品質教育の普及／推進に応用することは可能である．

　その有効要素とは，人間の本質に訴える，すなわち「性善説」でも「性

悪説」でもない「性弱説」に立てということである．性弱説とは，簡単に言うと，人間は本来弱い生き物で，その弱さは古い脳（旧脳）から来る．その弱さの中には，人は楽をしたい／辛いことから逃れたいという動物としての根源的性質があるということである．したがって，こういった弱さを克服するには，人が日常の価値観から脱却して優先的に動けるための組織的な「しかけ」と，ある限定された期間に，力を集中させるための「節目」を設定するということである．

これを言い換えれば，推進の極意は「節目づくり」にあるということになる．ある1つの価値観の下，全社が一丸となって邁進するような運動論をどうしかけていくかに妙味がある．この節目づくりの手段として「〇〇へのチャレンジ」があり，企業レベルで言えば品質賞とかデミング賞になり，個人レベルで言えばQC検定となる．何か目標を決め，その目標に向かって進むこと，それは人間のDNAに組み込まれた1つの本質と言ってもよい．

(14) 他の教育との関係性と THDM

品質教育だけが社員教育ではない．望ましい人財に仕上げていくためには，品質教育を中核に添えた，総合的な社員教育の体系を構築していく必要がある．

品質教育は品質保証部門／TQM推進部門がやる仕事，それ以外の社員教育は人事部門／総務部門がやる仕事という風に妙な切り分けをしていたのでは決してうまくいかない．目的は，社員を望ましい人財に仕立て上げることで，教育はそのための手段に過ぎない．この目的／手段の関係を理解すれば，品質教育でやる部分，他の教育でやる部分の役割分担を明確化して総合的に進めていく必要があることは明らかである．

理想的には，「人財育成ロードマップ」を作って個人別の育成計画につなげていきたい．人は一人ひとり異なった人格／性格／特徴／能力を持っている．したがって，本来は，一人ひとりに適した個人別の育成計画が必要である．ただし，これには膨大なコストと時間が必要となる．そのため，さまざまな工夫を駆使することで効率化とのバランスをうまく取っていく

ことが肝要である.

　本来,TQM は「顧客の価値が高まることを保証する」活動を具現化するための手段の体系である.たびたび引用する石川馨先生語録の中でも「品質を管理しようとすればあらゆる手段を駆使しなければならない」と語られているように,その手段には,理学／工学／社会学／経営学／経済学／法務／情報技術／心理学……,などあらゆるものが含まれる.

　必然的に,品質教育だけで TQM が実践できるわけではないという認識も必要である.とすれば,各組織が,それぞれの役割分担／機能に基づき,各組織を構成する「人の質と量」の確保／維持／向上に向け,一致協力して全部門／全員参加による人財育成のための教育／訓練を計画的／継続的に実施していかなければならない.ここに,TQM 同様,総合的人財育成経営(THDM：Total Human-resource Development Management)とも言うべき,人財育成の新しい捉え方の必要性が見えてくる.

第5章
TQM 推進のキーポイント

　本章では，TQM を組織活動に導入し，普及／展開していく際にぶつかるさまざまな問題を中心に，「どのようにして TQM を組織に根付かせていくか」について述べていく．

5.1　TQM の受け止め方

　一般に，あるものを理解し，実践につなげていくには，以下の点に留意しておく必要がある．すなわち，ゼロからスタートすることを考えれば，最初に，「知る(know)」ことである．そして，その次に，「理解する(understand)」ことである．「理解する」とは，まさに，「理を解する」ということであり，単に知る行為とは，そのレベルが大きく異なる．

　勉強する(study)は，できれば，この理解するレベルまで到達することが肝要で，単に知るレベルで止まらないようにすることが大切である．しかし，理解するレベルに到達しても，そのままでは「実践する(implement)」というレベルになかなか到達できない．なぜなら，実践とは，自らが行動を起こすことであり，頭で理解していても行動を起こす前向きの心の動き(動機)がなければ実践にはつながらないからである．

　では，どうしたら行動に結び付くような動機が生まれるのだろうか．
　その最大のポイントは「納得する(agree)」ということである．「理解」とは，外の知識を取り入れるという意味で，本来，他動的な性格を持つものだが，「納得」とは，外から取り入れた知識を自らの価値基準に照らして受け入れる相当高度な精神作用であり，本来，自動的なものであり，そこには「共感(sympathy)」という心理的な面の作用も必要となるからである．

　共感は情緒に訴える右脳の世界，納得は論理に訴える左脳の世界と解釈

されよう．つまり，本来，他動的であった外部知識が「共感」，「納得」によって自動的な知識に変り，それが動機付けとなって，行動，すなわち実践へとつながる．こういう動機付け（心の作用）がないまま，外からの知識を無理やり実践につなげようとすれば，それは実践するという能動的な行動ではなく，「実践させられる」という受動的な行動になってしまう．

もちろん，たとえ納得が得られなくとも，上意下達的に強権を持って人を動かすことは可能だが，それではいつまで経っても，例の「やらされ感」から脱却することはできず，人が本来保有している能力を100％発揮し得る状況にもならない．

TQMの活動を組織に普及／推進する場合も，これとまったく同様でTQMを単に知っただけでは，これを正しく理解したことにならず，また，理解したからといって，キチッと実践できるとも限らない．

TQMの活動は机上の学問ではなく，まさに実践の哲学である．これを正しく行うためには今述べてきたステップ，すなわち，

　　　知る　⇒　理解する　⇒　納得する　⇒　共感する

という4つのステップを確実に踏んでいくことが大切である．以下，順を追って，このステップを考えていくことしよう．

5.1.1　まずは知ることからスタート

無からは何も始まらない．まずは「TQMとは一体何か」，「何が目的」で，「何をどうすることなのか」，そのために，「どんな考え方や手法／体系があるのか」．こういったTQMの知識を一般的な情報として獲得しなければ話にならない．したがって，「世の中でいうTQMとは，どういうものなのか」を知る活動を何よりもまず先行させ，一般的なTQMのアウトラインを大づかみで認識することからスタートしなくてはならない．その意味で，「何はさておき，まずは教育から」がTQM推進の第一歩と言えよう．

5.1.2　知るレベルを理解するレベルに引き上げる

「知ること」が，ある程度完了したら，「理解する」レベルに引き上げて

5.1 TQMの受け止め方

いくことが大切である．しかし，時として人は，「知ること」と「理解すること」の違いに気付かず，単に知っただけなのに，それを理解したと誤解しやすいので，注意しなければならない．大切なことは，冒頭で述べたように，「知るレベル」に止まらず「理解するレベル」に到達するよう努力することである．

そのためには，TQMのテキストに書いてあることを単に記憶するのではなく，以下のような質問を常に投げかけ，その答えを探す勉強法が有効である．答えを探す過程で，TQMが持つ理論とともに，哲学（フィロソフィ）のようなものが見えてくるからである．それに触れることで初めて「理解する」，すなわち"理を解する"レベルに到達していくのである．

〈質問の仕方の例〉
- なぜそうなのか？
- どうしてそういう考え方になるのか？
- 他の選択肢はないのか？　など

たとえば，TQMの考え方の柱の1つに「品質第一」いう考えがある．これをただ字面だけ追えばそれで終わってしまうが，ここで，「なぜ，品質第一なのか？」，「どうして品質第一という考え方になるのか？」，「品質第一以外の思想ではまずいのか？」といったことを自問してみるとよい．

このような質問を行い，その答えを探っていくことで，TQMの考え方やその背景にある基本思想などTQMの持つ本質が垣間見えるようになる．その結果，「理を解す」ことができるようになる．当然，すぐには答えが見付からないものもあろうが，いろいろな文献や専門家の意見にあたることも勉強の一環と割り切ることが大切である．

ただ，少し厄介なのは，TQMの世界では，人によって言うことが違う場合があることである．初めての人は結構これにとまどい，「TQMはあいまいだ」といった批判も出てくる．しかし，これは逆に言えば，それだけTQMは柔軟性が高いということの証とも言える．だからこそ，TQMの世界を勉強するには，単にうわべだけの知識ではなく，「理を解す」ということ，また，この後述べる「納得する」というプロセスが大変大事になってくる．

5.1.3 「共感」/「納得」をベースに受け止める

「TQM とは何か」がある程度理解できてきたら，次はそれを素直に自分自身の心に改めて問いかけてみることをお勧めする．

「TQM の世界では，確かにそういうことになるのだろうが，果たしてそれは正しいか」，自分なりの価値観や世界観から見て，そういう TQM の考え方や方法，体系は正しいと思えるかどうかを冷静に評価してみるとよい．その上で，自分なりに共感／納得できるもの，できないものを層別してみる．

たとえば，先の例で「品質第一」という TQM の考え方を示したが，この考え方は自分の価値観や世界観から見てどう思えるかということをじっくり考えてみる．「うん，そうだそうだ，オレも確かにそう思う」と思うか，それとも「いや，違う，オレにはそうは思えない．やはり企業は利益第一ではないか」と思うかどうかである．

そうやって，TQM の考え方や方法論を共感／納得できるものとできないものに分けたら，次に各々のグループごとに，

- どこがどう自分の考えと合致するのか
- どこがどう自分の気持ちと合わないのか

を整理してみる．

そして，共感／納得が「できるもの」と「できないもの」いずれの場合も，テキストに書かれている表現(他人の言葉)ではなく，自分の言葉でそれらのことを表現し直してみるとよい．

当然，共感／納得できたものは，従来の言い方とさして違わず，似たような表現になるかもしれないが，それでも自分の言葉で表現し直したという意味で，その言葉の背景にある自分自身の思い入れや気持ちのあり様がまったく変わってくるはずである．

一方，共感／納得できなかったものは，それをまったく無視するか，あるいは別の考え方に置き換えるか，または表現の仕方を変えるかのいずれかになるが，重要な点は，なぜ共感／納得できないのか，その理由を明確にしておくことである．具体的には，「○○だから私は TQM がいう××という考え方がおかしいと思う」という具合に明確化しておく．

このように心の変換プロセスを経て描かれた TQM 像は，今までのようなような他人の言葉だけで形作られたお仕着せの TQM 像ではなく，明らかに自分の「考え」や「思想」をベースに自分の言葉や自分の表現で作り上げた「My TQM」になっているはずである．

もちろん，このようにして作られた「My TQM」は，それを行った人の数だけできることになり，いろいろな TQM 像が組織に溢れ，かえって混乱するのではないかと危惧する人がいるかもしれない．

しかし，それはある意味で TQM に対するホンネの議論ができることを示すもので，活性化という観点からすれば，決して悪いことではない．

ホンネの議論ができるようになれば，そういう議論のプロセスを通じて，たくさんあった TQM 像もいずれはある方向に収束していくものである．推進者の役割の1つはこういう流れを組織の中に意図的に作っていくことである．むしろ，他人の言葉で作られたお仕着せの TQM を無理やり導入し，「つべこべ言わずにそれに従え，言われた通りやればいいんだ」と，文句すら言わせない進め方は，長い目で見たとき，かえって弊害の方が多くなる．

5.1.4 一般と特殊の違いを認識する

今までの議論はどちらかと言うと，個人ベースの TQM 導入プロセスであったが，これから述べることは，1つの会社（あるいは組織）で TQM を導入する場合についての議論である．

まず，最初に理解しておくべきことは，テキストに載っている TQM の話はあくまで一般論であり，また，それを適用した各社の導入／推進事例は，個々の特殊論だということである．

これはあまりにも当然なことなので，意外と気付きにくいのだが，この一般論と特殊論をあまり考慮せず，むしろ混同したまま自社への TQM 導入を議論するケースが結構多いと認識しておく必要がある．

テキストに書いてある TQM の一般論は，あくまで一般論ゆえ，そのままの形で自社に適用できるものではない．また，他社の導入／推進事例は，その会社の特殊事情を踏まえて構築されたものである．その会社独自

のTQMゆえ，それをそのまま自社に適用するのは無謀である．なぜなら，その会社とウチの会社では，お客様が違う，商品が違う，社風が違う，モノづくりのプロセスが違う，経営の理念が違うなど，違うことだらけであり，そういう違いの中で生まれた他社のTQMが自社に適したTQMになるはずがないからである．

つまり，テキストにある一般的TQMも他社が構築したTQMも，TQMを勉強するには良い題材となるが，それがそのまま自社に適用され，効果の上がるTQMになるとは決して言えないと強く認識した上で，自社のTQMを論じるべきなのである．

5.1.5　ニーズ（必要性）を元に導入の目的を明確化する

TQM導入にあたって，まず，決めなければならないことは，その導入の目的である．

- 一体，何のためにウチの会社はTQMをやろうとするのか．
- 何をどうしたいからTQMを導入しようとしているのか．
- TQMで何がやりたいのか．

といったことを，まずはっきりさせるべきである．

そのためには，現在，ウチの会社（組織）は，一体，何に，どう困っているのか，どんな問題や課題を抱えているのか，そういうことを知る必要がある．また，そういう問題や課題に対して，TQMが有効な手段となり得るのかどうかも確認しておく必要がある．

問題も課題も存在しないのに，TQMを導入するのはナンセンスであり，今抱えている問題や課題に対して，TQMが有効に機能するかどうかもわからないのにTQMを導入しようとするのもどこか間違っている．

やはり，何かしらのニーズ（必要性）やねらいがあるからこそ，そのニーズやねらいを満たすためにTQMを導入しようと決意するのが普通の発想である．

つまり，TQMは，それ自体が目的になることは決してなく，何か達成したいことがまず先にあり，それを実現するための手段としてTQMが用いられるのである．TQM導入にあたっては，この目的と手段の位置関

係を強く意識する必要がある.

どんな場合でも,目的の議論をしないまま手段だけを論じるのは明らかにナンセンスであるはずなのに,こと TQM に関しては,なぜか「TQM ありき」から議論がスタートしてしまうケースが結構多いので十分注意が必要である.

5.1.6 TQM の何が役立つかを考える

先にも述べたが,TQM は,あくまで目的達成のための手段の1つに過ぎない.したがって,設定された目的に対して,TQM がどう機能し,役立つのかを事前に確認しておく必要がある.

一般に,手段の良し悪しは,図 5.1 のようなシステムモデルで説明され,以下の3項目によって評価されると言われている[1].

- 効果性(effectiveness)
- 効率性(efficiency)
- 影響性(influence)

「効果性」とは,その手段を実行した結果得られるアウトプットが制約

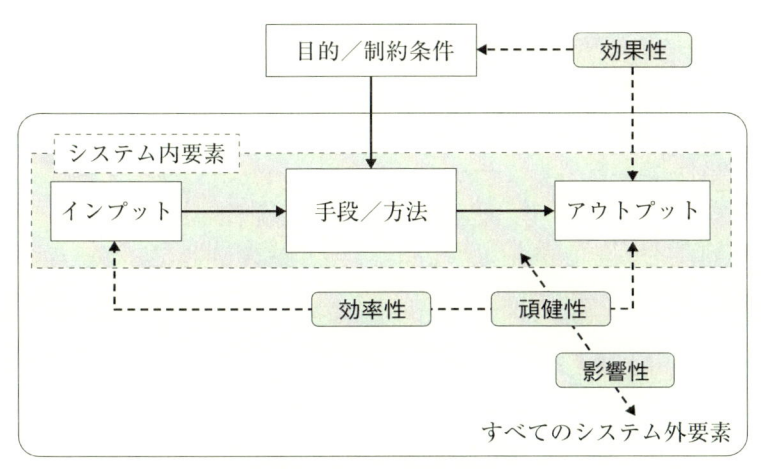

図 5.1 システムモデル

---

1) 東京理科大学名誉教授 狩野紀昭先生が提唱した考え方で,システムの基本概念を示唆している.

条件付きの目的に対して，どの程度合致しているかを評価するモノサシで，手段の「目的合致性」を見る尺度となる．「効率性」とは，その手段を実行するために投下された資源（インプット）に対し，得られたアウトプットがどの程度かを見る尺度で，より少ないインプットでより多くのアウトプットが得られるものが，より良い手段ということになる．

また，「影響性」とは，その手段を実行することによって取り巻く環境や他のシステムにどのような影響を及ぼすかという観点のモノサシで，基本的にプラス面／マイナス面および与える影響／受ける影響の両方の影響がある．

したがって，TQMの導入／推進にあたっては，あらかじめ設定された目的（制約条件付き）に対して，その達成手段として位置付けられるTQMの，「何が，どのように，どんな形で，いつ頃，どう」役立つのか，それは効果の面，効率の面，影響の面から見てどうなのか，といったことを検討しておく必要がある．

その上で，組織独自の言葉で，目的達成に向けた自社のTQMを形成することが重要である．

5.1.7 役立たせるための工夫をする

個々の会社／組織は，それぞれ独自の特徴を持っている．

商品，市場，お客様，開発のしかた，製造のしかた，管理のしかた，組織の形態から始まり，経営者の理念や社風，風土，社員の気質といったものまで，会社を構成するあらゆる要素に，特徴は存在し得る．

当然，テキストに書いてあるような一般論的なTQMや他社のやり方をコピーしただけのモノマネ的TQMでは，自社の特徴を十分反映したTQMにはなり得ず，効果もさして期待できない．

したがって，目的達成の手段としてTQMをより良い形に仕上げていくには，可能な限り自組織の特徴にフィットした自組織独自のTQMを構築していかなければならない．

これは，言葉で言うのは簡単だが，実際に行うのは結構大変である．なぜなら，「自組織の特徴とは何か」は意外と漠然としていて，つかみどこ

ろがないため，TQM のどこをどう活かせば自組織の特徴にフィットするのかがよくわからないからである．

こういった場合は，前述した個人レベルの「My TQM」構築と同様，まずは共感／納得できるものとできないものの層別を会社レベル，組織レベルでやってみるとよい．

いずれにしても，自社独自の TQM は一朝一夕にできるものではなく，創意工夫と熱意をベースに，ある程度の時間をかける姿勢が必要である．

5.1.8 TQM 自体の PDCA を回す

前項の最後に述べたが，自社の TQM を構築していくには，ある程度の時間が必要である．しかし，ただ時間をかければいいというものではない．やはり，計画(P)，実施(D)，反省(C)，処置(A)という，いわゆる PDCA サイクルを確実に回して，TQM そのものの体系をスパイラルアップ的に改善していくプロセスが大切となる．

つまり，TQM 導入時点に考えた自組織の TQM 像を第 1 次 TQM とすれば，それを 1 年実施した結果はどうであったか．それを評価／解析して自社の体質や特徴に合わない部分を手直しする，これを第 2 次 TQM として来年度の TQM 活動を計画する．また 1 年やってみて合わないところを修正して第 3 次 TQM を作る…，という具合に，毎年毎年，PDCA を回しながら，徐々に理想的な自組織独自の TQM を作り上げていくのである．

5.2　状況の違いによって TQM の進め方は変わるか

ここでは，TQM を目的達成のための手段として会社や組織に導入／推進していく場合，時期，組織の機能や階層，業種や業態などの違いによってその進め方にどのような違いが出てくるかといったことについて検討してみる．

5.2.1 「導入期」/「推進期」/「定着期」による違い

　まず，TQMを導入/推進していく時期について考えてみよう．
　第一段階は，まだTQMを導入していない準備段階の時期においてである．この場合のポイントは，「TQMをどう立ち上げるか」であるから，
- TQMで何をしたいのか　⇒　目的の明確化
- 自社のTQMをどういう姿で描くか　⇒　自社TQMのあり方
- どういう風にして進めていくか　⇒　TQM導入推進の大日程計画
- 経営層の意思統一をどう図っていくか　⇒　大義名分/根回し

といったことを明らかにしていくことになる．
　次の第二段階は，TQMを導入し軌道に乗せていく時期である．この時のポイントは，「TQMをどううまく離陸させていくか」であり，以下のようなことが課題となる．
- TQMの考え方をどう普及/拡大していくか　⇒　教育/訓練
- 身の回りの問題をどう解決していくか　⇒　個別問題解決のしかた
- お客様の不満をどう解消していくか　⇒　当り前品質の確保
- 日々の業務をどう管理していくか　⇒　日常管理

　この段階をクリアすると，次の第三段階に来るのは，TQMの拡大/推進の時期となる．ここでの推進上のポイントは，「TQMをどうレベルアップさせていくか」であり，次のようなことを行っていくことになる．
- 組織の方針や目標を組織としてどう達成していくか　⇒　方針管理
- 組織としてのしくみをどう作っていくか　⇒　部門別/機能別管理
- 品質保証のしくみをどう構築していくか　⇒　品質保証システム
- お客様の満足をさらに歓喜/感動のレベルへどう高めていくか
  　⇒　新製品開発/魅力品質創造

　そして，この第三段階もクリアすると，いよいよ最後の仕上げの第四段階，すなわちTQMの定着を図っていく段階となる．この時期におけるTQM推進上のポイントは，「どうソフトランディングしていくか」であり，以下のようなことを行うことになる．
- 経営活動にTQMをどう組み込むか　⇒　経営戦略/品質経営
- 会社全体のしくみをどう整備するか　⇒　全体システムの体系化

・日常業務の中に TQM をどう定着させるか ⇒ 高度な日常管理

　もちろん，以上述べた段階やポイントは，個々の組織の実情や環境および目的などによって，多少変わってくる．実際には，個々の組織ごとに上述した内容を，その組織ごとの事情に合わせて策定していくことが必要である．

5.2.2 組織機能による違い

　TQM の起源は，第 I 部でも述べたように，大量生産におけるモノの品質をコントロールするための方法論として発生した品質管理である．

　すなわち，検査によって良品と不良品とを区分けし，良いものだけをお客様に提供し，次に，バラツキを減らして最初から良いものを作れるような工程にすることなどが目的である．そのための考え方や方法論として，品質管理という考え方とそのための実践ツールが発達してきたのである．

　したがって，その考え方や方法論のベースはあくまで大量生産品を前提としたモノづくりにあり，品質管理とは製造部門のための管理技術，それ以外の部門にはとっては，元々何の関係もない世界だったのである．

　しかし，お客様のニーズが多様化し，市場での競合が激しさを増していくと，単に「決められた規格を守り，それに適合したものを作ればよい」という活動だけでは厳しい市場競争に勝てなくなってきた．よりお客様に満足いただけるモノづくりを効果的／効率的に進めていくためには，製造部門だけがやる品質管理ではダメだと気付いた．その結果，より上流工程，すなわち設計部門／商品企画部門へと品質管理の対象が広がり，それらの部門が一致協力して活動することで，初めてお客様にご満足いただける商品が提供できるとわかってきたのである．

　さらに，良い商品を提供するだけでは不十分で，アフターサービスやビフォアサービスなど，販売段階での品質管理もキチンと行うことが大切であることにも気付く．結局，「お客様の満足を獲得するには，モノを提供する機能に携わるすべての部門が協力して活動することが必要だ」ということで品質管理は，TQC（総合的品質管理）へとその考え方を広げ，そのための方法論も充実していったのある．

したがって，モノづくりとしてお客様と直接，あるいは間接的に接点を持つ部門は自ずと TQM 活動の対象となる．では，それ以外の部門機能，たとえば，人事／総務／経理／システム／経営企画／研究といった部門は TQM 活動の対象とはならないのだろうか．

ここで再度，TQC の発展過程を通して形成されてきた TQM の考え方や方法論を考えてみたい．それらを思いつくまま以下に列挙する．

- （品）質第一
- 後工程はお客様
- Win-Win
- （品）質はプロセスで作り込む
- 事実にも基づく管理
- バラツキの管理
- PDCA サイクル
- QC 的問題解決／課題達成
- 品質機能展開
- 方針管理
- 小集団活動
- 標準化　など

実に，さまざまな TQC の考え方や方法論が構築されてきた．

どのような部門であれ，後工程を持たない部門はなく，その後工程に提供する機能の質が悪ければ問題となる．また，組織である以上，そこには人が関与する．仕事の結果はバラツキを持ち，活動した歴史も事実（データ）として残る．さらに，どのような部門であれ，完璧なものはあり得ず，何らかの形で問題や課題を常に抱えているはずなのである．

となると，どのような部門であれ，それが人を主体とした組織である以上，前述した TQM の考え方や方法論のいずれもが工夫次第で適用可能なのである．

このように考えていくと，TQM は，考え方 1 つでどのようにでも適用できる柔軟性を持っており，それは使う側の意志によってどのような部門／機能にも適用可能なものなのだとわかってくる．

したがって，組織機能の違いによって TQM の進め方が変わるかという命題に対する結論を言えば，その答えは「特に違いはない」となる．

しかし，TQM の発展過程がモノづくりからきているという背景を持つ以上，モノづくりに直接関わりを持たない部門に適用する場合は，用語の使い方や手法など，それなりの工夫が必要だということは理解しておかなければならない．

さらに，こういった応用をするか／しないかは「TQM を何のために導入したか」，「TQM で何がやりたいのか」など，個々の組織の TQM の基本目的に左右される．間違っても，適用可能だからという理由だけで無理やり不要な部門に TQM を押し付けるといったことは避けなければならない．

5.2.3 組織の階層による違い

組織にはいろいろな形があるが，最もポピュラーなのは，いわゆる階層構造を持った組織形態で，トップから一般従業員まで，本部→部→課→係といった具合に，上位から下位に向かって階層的に組織が構成されている．このような階層的な構造を持つ組織に TQM を導入した場合，「その階層ごとに TQM の進め方がどう変わるか」について解説する．

より上位の組織であればあるほど，TQM で取り組む対象はより経営レベルに近いものとなり，下位に行けば行くほど，より現場第一線の実務的なものが中心となる．

TQM は本来，より実践的／解析的アプローチを指向するものなので，いきなり経営レベルの大局的／抽象的な問題／課題を対象とするより，まずは，より現場に近い実務的／具体的な問題／課題を対象とする方が取り組みやすい．

その意味で，TQM は階層構造の下の方，課レベルあたりからスタートし，徐々に上位組織へ広げていくような進め方が推奨される．つまり，課レベルの問題から入り，その原因を事実に基づいて解析していく過程で，徐々に部レベル，本部レベルと，その対象を広げていくのである．このような進め方は一般に「解析的アプローチ」と呼ばれ，TQM の最も得意と

215

する方法論の1つとなっている．

一方，より上位レベルの問題／課題から入って下位レベルに展開していく進め方も最近では増えており，このような進め方を「システム的アプローチ」と呼んでいる．たとえば，「全社的な品質保証のシステムを構築する」という経営レベルのテーマを取り上げ，そのために各部門がどのような活動をすればよいかという具合にシステム的に発想していく方法である．どちらのアプローチもそれぞれ良い点や悪い点を持っているので，その特徴をよく把握した上で，両アプローチを上手に適用していくことが大切となる．

以上，述べてきたように，より下位レベルの組織では解析的なアプローチ，より上位レベルの組織ではシステム的なアプローチが主体となる性格を持つため，TQMを進めていく場合，「その対象としている組織がどの辺の階層にあるか」をよく吟味し，その階層階層に適した進め方を採用していくことが肝要である．

ただ，5.2.1項で述べたことと関連するが，TQMの導入期から，いきなり経営レベルの問題や課題を取り上げ，システム的に進めていくやり方は，いわゆる「張り子のトラ」になる恐れがあり，あまり推奨できない．やはり，最初は現場の問題や課題から入り，個々の問題／課題を着実に解決し，そういう活動を通して各組織における「TQMの腕」を上げていく，経営レベルの問題／課題は，どちらかというと推進期の中盤以降に取り組んでいくといった進め方が望ましい．

しかし，最近はやりの「グループ経営」／「スピード経営」という観点からすれば，そんな悠長なことは言っていられない．「連結経営という括りでスピード上げて取り組まなければ勝ち組に残れない」という考え方もあり，そういう時のTQM活動をどうするかは，今後の課題と言えそうである．

5.2.4　業種／業態による違い

5.2.2項で述べたように，TQMの考え方や手法は，大量生産品の品質管理から端を発して発展してきた．「デミングサイクルを回して品質保証す

る」という観点から，企画／開発から販売／サービスまでモノづくりの全機能にその活動範囲が拡大し，さらには「プロセスによる品質保証」ということから多品種少量，あるいは一品生産のモノづくりまで，TQM 活動の範疇に取り込んできた．また，「お客様の満足を獲得する」という考え方は，モノの提供に限らず，サービスという「財」に対しても成立するから，サービス業の分野にも TQM の考え方は取り入れられるようになり，一時は「品を取った質管理」という考え方[2]も登場するようになった．

　このように TQM は，お客様第一という基本思想を柱として，そのための管理技術の体系ということで発展してきた結果，どのような分野であれ，工夫次第でどのようにでも応用が利く，実に幅の広い便利な道具立てとなっている．

　したがって，どのような業種／業態であっても，TQM を活用して成果を上げようという強い意志さえあれば，いかようにも適用可能である．

　ただし，前にも述べたように，TQM のオリジンは，大量生産品の品質管理にあるため，用語とか概念／手法の中にはまだそういった大量生産モノづくり時代の痕跡を残すものが結構含まれており，そのまま他の分野に適用すると不要な誤解や拒否反応を生む可能性も否定できない．

　したがって，新しい分野に TQM を適用する場合は，その分野に適した用語や考え方，あるいは手法に適宜焼き直したり，変換したりしていくプロセスが必要となる．

　この変換プロセスは手間がかかる場合もあるので，面倒がって省略してしまうケースも見られるが，そういった準備作業を怠ると失敗する可能性も高くなってくる．むしろ，この変換プロセスこそが，新しい業種／業態に TQM を適用していく際の最大のポイントであると認識することが大切であり，知恵の使いどころである．

　どんな場合でもそうだが，新しい考え方や手法を適用しようとする際，「できない」，「やれない」理由を挙げるのは簡単で，「あそこがおかしい」，「ここが合わない」と，いくらでも問題点を指摘することは可能である．

---

[2] 東京理科大学名誉教授 狩野紀昭先生が提唱した考え方で，TQM 概念の拡大を示唆している．

第5章　TQM 推進のキーポイント

特に，この傾向は保守的な人により多く見られる．

しかし，それでは進歩がない．やはり，「どうしたら適用できるか」，「どんな工夫をすればよいか」など，TQM の考え方を価値あるものとして積極的に活用していこうという前向きの姿勢が必要である．

TQM の世界に限らず，見た目は違っていても，その底流に流れる基本的な考え方や方法論は変わらないという例は，さまざまなジャンルにおいて見ることができる．

以下の事例は，料理というジャンルでの話だが，この逸話はまさに TQM を新しい業種／業態に適用していく場合とまったく同じ意味合いを持っているので，この話を1つのアナロジーとして TQM をより深く理解していただければ幸いである（図5.2）．

【逸話】　和の鉄人に旨い洋食は作れない？

中／伊／仏…はダメ？ → そんなことはない，和の鉄人も旨い洋食を作る！

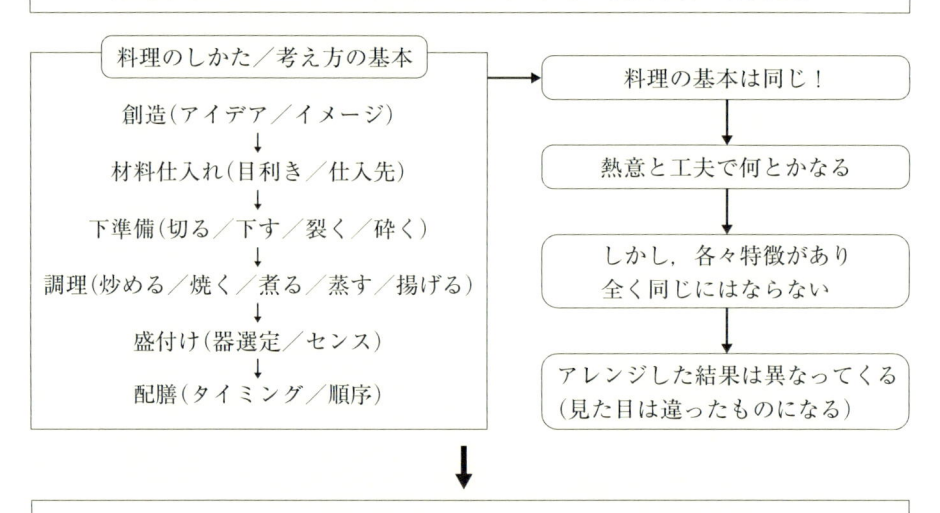

料理のしかた／考え方の基本
- 創造（アイデア／イメージ）
  ↓
- 材料仕入れ（目利き／仕入先）
  ↓
- 下準備（切る／下す／裂く／砕く）
  ↓
- 調理（炒める／焼く／煮る／蒸す／揚げる）
  ↓
- 盛付け（器選定／センス）
  ↓
- 配膳（タイミング／順序）

- 料理の基本は同じ！
  ↓
- 熱意と工夫で何とかなる
  ↓
- しかし，各々特徴があり全く同じにはならない
  ↓
- アレンジした結果は異なってくる（見た目は違ったものになる）

業種／業態／規模ごとに，各々個別の特徴がある
↓
その特徴によって TQM のあり方／進め方／呼び名はさまざまに変化する
（しかし，底に流れる TQM の基本的考え方／思想は変わらない）

図 5.2　和の鉄人でも洋食は作れる

5.3 TQM 推進の極意

　ここでは，会社や組織に TQM を導入/推進していく場合，留意すべきいくつかのポイントについてオムニバス風にごく簡単な解説を加える．
　ここで述べる推進ポイントの意味合いを理解して，それぞれの会社/組織での TQM 推進に活かしていただきたい．

(1)　推進する側とされる側（やるのか/やらされるのか）

　人が本来持っている能力を十分発揮し得るのは，自らの意志で自ら行動する場合に限定される．他人からああしろこうしろと言われてイヤイヤやる場合が最悪で，その次が，強権発動的に上からの命令でやらされる場合である．上からの命令であっても，それに忠実に従うことで自己栄達を図ろうとする場合は，最終目的が自己実現に向かっている分，能力の発揮度という面ではまだマシな方かもしれない．

　しかし，人間本来が持つ「善の心に根ざした真の能力発揮」は，いかなる場合であっても，やはり，自らの意志で自働（自ばたらき）的に活動する場合をおいてほかにない．

　TQM の活動もこれとまったく同様の考え方を背景として持っている．その基本は「人間が本来持つ無限の可能性を引き出していく」点にあり，TQM を推進する場合は，可能な限り他動的な要素を排し，自働的に活動していくことを理想としている．

　前にも述べたが，これを実現するための基本は「納得と共感」にある．この「納得と共感」という高度な精神作用なしに自働的な活動は望むべくもない．したがって，TQM を推進する場合は，いかにこの「納得と共感」を形成していくかということに配慮していくことが肝要である．当然，この「納得と共感」は組織の全構成員が対象となるため，上はトップから下はパートの方々まですべての人を含めて考えていく必要がある．

　しかし，この「納得と共感」は，教室形式で教える単なる教育と訓練ではなかなか形成されず，それなりの工夫が必要となる．なぜなら，「納得と共感」は基本的に各個人の価値観に共鳴させることであるが，この各個

人の価値観が必ずしも一様ではないという厄介な面を持っているからである．したがって，TQM を推進する側は，こういう状況を十分認識した上で，一人ひとりに気を配り，個人の価値観を探りながら地道に説得していくプロセスが必要である．これは，ちょうど和尚さんが釈迦の教えを一般の人に説法していくのと似ているかもしれない．このプロセスを無駄と思うか，価値あるものと思うかによって，その後の TQM の推進は大きく変わっていく．

（2） 当り前が当り前でない世界（基準の違いの認識）

TQM の世界でよく言われる言葉に，「当り前のことを当り前にやるのが TQM だ」という表現がある．確かに，TQM の基本は科学的思考にも基づく管理活動であり，

　　　　科学的　⇒　当然／自明の理　⇒　客観的　⇒　当り前

ということになる．

しかし，現実の世界はそれほど単純ではなく，一般的には当り前と思えることが，ある組織ではなぜか当り前になっていないということが実に多い．また，その逆に一般的には非常識と思えるようなことが，別の世界では当り前になっているケースもよくある．

この「当り前か／当り前でないか」を区別しているもともとの背景は，その社会（組織）における価値判断の基準にあり，それは一般に「常識」という言葉で呼ばれている．

価値判断の基準は，その社会／組織の長い歴史のなかで徐々に培われ，そこに所属する人々の心の中に深く刻まれているものなので，これを打破するのは容易ではない．

会社／組織に TQM を導入してぶつかる壁にはいろいろあるが，この「常識の壁」は最大にして最強の壁の１つである．したがって，これをどう打ち崩していくかが TQM 推進上の大きなカギとなってくる．

たとえば，組立の最終工程など検査と称して調整作業をしているケースが結構あるが，これまで調整するのが当り前と思っている現場では，なかなかその改善に取り組めない．しかし，最終工程で調整しなければならな

いのは，実はそれ以前の工程で品質の作り込みがキチンとできていないからだとわかってくれば，調整すること自体が実はムダな作業なのだという新しい常識が生まれ，その結果，調整作業の改善が進んでより優れたモノづくりのプロセスができ上がっていく．

このような製造現場に限らず，開発部門／販売部門／管理部門，あるいはトップを含めた会社全体など，あらゆる場面で「その組織にとっての常識／世の中にとっての非常識」というものが存在し，それらが TQM（すなわち科学的に当り前のことを当り前にやる活動）の推進を阻むのである．

常識の壁を打ち破らなければ，現状打破は決して行えず，改善も進まない．逆に言えば，この壁を打ち破ることができれば，改善活動の半分は完成したと言ってもよいぐらいである．

TQM を推進する者は，こういった「職場の常識や世の中の非常識をどれだけ打ち崩したか」を推進の管理項目にして，職場ごとに目標を設定するくらいの意気込みで取り組んでいく必要がある．

(3) タテマエとホンネ（理想と現実のハザマ）

TQM をある程度推進していくと，TQM の世界で言っていることが一般の常識ではあっても，実は，それはタテマエではないのかと疑問に感じることが増えてくる．

確かにテキストに書かれていること，最先端の活動を行っている企業の模範的事例など，いずれを取っても自組織の実態とはかけ離れた話で，「とてもそんなレベルの活動などできない．それはあくまでタテマエであって実際はもう少し違うのではないか」と思えてくる．

真面目な推進者ほど，理想的な活動と現実とのハザマで悩んでしまう．そういう場合は，どう考えていったらよいのだろうか．

たとえば，新製品開発など，品質機能展開のしくみをキチンと作り，たくさんの管理資料を作成してガッチリとした開発活動を進めていく話や他社の事例を見ると，「スゴイなあ」と感心すると同時に，「わあ，こんな活動，ウチの会社じゃ絶対できない」と尻込みしてしまうものである．

しかし，よく考えてみると，テキストに書いてあることは，どちらかと

いうと今考えられている最先端のことを書いてあるケースが多く，それを何のベースも整っていない会社ですぐにやれるかと言えば，答えはNoに決まっている．同様に，他社の模範的事例も，その会社が今進めているのが最先端の活動であっても，最初からそのように進めていたわけではなく，何年もの活動の歴史の上に乗って今があるということもわかってくる．当然，その過程では，何回かの試行錯誤もあったろうし，外部には恥ずかしくて言えないような失敗もあったかもしれない．

とすれば，TQMを導入してまだ大して時間の経っていない組織において，何もあわてて最先端の活動を取り入れる理由もないし，必要もないということがわかってくる．どんな場合でも言えることだが，やはり「身の丈にあった活動，分相応の活動を地道に推進する」という姿勢が大切である．これはちょうど「ハリウッドの映画スターが着るような服を格好がいいからといって，スタイルのまったく違う人が着ても全然似合わない」，「海外旅行していてこれはいいと思って買ってきた家具が我が家のリビングには大き過ぎて入らない」などと同じようなことなのである．

TQMも自組織に適したTQMが必ず存在する．それは，テキストに書いてあるものや最先端をいく他社の事例ではないのである．

むしろ，自組織オリジナルのTQMを時間をかけて作っていくことが何よりも大切で，そういうTQMこそが最もその組織にとって役に立つTQMになっていく．

少し言葉を変えて言えば，TQMの推進においては，タテマエはタテマエとして容認し，その上でホンネの議論をしていくことが大切なのである．理想と現実のギャップは推進力を生み出すパワーにはなるが，「理想を追い求め過ぎることで，目の前の現実から離れるようなことがあってはならない」ということである．

(4) 付いてくる人／こない人（アンチ派への対応）

TQMを導入／推進していく場合，必ずと言ってよいほど，TQMに賛同する人，無関心な人，反対する人が，かなりはっきりと色分けされて出てくる．これはマーケティングの理論などで言われている新しい商品を発

5.3 TQM推進の極意

売したときの消費者行動の話,「1：4：4：1の原則」と,とてもよく合致している.すなわち,新しい商品を世の中に売り出した場合,消費者の行動を分類すると図5.3のような層に分かれるということである.

TQMを推進していく場合も,組織構成員の行動にはこういったパターンが必ず存在するということを前提として,その推進計画を組んでいくことが大切である.

まず,先駆者に対してだが,こういう人たちはTQMに対して最初から大変熱心に取り組んでくれるので,推進者としてはとてもありがたい存在と言える.できれば,こういう人たちを早く見付け,各部門の推進者としてうまく配置するようにしていくとよい.

次の層は,積極的なフォロワーの層,すなわち先駆者に引っ張られるようにして導入当初から積極的に参加してくれる人達である.教育／訓練など早い段階から受けさせて,各職場でのTQM活動を推進者と一緒になって盛り上げていくような「しかけ」を工夫すると,比較的短期間で,ある程度のレベルまで一気に進む可能性がある.

その次が,消極的なフォロワー層,こういう人たちは最初のうちは様子を見ていて,あまり自分から積極的に取り組もうという姿勢は見せない.しかし,職場の半分ぐらいがTQMに関心を持って取り組み始めると,おもむろに動き出し,みんなと同調した動きを示すようになる.したがって,こういう層に対してはあまり焦らず,「そのうち付いてくるさ」というくらいの感じで見守っていくのがよい.すぐに付いてこないからといって怒ったりすると逆効果になる.

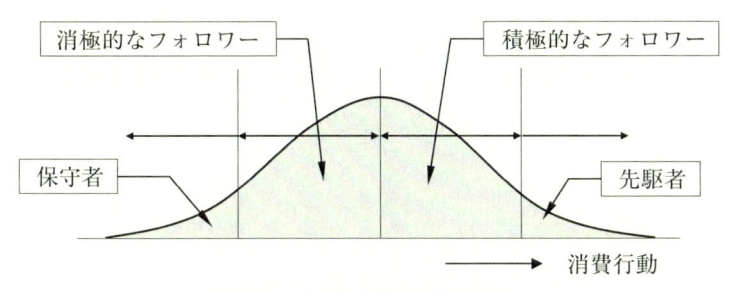

図5.3 消費行動のパターン

最後の難関は，完全な保守層，新しいことには見向きもせず，ひたすら今までのやり方を踏襲していこうとする人たちである．こういう層には，大体何を言っても始まらず，基本的には相手にしないという心構えでいくのがよい．ただし，あまり，そういう態度を露骨に示すのは良くないので，内心では，まあ仕方ないと諦めつつ，表向きは TQM への参画を他の層と同様に働きかけていくことを怠ってはならない．場合により，この層が目覚めると，大変な TQM 信奉者に大変身する場合もあるからである．

（5） 言葉の大切さ（用語を軽視するな）

言葉は，人類の英知であるとともに，その英知を高める原動力ともなってきた．言葉がなければ，ここまで人類の文明が発展することはなかったであろう．

TQM という活動も，基本的には知識と知恵をベースとしたマネジメント技術であるから，知識を広め，蓄え，知恵を生み出し，伝承し，昇華するために，「言葉」という道具を使うことになる．したがって，その言葉の使い方いかんによって，TQM がうまく進むかどうかが決まると言っても過言ではない．

この話は，ちょうど宗教の伝道にも相通じる．たとえば，キリスト教の聖書の冒頭部分に，「まず，言葉ありき」といった表現が出てくるとともに，仏教にも「言霊」という観念があるのと同じである．

しかし，何度も述べたことであるが，TQM のオリジンは製造の品質管理に端を発しているため，TQM で使用される言葉は，概して製造の世界で用いられてきた言葉をベースとしたものが多くなっている．

したがって，TQM のオリジンである製造用語の類いをそのままの形で，それ以外の部門や業種／業態に使用すると，そこにいる人たちにとっては何となく「肌に合わない」，「俺たちの世界ではない」といった妙な違和感が生じ，TQM の入り口で挫折するといったケースが増えてくる．

そういう「何とはなしの違和感」は，実は TQM 推進上，とても大事なポイントである．これを無視してムリに同じ用語で通そうとすると，いずれどこかで破綻を来す．

やはり，可能な限り，自分たちが普段使っている言葉，自分たちの用語に変換して，TQMの考え方や手法を伝えていくことが大切である．

たとえば，検査という言葉はどうだろう．これは，良いものと悪いものとを区分けする製造機能であるが，サービス業の人たちにとっては何とも違和感のある用語と言えるかもしれない．しかし，検査の持つ基本思想が，「後工程に悪いものを流さないためのチェック機能である」と理解できれば，「あっ，そうか，それならわかる」，「ウチの店でもお客様に料理を出す前，シェフが必ず最後のチェックをしているよ．でも，それを検査なんて言わないなあ」となるだろう．とすれば，そういう職場では，何も検査という特異な用語など使わず，例えば，シェフチェックといった言い方をして，検査の持つ機能を言い換えてもよいのである．

このような用語の使い方の問題は製造業同士にも言える．つまり，各社で使用されている言葉は，同じように見えて，実は各社各様であり，それぞれ独自の言語文化を持っていると言ってもよい．したがって，TQM導入にあたっては，テキストに書いてある一般用語や他社の用語をそのままの形で導入するのではなく，自組織の言葉／自組織の用語に置き換えていく努力が必要である．そういう変換プロセス自体，実はTQMをより自組織に役立つ道具に仕上げていくための貴重な道程だからである．

TQMを導入／推進している会社の中には，よく，「TQM用語辞典」や「TQM用語解説集」という類いの社内テキストを作って，全社員へ配布しているケースが見られる．これらは，まさに「自組織の言葉／自組織の用語に置き換えていく努力」を実践している好事例と言えるだろう．

(6) 組織における力学の法則

何か新しいことを組織に導入しようとする際，個人レベルで起きる事象については，すでにマーケティングの話を例にして説明してきた．ここでは，それが組織レベルになった時の問題について取り上げる．

それは，ちょうど，以下のような力学の基本法則（慣性の法則）に酷似している．

第 5 章　TQM 推進のキーポイント

〈慣性の法則〉

　止まっている物体はそのまま止まり続けようとし，動いている物体はそのまま動き続けようとする．

これはどういうことかというと，基本的に，組織には今までやってきた仕事のしかたをそのまま踏襲し続けようとする眼に見えない「慣性の法則」のようなものがある，ということである．この法則はかなり厄介で，TQM を導入しようとする際，必ずと言ってよいほど，ぶつかるカベの 1 つである．個人レベルでは前向きの姿勢を見せても，組織レベルになると，なぜか超保守的になって，何でも "No" となってくる．これはどうも既存の組織が本質的に持つ「組織保存の本能」とでも言いたくなるようなものである．

「今までのやり方の何が悪いのか．なぜ変える必要があるのか．うまくいかないのはやり方の問題ではなく他部門がちゃんとやらないからだ．オレたちのせいではない」など，表現はいろいろだが，結局は適当な理由を並べ，単に今までのやり方を変えたくないというだけの話である．

TQM の考え方の基本の 1 つは「改善」であり，「現状打破」である．PDCA を回して仕事のしかたを変えていくところに TQM の良さがあるのだが，この組織力学の法則にぶつかると，P → D → C まではいくが，そこから A にいかない．

Action がないので改善につながらない．したがって，効果も上がらない．効果が出ないので，逆に PDC までやったことがムダに見えてくる，という悪循環に入ってしまう．こうなった組織は，もはやアンチ TQM の最たるものとなり，何を言っても進まない．よほどの強権発動でもしない限り，ウンともスンとも動かない．

では，どうしたらいいのか．これは大変難しい問題で，すぐに「正解はこうです」と提示できるようなものはない．強硬手段としては，「その組織の長を TQM シンパの人と交代させる」，「社長診断などで揺さぶりをかける」，「人事評価に反映させる」などが考えられるが，こういった強硬手段は見かけは進むように見えても，長い目で見た場合，あまり得策ではないということの方が多い．

やはり，地道に TQM の何たるかを説得し，組織の構成員の多くに納得してもらうというプロセスを時間をかけて行っていくことが，一見，回り道のようで，実は最も理に適った方法ではないかと思われる．いずれにしても，「組織保存の法則」，「慣性の法則」の存在を十分認識して，TQM の推進を計画／実践していくことが肝要である．

ついでに述べておくと，この慣性の法則以外にも，「組織の物理学」と呼ばれるものがいくつかある．いずれも，TQM のスムーズな推進を阻害する大きな壁となってくる．ここでは標題だけを掲げておくことにする．

- エネルギー保存の法則
    - ⇒ 形を変えるだけで本質は何も変わっていない
- エントロピー増大の法則
    - ⇒ よりあいまい化する方向にモノゴトは進んでいく
- 位置エネルギーの法則
    - ⇒ より高いところから低いところにモノゴトは移動していく
- 不確定性原理
    - ⇒ 測ろうとするとなぜか測れなくなる
- 相対性原理
    - ⇒ 自分にとって都合のいいものだけを比較対象として取り上げ，良し悪しを評価したがる
- 最弱リンクモデル
    - ⇒ モノゴトは最も弱いところから崩壊していく

(7) 信頼と信用

上司と部下の関係がうまくいっている組織は，何事においても問題を解決したり，課題を達成したりしていく実行力／基本的パワーを持っているものである．したがって，TQM を推進していく場合も，上司と部下の関係をいかに良好な状態に持っていくかが職場における TQM 推進のポイントとなる．

さて，上司と部下の良好な関係とは，一体どういうものであろうか．

ここでは，あまり難しい話はせず，あくまで職場における上司と部下の

関係を決定付ける基本的な部分のみ示しておく．それは，一言で言うと，「信頼と信用」という言葉で表すことができる．

すなわち，
　信頼：信じて頼る　⇒　部下が上司に対して抱くこと
　信用：信じて用いる　⇒　上司が部下に対して抱くこと
ということである．

　頼りがいのある上司には，部下は黙っていてもついてきてくれるものである．この人についていけば大丈夫という強い信頼感が部下の方にあるからである．

　一方，上司が部下に難しい仕事を任せる時，「こいつならやってくれる」という強い思いがなければ，責任を取らされる上司としては，とても心配で何一つ任すことなどできない．部下を信じているからこそ重要な仕事も任せられるのである．

　この信頼と信用の関係は，ちょうど卵とニワトリのような関係にある．すなわち，上司が部下を信用して任せるから部下の方もそういう上司を信頼するようになる，部下が信頼してくれるから上司としても信用して大事な仕事を任せられるようになるといった関係である．

　したがって，この関係は良い方向に回り出せば，どんどん強化されていく性格を持っている．ところが，その逆に，部下が上司を信頼しなくなると，上司も部下を信用しなくなり，上司が部下を信用しないから部下の上司に対する信頼感も薄れていくといった具合に，事態は悪い方へ悪い方へと進んでいくことにもなる．

　最悪の組織は，上司も部下もお互いを不信感（不信頼／不信用）の塊としてしか見ないようになってしまった組織である．こうなってしまうと，「人間は本来，善である」という思想をベースに構築されている部分が多いTQMの考え方や手法は，その持っている特色や利点を十分活かせず，その機能が停止してしまう．そうならないためにも，上司と部下の信頼と信用の関係が良い方向に回転していくよう，常にお互いが努力していくことが大切である．

　では，どうやってそういう信頼と信用の絆を作っていくかであるが，こ

れはひとえに良好なコミュニケーションをお互いが常に意識し作っていくということに尽きる．何でも話し合える雰囲気と場作りが大切である．ただし，どんなに良いコミュニケーションを図ろうと努力しても，本質的に性格が合わない場合は，いかんともし難いようである．何となくウマが合う／合わないというのは，人間の不思議な一面であり，理屈では片付かない世界だからである．

(8)　やるべきこと／やりたいこと／やりたくないこと

　昔の偉い人が語った警句に，「今一番やらなければならないことは，今一番やりたくないことである」というものがある．確かにこれは，自らの胸に手を当てて考えてみても，「その通りかも知れない」と思えるほど，人間の本質というか弱点をうまく突いている．

　TQMの推進でも，これとよく似た場面に出くわす．例えば，職場での改善活動をスタートさせるときに，よく出てくる例を紹介しよう．

　改善活動のスタート時点では，どういうテーマを選ぶかというところで，最初の壁にぶつかることが多い．その場合，よくある指導方法として，まずは，今職場で抱えている問題点を何でもいいからリストアップし，それを絞り込んでいくことで活動テーマを見付けようといったことがある．

　しかし，そういうプロセスを経て各職場から挙がってきた活動テーマを見てみると，「エッ，この程度の問題が本当に重要なの？」，「こんな問題，本当に職場を挙げて解決するようなものなの？」と疑いたくなるようなテーマが，実に多く散見される．そこで，各職場といろいろミーティングしていくと，「いや，本当の問題は別にあるが，その解決は大変だから止めた」，「確かに重要性は認識しているが，取り組みやすさを優先させた」などいろいろとホンネが出てくる．そういうやりとりをした後，どうなるかというと，

①　やはり「本当に重要な問題を取り上げよう」ということで活動テーマを変えてくる職場

②　「まあ今回は勘弁してよ」ということでテーマを変えてこない職場

の2つに分かれてくる．当然，その後の活動では，本当に重要な問題を取り上げた職場は悪戦苦闘し，期限内に完了しないケースが増えてくる．しかし，お手軽なテーマを選んだ職場は，最初から取るべき対策もわかっているので，報告書の形式だけ整えて期限内にキチッと完了報告をしてくる．したがって，テーマの解決件数だけで各職場の推進状況を見てしまうと，解決件数の多い職場の方がよくやっているという風に評価してしまいかねない．しかし2～3年というスパンでその後の活動を見ていくと，本当に重要なテーマを選んで悪戦苦闘していた職場の方が，相対的にはTQM活動のレベルが上がっているということも歴史が語る事実である．

このように，「今やりたくないと思いがちなテーマほど，実はその職場にとって最も先に手掛けなければならない最重要問題である」ということは，よくある．そういう重要問題に正面から取り組んでいく姿勢こそが，実は大切なのである．

先ほど，「ホンネでやるTQM」，「身の丈に合った活動を」という話をしたが，これは，ともすると，人間の弱さを前面に出し，「弱いんだからしかたがないよ．この辺でいいんじゃない」という風に安易に流れるTQMと誤解される場合もあるが，本質は決してそうではない．「本当に重要な問題，今取り組まなければならない課題，やって役に立つ活動をTQMでやろうよ」ということが，実はホンネのTQMの真髄であり，「本気のTQM」なのだと理解していただきたい．

(9) 誉めるか／叱るか

TQMの考え方の1つに「悪さ加減の追究からスタートしよう」というものがある．これは，仕事を改善していくという目的を考えた場合，「良さ」よりも，まず「悪さ」に注目し，その悪さを発生させている原因(すなわち，仕事の仕方の拙いところ)を発見して，それを除去していくといった方法論の方が「良さ」を求め，そのあるべき姿を作っていくという方法論よりも取り組みやすさや確実さなどの面で，より優れているという考え方による．

この「良さ」よりも「悪さ」に注目した方が原因が見付けやすいという

5.3 TQM 推進の極意

原理の背景には，管理図の世界で誕生した「異常」という考え方がある．

仕事のしかたも含め，モノゴトのしくみは，もともと良い結果を生み出すことをねらいとして作られているはずで，良い結果が生じるのはむしろ当り前であり，「正常な状態」と言える．当然，良い結果を生み出した原因は，そのプロセスの全域にわたっており，どれがそのキーファクターになっているのかを探り出すことは大変な作業となる．

一方，当初の意図に反して望ましくない結果が出た場合，それは正常な状態とは言えず，まさに「異常な状態（常と異なる）」となっている．そういう異常が発生したということは，そのプロセス（仕事のしかた）のどこかにその異常を生み出した原因が必ずあるということである．異常原因は正常以外の要素，すなわち当初の設定からズレている要素や変化した要因のみを探していけばよく，それは比較的容易に突き止められるはずなのである（これが管理図の基本思想となっている）．

さらに，重要なポイントは，悪さには必ず「痛み」が伴っているということである．意図しない悪い結果が出たということは，当然，それまでに投下した資源や活動がすべてムダになったことを意味する．そのため，責任者にとって，その悪さは相当な痛みとなっているはずである．しかし，そういう「痛み」は，逆に仕事の改善という面では，何ものにも代え難い，強い「推進力」に変わる．痛みが強ければ強いほど，二度と同じ失敗はしたくないという強い思いが生まれ，それが仕事の改善に対する追い風になっていく．

このように仕事の仕方を改善していこうとしたら，「良さ」よりもまずは「悪さ」に注目していく．その方が真の原因も見付けやすいし，また改善へのニーズも高くなる．

しかし，この「悪さ加減の追究」[3]という考え方が有効に作用するには，大変重要な大前提があるということも忘れてはならない．それは，"顕在化された「悪さ」に対して決して怒ってはならない"ということである．

「悪さ」は，仕事のしかたを改善していくための重要なインデックスで

---

3) 早稲田大学名誉教授 池澤辰夫先生が提唱した考え方で，改善活動の進め方の基本姿勢を示唆している．

あり，あくまで改善という目的を達成するための手段（便法）であるという風に考えることが大切である．

「悪さ」とは，基本的に最終的なアウトプットが目的通りになっていないということだから，結果に責任を持っている人たちからすると，大変な事態であり，担当者を怒鳴り付けたり，その責任を追及したりしがちである．しかし，それをしてしまうと，今後は二度と「悪さ」が表に出てこなくなり，その後の改善活動はストップしてしまう．顕在化された「悪さ」に対して決して怒らない．むしろ「悪さ」を顕在化したことに対して，「よく見つけてくれた」と誉める．逆に，「悪さ」を隠すことに対しては叱る（怒るのではない）．そういう上司の姿勢が非常に重要である．それこそが，職場でのTQMがうまく進むかどうかの大きなカギを握っていると言っても過言ではない．

(10) 推進の極意／しかけ（揺さぶりと節づくり）

以上述べてきたように，会社／組織にTQMを導入／推進していこうとする場合，実に多くの推進阻害要因（推進の壁）が存在していることがわかってきた．したがって，それらの阻害要因をうまく除去していけるかどうかでTQMの推進がうまく行くかどうか，そしてTQMが組織の目的達成に役立つかどうかが決まっていく．

当然，どうやってそれらの阻害要因を除去していけばよいのか，その具体的方法が知りたくなる．

しかし，その方法論は概してケースバイケースであることが多く，ある組織でうまく行ったからそれが別の組織でうまく行くかというと，必ずしもそうとは限らない．

何度も言うように，個々の組織で環境や組織／風土／体質など，前提とする条件が異なるため，どの方法論も結局はある特定の条件下でのみ有効化する個別限定論となってしまうからである．

とは言っても，何かしら指針みたいなものは必要である．そのため，ここでは，推進の極意というほどではないが，TQM推進上の「しかけ方」を一つの参考として示しておく．

それを一言で言えば，

　推進の仕掛けは「揺さぶり」と「節づくり」にある．

ということになろう．

　ここでは「揺さぶり」についてのみ解説しておく．

　さて，あなたは，たとえば，柱に刺さっている錆びたクギを引き抜こうとするとき，どうするだろう？

　いきなりさび付いたクギを引き抜こうと力を入れると頭が取れたり，途中で折れたりして失敗することが多い．普通はそうならないようクギの頭を持って左右に何度も動かし，多少ユルユルにしてからクギ抜きか何かでゆっくり引き抜くといった方法を取る．

　実はTQMの推進も，これとよく似ている．すなわち，現状維持に凝り固まっている組織や人に対し，いきなり強硬的方法で従わせようとしてもなかなかうまくいかない．下手をすれば人も組織も壊れてしまう．それよりは，まず前後左右に揺り動かすことで，凝り固まっている部分をユルユルにするという操作を先行させた方がうまくいく場合が多い．このユルユルにする操作のことを推進サイドの言葉では，「揺さぶりをかける」と呼んでいる．

　多くの場合，ユルユルになるのは主として「心の部分」である．職場の人達の頑なに閉ざされている心をジンワリ和らげたり，あるいは少し脅しをかけてこじ開けたりするのである．

(11)　北風と太陽

　揺さぶりをかける方法は大きく分けると，「北風タイプ」と「太陽タイプ」に分けられる．どちらも基本は「人間の弱点を突く」ということである．人間は誰でも何かしら弱点を持っている．そこをうまく突くことで，揺さぶりをかけるのである．

　上司や権力に弱い人には北風タイプが有効で，どちらかと言うと脅しをかけるような「しかけ」を工夫するのがよい．逆に，人情や涙に弱いタイプの人には，心情に訴える太陽タイプが有効である．北風も太陽もあまり効かないのが理論派タイプだが，そういう人たちはむしろTQMの本質

を正しく理解させるのが最も有効で，別に揺さぶりをかける必要もない．

(12) TQM を学ぼうとする人が陥りやすいワナ

　特に TQM に限らないが，何かを学ぼうとする人にとって，以下のような陥りやすい2つのワナがある．
　　A：事例をほしがるクセ(モノマネ体質)
　　B：マニュアルをほしがるクセ(how-to 至上主義)
　これは，小学生時代からの学習体験が尾を引いている感じがする．すなわち，例題と基準解答による学習，基準解答の丸暗記，それを適用するだけの演習，記憶力を試すだけのテスト，問題は上から提示され，それを解くことが勉強，などといった小さい頃からの長い教育体験である．その結果，「例題と基準解答で理解する」という思考パターンが固定化し，結果として，「水平思考が苦手」，「概念理解が下手」，「経験知識を上位概念に昇華させられない」，「失敗知識(暗黙知)のナレッジ化(形式知化)がなかなかできない」といった処々の問題を引き起こしてきた．
　この「例題と基準解答」という思考パターンは，組織の中では，「他人／他社の適用事例」という言葉に置き換えられる．一般論では理解できないので，他社事例／適用事例をほしがる．さらに，その事例も自社(職場)に類似した事例でないとダメ，適用する場合も他社の事例をそのまま自分の会社(職場)に適用したがるといった傾向である．
　確かに，他社事例は理解を深めるには役立つが，自社／自分に役立つ道具になるとは限らない．事例をほしがる人は，モノマネとベンチマーキングとを混同している可能性も高い．ベンチマーキングとは，ベストプラクティスと自分との違いとを比較研究することによって，自らの強み／弱みを発見する活動であり，モノマネとは本質的に異なる．
　一方，「マニュアルをほしがるクセ」とは，形や結果を求める姿となって現れる．その背景の1つは「目的喪失病」．つまり「勉強したけど何をしたらいいのかわからない．だから how-to モノの教科書がほしくなる」ということである．2つ目は，「成果主義の蔓延」，つまり「早く結果を出したい，成果を上げたい，スピード第一，試行錯誤などしている余裕はな

い，だから手軽な指南書がほしくなる」ということである．3つ目は，「標準先行主義」，つまり，「形を作ること自体が目的化する．どうすればいいかが知りたい．とりあえず形さえできればいい．だからマニュアルをくれ」ということである．

　文化論的に見ると，マニュアル文化は欧米文化とも言える．欧米文化を一言で言えば，統治と契約の文化，すなわち，植民地での異文化統治と性悪説を前提とした契約社会である．こういう文化では必然的にマニュアルによる統制が発展する．明治以降，日本は欧米化を強く指向してきた．そのため，欧米文化が優れているように見え，マニュアル文化が進んだ．特に，近年はこの傾向に拍車がかかり，「how-to 指向型アプローチ」が流行してきた．

　確かに，マニュアルを使った仕事の進め方は，一見，早く立ち上がるように見えるが，長い目で見ると，途中で行き詰まってしまうことも多い．真に会社／組織に役立つアプローチは，「苦労しながら一つひとつ壁を乗り越えていくような進め方」，「徐々にではあるが着実に前進していく進め方」，「会社の特徴を十分反映した手作りのやり方」である．これは日本的 TQM の継続的改善の思想に反映された考え方である．

　よく，既製服かオーダーメイドかという言い方をするが，マニュアルによるアプローチと独自開発によるアプローチのどちらを指向するかは，結局，その人の価値観による．進化のレベルを時間経過の中で見ると，マニュアル型は仕事／ルールばかりが増えて効果が出ない．一方，独自開発型は試行錯誤に疲れて途中で挫折するといったマイナス面をお互い持っている．しかし，ホンモノづくりを目指すのであれば，やはり自社にとって真に役立つ道具は自分たちで苦労しながら作っていくしかない．

　本当に会社／組織にとって役に立つ TQM は，「やはり苦労しながら一つひとつ壁を乗り越えていくような TQM」，「徐々にではあるが着実に前進していく TQM」，「その会社の特徴を十分反映した手作りの TQM」など，その会社独自に構築した TQM ではないだろうか．

(13) 職場でのTQMをどう進めるか

　結局，TQMとは何かと言えば，広義の意味では，「品と質を管理していくための手段の体系」という風に言ってもよいだろう．ここで，「質」とは「○○の質」というように，何らかの目的語が必要となる言葉である．そのため，「何の質か」というところがキーとなり，そこをどう定義するかによって各組織のTQMの形が決まっていく．

　ある会社は「品モノの質」だけをTQMでやる．ある会社は「仕事の質」まで含めて活動する．また，ある会社は「経営の質」まで対象とする．それぞれTQMで管理したい対象は違ってくる．その違いにより，一般に言われているTQM体系のどの部分を採用していくかが決まっていく．選択権はあくまで会社や組織の側にあり，その会社や組織のトップが決めていくものなのである．

　したがって，各職場で進めるTQMも会社／組織がどういうTQMをやろうとしているかによって決まってくる．間違っても一般で言われているTQMとはこういうものだから，ウチの部門でもそういうTQMをやらなければならないという風に考えてはならない．

　「我が社のTQMはこういう目的のために，こういうことをやろうと決めた．とすれば，自分の部門がそこで果たすべき役割はこうなるはずだ．だから，こういった計画でTQMを進めていこう」という風に考えていただきたい．

(14) 結局，TQMをやっている／やっていないの違いは何か

　このように「TQMには，各社各様にさまざまな形がある」と考えるのが正しい．となると，以下のようなTQMに対するよくある疑問も，案外，スンナリと回答できる．

- TQM宣言しないとTQMをやっていると言えないのか？
- TQM推進組織がないとTQMはできないのか？
- 方針管理をやっていなければTQMではないのか？
- TQMという名称を使わないとTQMではないのか？　など

　どのような会社でも，何らかのアウトプットを提供している限り，その

質に対する保証や，その質を高めていく活動は必ず行っている．ただ，そのあり方や進め方／レベルが各社ごとに異なっているだけである．

とすれば，何をもって TQM をやっていると考えたらよいのか？

要は，そういった「質」の管理の仕方が科学的／合理的に進められているかどうか，「品」という概念（お客様志向）を組織として持っているかどうかということに尽きよう．

もし，今，「問題が発生している」，「課題が見えているのになかなか動かない」，「今進めているやり方がどこかおかしい」，「何かが間違っている」といった矛盾点や疑問点があれば，そこには必ず合理性／科学性が欠如，ないしは追究しきれていない部分が存在する．

そういったことを職場のみんなで話し合い，みんなで取り組む，それが TQM だと考えたらどうだろうか．「TQM なんてそんなに難しいことじゃない．もっと気楽にいこう．でもタテマエはなし，ホンネで勝負」そういう感じのスタートがあってもよいのではないか．

5.4 TQM 推進におけるその他のポイント

前節で述べてきた 14 個の推進ポイント以外にも，まだまだ多くの推進ポイントがある．ここでは，その項目（標題）と簡単な解説だけを列記しておくので，そこに流れる雰囲気を感じ取ってもらいたい．

1) 納得性の大切さ（真の心はウソをつかない）

納得とは自分の奥底にある真の心との対話である．その心が「そうだね」と言えば，そこにはウソは存在しない．だからこそ，ホンネの TQM を進めていくには，まず納得ありきからスタートしていきたい．

2) マンネリ打破は「節づくり」で打ち破れ

人間の持つ弱さの 1 つに「同じことを続けていると飽きてくる」性質がある．TQM 活動もこれと同じで，長年，同じことを繰り返し続けていると，どうしても飽きが出て，いわゆるマンネリ化現象が職場のアチコチで

第5章 TQM推進のキーポイント

起こってくる.

これを防止する1つの手立ては,「節をつくる」ことである. これは「目的地に至る街道の要所要所に一里塚(マイルストーン)を置いて旅人の心を励ます」,「毎年, 決まった時期に祭(祭事)を設けて終わりのない農作業の息抜きを図る」,「年越しという一年の区切りを作ることで商いの切り替えを図る」といった生活の知恵に見られる工夫と同じである.

TQM推進における節づくりには, いろいろなアイデアがあるが, 大きくはデミング賞挑戦, 小さくはトップ診断やQC大会といった行事を企画することで節づくりができるようになる.

3) 継続こそが力なり

TQM活動は基本的に終わりのない活動である. 節目としての中間的なゴールはいくつか設定されるが, 組織が存在する限り, ほぼ永遠に続く活動と言ってもよい. 打上花火のようにドーンと上げてパーッと咲いてハイおしまいという世界ではなく, 継続していくことで初めて意味や価値が生まれてくる活動なのである. だからこそ楽しくやっていくことが大切で, TQM活動が苦痛に感じるようでは継続は難しい. したがって,「いかに楽しくやれるか」を常に考えていける推進者が良い推進者といえよう.

4) 正解は求めるのか／作るのか

TQM活動に基準回答はない. それはそれぞれの組織が抱える問題や課題がそれぞれ組織固有のものだからである. つまり, 回答は求めて得られるものではなく, 自分たちで苦労しながら長い時間をかけて徐々に作り上げていくものなのだということである. その努力を惜しんではならない.

5) 眼と耳に訴えよ(「見える化」,「聞こえる化」それは右脳への刺激)

人が外界からの情報を得る器官として最も鋭敏なのは眼であり, 視覚から入る情報量が最も多い. その次が耳であり, 聴覚の発達が外界情報の流入量を飛躍的に高めることにつながる. これらの器官を通じて入ってきた情報が脳を刺激することで, さまざまな人としての営みが進んでいく. 特

に，情緒系を司る右脳への刺激は眼や耳から入ってくる感覚的情報が効果的である．

したがって，TQM 活動を推進していく際も，いかに視覚や聴覚に訴えるかということを常に意識しながら，いろいろな推進活動を画策していくことが必要である．最近流行の「見える化」や「聞こえる化」は TQM 推進活動においても重要なキーワードといえよう．

6) 双方向コミュニケーションの大切さ

人同士の営みを円滑にしていく潤滑剤はコミュニケーションである．コミュニケーションの良し悪しによってものごとの成否は 180 度変わってしまう．人と人との関係性は組織の上下関係とか利害関係，家族であれば血縁関係というようにさまざまだが，その原点にあるのはすべて人同士のコミュニケーションである．お互いの意思の交換によって初めて双方の関係はつながっていく．

当然，TQM 活動の成否も人と人とのコミュニケーションの良し悪しに大きくディペンドしてくる．したがって，TQM の推進にあたっては，トップ／上司／部下といったタテ系列の関係だけでなく，あらゆる組織，第一線の現場／お客様／協力業者など，まさに 360 度での双方向コミュニケーションを常に図っていくことが大切となる．

7) デミング賞／品質奨励賞／ISO 9001 などの推進上の意味

これは「節づくり」のところでも述べたが，TQM 推進の要諦の 1 つは，TQM 活動のマンネリ化をいかに排除し，いかにして自組織の TQM をより高いレベルに引き上げていくかを画策することにある．そして，その節づくりのツールとして，デミング賞や品質奨励賞などの品質賞があり，ISO 9001 などの認証制度があるという考え方である．

8) やはりトップの姿勢が推進の原動力

TQM 推進の対象が組織活動である以上，その組織を引っ張っていくトップの意向や態度がすべての原動力になるのは当然である．したがって，

TQM活動が前に進むかどうかは，やはりトップのリーダーシップいかんにかかっている．その意味でも，推進者はトップとの距離を縮め，常に情報を交換し，トップが何を考えているかを知る一方，トップに何をしてもらいたいかを言い続けていくことが求められる．

9) 困った時は外部の力を利用せよ

組織を動かす動かし方にはいろいろあるが，TQMの推進においてはトップを含め，組織内部の力だけではどうにも動かない場面が必ず出てくる．そういう時は，TQMの専門家など，外部の力をうまく利用するのがよい．この場合，単に「先生にお任せ」という意識ではダメで，先生とのコミュニケーションをしっかり取りつつ，先生に何をしてもらいたいかということを明確に打ち出していくことが大切である．「あくまで主体は自分たちにある」という気持ちを忘れてはならない．つまり，先生から指導を受けるのはTQM推進のステアリング（舵取り）であって，答えを求めるコンサルティングではないという意識が必要である．

10) 「お客は誰か／何を保証するのか／満足しているか」を常に繰り返せ

TQMの根底に流れる基本思想はやはり品質保証にある．「品」と「質」の議論がされないTQMは本当のTQMとは言えない．この品と質の考え方を形成する元は，「お客様は誰か」，「何を保証しているのか」，「お客様は満足しているか」という3つの質問というかキーワードに代表される考え方にある．したがって，TQMの推進にあたっては，常にこの3つの質問を心の中で繰り返し，TQM活動の方向性を見失わないようにしていくことが大切である．

11) 標準化はTQMの基本，しかし先行させるな

TQMの導入時に見られる典型な誤りに2つのパターンがある．1つは，導入後，すぐに方針管理のような経営管理ツールを導入して経営目標の達成を短期間に図ろうとする組織である．もう1つは，いきなり品質マニュ

アルなどの標準づくりに励む組織である．どちらの組織も TQM の本質からはやや離れた方向に進んでいきやすいので注意が必要である．

　TQM の本質はやはり長い目で観た経営体質の改善にあり，そのベースは人と組織で構成される日々の仕事の仕方をどう改善していくかという点にかかっている．日々の仕事を支える道具立ての 1 つに標準化があるので，ともすると標準づくりに奔走しやすいことは理解できるが，標準づくりといった「形から入る TQM」[4]が先行すると，TQM 活動が形式に陥る危険度が増し，実態と遊離していくので注意が必要である．

　また方針管理も，そのベースとなる組織能力は「C からの PDCA を回す能力」，すなわち問題解決力と日常管理の力であり，まずはこの 2 つの能力を高める活動を先行し，組織の実力がついてきてから方針管理に入っていくという進め方を推奨したい．

12)　OFF JE と OJE とをバランス良く配置せよ

　「TQM は教育に始まり教育に終わる」というように，人財の育成が TQM 推進における重要なキーワードとなっている．この人財育成にあたっては，人を「訓練」するのではなく，「教育」していくことが求められ，教育の仕方のレベルアップが TQM 推進のターゲットとなっていく．座学中心の OFF JE だけでなく，実践を通じた On the Job の教育（OJE）をうまく組み合わせて，人の育成を図っていく工夫が求められる．

13)　鉄は熱いうちに打て（教育効果半減 3 カ月の法則）

　教育，特に座学による教育の場合，そこで習ったものの大半は知識であり，知識は時間とともに減衰していく性格を持つ．その減衰のしかたは人によってさまざまだが，何の手も打たなければ，多くの場合，ほぼ 3 カ月程度で，得た知識の半分が消失していくと言われており，これを「教育効果半減 3 カ月の法則」と呼んだ．したがって，教育のやりっ放し，後は本人の自覚次第といった放任主義はあまり好ましくない．やはり，教育が終

---

[4]　早稲田大学名誉教授 池澤辰夫先生が提唱した考え方で，形式に陥りやすい TQM への警句としている．

了したら，すぐに何らかの手を打って，教育で得た知識を実践に活かしていく「しかけ」を用意することが，TQM 推進においては重要な活動となる．「鉄は熱いうちに打て」は，TQM 教育における1つの至言である．

14) 維持は後退の別名（マネジメントにおける相対性原理）

管理活動は「維持」と「改善」の2つから構成され，どちらも TQM における重要な活動として位置付けされている．維持機能の代表格が「標準に基づく管理」，すなわち SDCA の思想である．しかし，よく誤解されることではあるが，現状維持と SDCA とはまったく別の概念である．にもかかわらず，現状を維持していくことを SDCA だと勘違いしているケースが散見される．

「現状維持」とは，基本的に SD（標準を作って標準通り実施する）の機能しかなく，良くて SDC（標準を作り実施し評価する）止まりである．SDCA と何が違うかというと，A（Act）すなわち「処置する」というハタラキがあるかないかということである．

SDCA は，標準と実施した結果との対比によって明らかとなったギャップに基づき，仕事の仕方や標準の中身を改定したりする活動が処置であるから，これは明らかに改善機能なのである．つまり SDCA は，言葉としては「維持」と言いながらも，その本質的意味は改善にある．

そして，TQM が思想として掲げる「維持」の裏にある基本的背景は「世の中は常に変化し続けている」ということである．その変化を無視して自分たちだけが現状維持しているつもりでいたらどうなるか．当然，それは後退にしかならないのである．

したがって，本質的な意味で現状を維持していこうとするなら，周りの変化に応じて自分たちも常に変化し続ける，すなわち，常に改善をし続けていかなければダメなのである．これを「マネジメントにおける相対性原理」と呼ぶ．

15) "悪魔のささやき"から目をそらすな

人の本質は「弱さ」にある．この弱さは人類が進化の過程で連綿と受け

継いできた生物としての本能（小脳：旧脳）に由来する．厳しい環境に打ち勝ち，他の生物との生存競争に勝ち残っていくためには，まずは個体生命としての維持が基本であり，生命を脅かすものへの対応が必須であった．進化の過程で獲得した対応能力の大半は小脳に蓄積され，それが現在でも人の行動の多くを支配する．「生きるためには手段を選ばず」．これが小脳の支配するテーゼといえよう．

一方，人は進化の過程で「考える」という機能を発現し，それによって新しい脳（大脳）を発達させ，これが他の生物との決定的な差となった．この新しい脳は人としての自覚を醸成し，より高度な文化と人としての尊厳を形成するに至った．「善きことを為す」という言葉はまさにこの新しい脳が獲得した概念である．

そうすると，一人の人格の中に，古い脳と新しい脳が共存する形となり，これが善悪という概念をもとにした二元論の世界が誕生する素地となった．たとえば，道端に倒れている病人を見て，これを助けようとする心は大脳の指令によっている．一方，先を急ぐから見て見ぬふりをしようとする心は小脳の指令によると考えればよい．どんな場合においても，こういった心の中の葛藤が人間には必ず起こり，最終的には，どちらかの脳が勝利して，それに基づく行動を取ることになる．天国と地獄／神と悪魔／解脱と煩悩など，人の生き様を二元論的に扱おうとする考え方は，このような心のメカニズムによって起きてくる．

性悪説は「人は小脳に支配される」と考え，性善説は「大脳によってこそ人は昇華され得る」と考えている節がある．筆者は，この大脳と小脳が葛藤することが人の本質であり，だからこそ人は弱いという「性弱説」を提唱している．

TQM の推進においても，この心の葛藤が至る所に登場する．性悪説的に推進するか，性善説的に推進するかは，その人の価値観と場の環境によるので，一概に決められないが，TQM という思想からすると，性弱説的な対応が最も TQM 的ではないかと考える．標題に書いた「悪魔のささやき」とは，まさに小脳がささやいている言葉と言ってよい．この悪魔のささやきこそが，TQM の正常な推進を阻害している 1 つの大きな要因に

なっていることが多い．したがって，ここから眼をそらさず，むしろそこに光を当てていくことが，ホンネのTQMを構築していく上で重要なキーポイントとなる．

16） 人を見て法を説け（ウソも方便ということがある）

TQMの考え方を伝えていく方法は，一概に決めず，その人その人によって変えていくことが肝要である．これは釈迦の教えを説く和尚さんの考え方，すなわち「ウソも方便」という思想にも通じる．一人として同じ人はいない．誰もがそれぞれの生立ちや経験を経て，現在の自己がある．したがって，TQMの考え方を説く際も，その人の特性に合った形で説いていくことが必要で，人を見ずに同じ方法で説いても，その効果は薄いと知るべきである．

17） 形を追い始めたら赤信号

「TQMとはこういうものだ」という一般形は確かにある．しかし，「それがすべてであり，それ以外のTQMはダメだ」という考え方に陥ると，自ずと形を追うようになる．何度もいうように，TQMの原則は変わらないが，その形は自分たちの特徴に合わせて，自らが作っていくものであり，他人が作ったものや本に書いてあるものが，自分にとっての理想形ではないのである．

とすれば，形を追い始めたTQMは，まさに赤信号である．一旦停止し，その進むべき方向性を再確認していくことが求められる．

18） "中だるみ"の恐さ（それはジワジワとやってくる）

継続していくことがTQMを効果的に活かす道ではある．だからこそ，マンネリ化現象は避けて通れない関門となってくる．「一生懸命やっているつもりなのに，なぜか気合が入らない．みんなの目の色もイマイチだ」という状態が見えるなら，これは中だるみの現れと言ってもよい．厄介なのは，この現象は急にやってくるのではなく，ジワジワとやってくることである．ジワジワとやってくるものに，人はなかなか気付かない．「気付

いたときにはもう手遅れ」ということが世の中にはよくある．これを「ゆでガエル現象」と呼んでいる．

したがって，TQM を推進するものは，常に問題意識を失わず，アンテナを四方に張り巡らせて，この中だるみ現象の兆候をキャッチする活動を怠ってはならない．

19) 三遊間に飛んだボールは誰が取る？

草野球を見ていておもしろいのは，三遊間に飛んだゴロ，フラフラと上がった内野フライを誰がどう処理するかということである．よく訓練されたチームとそうでないチームとの差はこういうところに現れる．このような連携プレーの妙は，そういう場面がどれだけ事前に想定され，そのときの処理方法をどう決め，そういう練習をキチンと普段からやっているかということに帰着する．

組織で発生する慢性問題の多くは，この組織間のハザマで起きる．したがい，守備範囲の中間で起きる問題や起こった事態にどう対処するのか．これはまさに TQM 活動の基本となる．TQM を推進する者は，いかにそういう視点をもって普段から気配りし，TQM の推進をしかけているかということになる．

20) 罪を憎んで人を憎まず(TQM の基本は性善説)

TQM の推進は「性弱説だ」という話をしたが，日本で進化した TQM 自体の本質は，性善説の上に立っている．たとえば，不適合品が市場まで流出してお客様に多大な迷惑をかけた事例を掘り下げたら，ある作業者のミスが原因だったとしよう．この時，この作業者を叱ってみても始まらない．「なぜこの作業者がミスしたのか．意図的にミスしたはずはない．ミスに至る原因が他にあるはずだ」と考える．さらに，「たとえミスしたとしても，なぜそれが次の工程で発見できなかったのか」という風に考えていく．これが性善説に基づく活動である．人に原因を求めていくのは簡単だが，それでは仕事の仕方やしくみは改善されず問題もなくならない．なぜなら，人が変わることで，また同じミスは起こってしまうからである．

第5章　TQM 推進のキーポイント

やはり原因系は人ではないところに求め，そこに手を打ち，真の再発防止を図っていく．それが TQM という体系の考え方なのである．つまり，「罪を憎んで人を憎まず」，この思想の徹底が良い組織を作っていくことにつながる．

21）　他責への逃避に気を付けろ（原因と言い訳の違い）

工程の 5M の中には必ず Man，すなわち人の要因が潜んでいる．人の要因は，当然管理の対象になる．特に，組織活動において，責任と権限という領域があいまいになると，さまざまなところに不具合が生じてくる．TQM の活動は組織で進める活動ゆえ，組織の役割分担とそれを規定する責任と権限が大事なキーワードとなる．結果として生じた問題の原因系を探求していく際，この役割分担のあり方をよく見て，組織の責任の所在を明確にしていくことが大切となる．

しかし，人は弱い生き物ゆえ，責任追及が始まると，自己防衛反応が一挙に湧き出し，原因ではなく言訳が横行するようになる．そして，その大半は自分たちの責任ではなく，他部門，あるいは外部の環境に原因を求めるようになっていく．この傾向が出ると，そこから先の原因追究はとん挫し，真の再発防止は望めない．やはり，TQM をホンネで進めていくには，組織活動の問題点は，それぞれの役割分担に応じて，それぞれの組織が自責としての究明を真摯に行うことが求められる．そのためにも，組織の責任は追究しても，個人の責任は追及しないという姿勢が大切となる．

許される紙幅が限界に近づいてしまったため，以下は項目だけを挙げることでご容赦いただきたい．もし，チャンスがあればその時改めて解説を加えていきたい．

- バラツキを利用せよ（推進の管理項目）
- 管理項目の良し悪しが成否を分ける
- 質問の仕方で方向性が決まる
- 自らのチェックリストを作れ
- ベクトル合わせが推進者の仕事

- 推進者は御用聞きか芸者か
- トップの側用人になるな(トラの威を借るキツネは不信の元)
- NHK「プロジェクトX」に学べ(皆,感動に飢えている)
- 10年で人は入れ替わる(教育訓練の継続と思想の伝達)
- 迷った時は原点に戻れ(羅針盤は壊れることもある)
- 反省は幽体離脱の感覚で(木を見て森をイメージせよ)
- 宝の山は足元に(真の問題/真の答えは現場にある)
- 最終ゴールは推進室がなくなること
- 引張るよりは押しに徹せよ
- 黒子の喜びを味わおう
- ウサンくささは結局見破られる
- 押していることに気付かれるな
- 追い込むよりは,かつぎ上げよ
- アンチこそ最大の理解者となる
- 推進ストーリーを熱く語れ(モノ語りとコト語り)
- Win-Win は心の満足
- 品質の定義に徹底的に拘れ
- 失敗に関する10のパターンを知れ
- シアワセ/満足感の構造が推進のカナメ
- 人間の器はいかんともし難い
- 推進の基本機能,それは4つの「仕」
- 「偶然の必然化」にダマされるな
- 両手モデル,人は忙し過ぎると「心を亡ぼす」
- DNA 原理主義,この構造を組織文化の構築に活かせ
- 定性モデルの詭弁に気を付けよ
- 生物の基本原理/メカニズム/環境と進化論モデル
- 品質問題発生の基本要素,それは3HKIM
- 観ることの限界,見たくないものは見えない
- コーチングスキル,5つの力を養え
- リスクの見きわめ,5つの視点で捉えよ

- 左脳だけで推進するな．人は右脳で動くもの

付表1 品質創造・設定プロセスの役割と重点活動

機能	役割	重点活動
1) 市場／顧客の調査／研究機能	1) 品質保証の対象となる顧客の設定 2) 顧客の要求／要望／期待の整理（潜在する要求／要望／期待の顕在化） 3) 顧客に生じる価値の明確化	1) 設定された顧客に関する情報収集について PDCA を回す． 2) 事業の特徴に合った必要項目／入出力フォーマットを規定し，調査の出力を保証する． 3) 顧客の欲するモノ／コト，顧客の抱えている問題点／課題などを正しく把握する． 4) 収集した情報を集約／整理し，必要な部門に速やかに伝達する． 5) 得られた情報を活用可能な形に変換／蓄積する． 6) 顧客／市場の研究により顧客価値の構造を解明する．
2) 品質企画機能	1) 顧客の層別と層ごとの要求／要望／期待の企画品質への変換 2) 各層の顧客に生じる価値の明確化（製品／サービスによって具現化する価値） 3) 提供する価値と顧客が投下するコストとのバランス保証 4) 顧客期待価値を確実に提供するための品質保証設計	1) 顧客情報／市場情報の分析から顧客の要求／要望／期待を把握／提供する．製品／サービスによって顧客が得る価値を明らかにする． 2) 上記の結果を基に顧客をいくつかの層に層別する． 3) 顧客が得る価値と顧客が支払うトータルコスト（代価＋運転コスト＋処分コスト）との収支経済計算を行い，各層の顧客が獲得する総合メリットを求める． 4) 各層別の顧客要求品質を具現化した企画品質を定め，可能な限り数値化する． 5) 自社の実力（技術力／工程能力／販売力など）をベースに製品による実現可能性を評価するとともに，実現困難な部分を製品以外の手段（サービス）で補完する方法を検討する． 6) 顧客価値を生み出す手段としての製品／サービスをどう各層の顧客に保証していくのか，その方法を各層ごとに定める 7) 上記事項を整理／意思決定した上で，商品企画書／サービス企画

機能	役割	重点活動
2) 品質企画機能		書に盛り込む. 8) 製品／サービスに盛り込めない顧客要求／要望／期待について，その将来的具現化を図るための先行的な研究テーマを設定する. 9) 顧客の期待する価値を確実に提供していくための品質保証プロセス(ステップ／活動／組織運営のしくみ／仕方など)を特定する.

付表2　品質実現プロセスの役割と重点活動

機能	役割	重点活動
1) 品質設計機能	1) 企画品質の設計品質への変換	1) 顧客の要求／要望／期待ならびに諸処の制約条件を同時かつ効果的／効率的に具現化し得る合理的解を求め，技術の言葉(品質要素／品質特性など)に変換するとともに，その到達すべきねらい値(設計目標)を設定する. 2) 設定された設計目標を実体としてのモノまたはサービスへ効果的／効率的に具象化し得る合理的解を求め，その結果を設計情報(図面／仕様書など)として設計品質に変換する. 3) 変換品質の妥当性検証において望ましい結果が得られれば次のステージに進み，そうでなければ，望ましい結果が得られるまで，1), 2)を繰り返す. 4) 望ましい結果を得るために行ったすべての処置／改善／変更について，それらの影響評価を行い，影響の高いものについては，その影響を除去／緩和するための手立てを事前に進める.
2) 製造準備機能	1) 設計品質の製造品質への変換準備	1) 設計品質を具体的なモノまたはサービスとして，必要な量／時期を確保しつつ，効果的／効率的に生産し得る合理的解を求め，その

機能	役割	重点活動
2) 製造準備機能		結果を製造情報（工程／仕様書／5M／製造規格など）に変換し，モノづくりプロセスを設計する． 2) モノづくりプロセスによって規定された工程および5Mを事前に準備する．特に，設備／治具／資材／人の手配は十分なリードタイムを確保する． 3) 変換品質の妥当性検証において望ましい結果が得られれば次のステージに進み，そうでなければ，望ましい結果が得られるまで，1)，2)を繰り返す． 4) 望ましい結果を得るために行ったすべての処置／改善／変更について，それらの影響評価を行い，影響の高いものについては，その影響を除去／緩和するための手立てを事前に進める．
3) 購買外注機能	1) 設計仕様／製造仕様／検査仕様に合致した納入品質の確保	1) 購入物の質的（仕様／価格）／量的（納期／数量）要求を確認し，その要求を満足し，かつそれらが将来にわたって継続／安定して確保可能となるよう供給先の開拓／評価，および指導／育成を行う． 2) 購入物の受入れにあたって，そのQCDレベルを評価／検査し，上記要求が満足していることを確認する．望ましい結果が得られない場合は，1)に戻る． 3) 望ましい結果を得るために行ったすべての処置／改善／変更について，それらの影響評価を行い，影響の高いものについては，その影響を除去／緩和するための手立てを事前に進める．
4) 製造機能	1) 設計品質の製造品質への変換と維持	1) 構築されたモノづくりプロセスを運用し，あらかじめ計画された量的規模（納期／数量）と質的基準（品質／コスト）を満足する生産を継続／安定して行う． 2) 生産されたものが上記基準のす

付　表

機能	役割	重点活動
4) 製造機能		べてを満足しているか評価／確認し，基準を満たさないものを後工程に流出させない． 3) さまざまな変化／変更に対し，要求される QCD レベルが常に安定して生み出せるようモノづくりプロセスを維持／改善する．
5) 変換品質の評価機能	1) 設計品質の妥当性検証 2) 製造品質の妥当性検証	1) 設定した設計目標および設計品質の妥当性をさまざまな角度／方法にて評価することにより，顕在／潜在する問題／課題を発見／発掘／抽出する． 2) 発見／発掘／抽出された問題／課題を指摘し，その改善をフォロー／支援するとともに，その妥当性を具象化したモノ（試作品）や模擬試験（シミュレーション）で検証／評価する． 3) モノづくりプロセスから生み出されるモノ／サービスが，平均／バラツキの両面からあらかじめ定められた量的規模（納期・数量）や質的基準（品質・コスト）を満足し，かつ将来的にも安定／持続し得るプロセスになっているか評価する．

付表3　品質提供プロセスの役割と重点活動

機能	役割	重点活動
1) 物流(梱包／輸送／保管)機能	1) 製造品質の維持と顧客への引渡し	1) デリバリーに関する顧客の要求／要望／期待を把握する． 2) 上記要求を満足するための量管理体制を構築する（需要予測，販売量／生産量／在庫の管理）． 3) 流通プロセスでの品質維持／劣化防止を進める． 4) 工場出荷後の製品トレーサビリティを確保する． 5) 工場出荷後の品質不適合発生時，適宜対応する．

機能	役割	重点活動
2) 販売／サービス機能	1) 総合品質提供による顧客満足の獲得	1) 販売／サービスに関する顧客の要求／要望／期待を把握する． 2) 上記要求を満足するための販売／サービス管理体制を構築する． 3) 顧客期待期間中での品質機能の発揮，稼働率の保証(保守／点検／修理)を進める． 4) 販売から製品廃棄までの製品トレーサビリティを確保する． 5) 販売後の品質不適合発生に対し，適切に対応する． 6) 顧客への情報提供，教育／コンサルティングを行う． 7) 市場品質情報を収集／伝達する． 8) 顧客が享受している価値をモニタリングし，顧客期待とのギャップがあれば必要な解決策をスピーディーに講じる．

付表4 評価／監査／検査の役割と重点活動

(1) 品質評価

機能	役割	重点活動
1) 企画品質の評価	1) 顧客の要求／要望／期待が正しく企画品質に展開されていることを保証する．	本文中の(1)の①〜④に準ずる．
2) 設計品質の評価	1) 企画品質が正しく設計品質に展開されていることを保証する．	本文中の(1)の①〜④に準ずる．
3) 製造品質の評価	1) 設計品質が正しく製造品質に展開されていることを保証する．	本文中の(1)の①〜④に準ずる．
4) 初期市場品質の評価	1) 発売後の初期製造品質が顧客の要求／要望／期待に適合していることを保証する．	1) 新製品の開発ランクによって初期流動管理実施中の品質と初期流動管理完了後の品質に区分けし，それぞれの品質を評価する． 2) 初期製造品質だけでなくサービスを含めた総合提供品質の顧客要求合致性，さらに企画から販売ま

付　表

機能	役割	重点活動
4) 初期市場品質の評価		での作り込み／提供プロセスの妥当性を含む総合品質評価を行う． 3) 社外調達物品の受入品質，製造品質，販売品質，サービス品質といった総合品質の評価とともに，量／納期(D)，コスト(C) など，品質以外の指標に関する目的達成度や要求合致性も合せて行う．
5) 社内現流品質の評価	1) 社内現流品が規定の製造品質を保持しているかどうか確認することにより，製品および品質システムの課題を見付け，品質保証活動の改善につなげる．	1) 工場内にある完成品および流通プロセスにある在庫品を適宜抜き取り，それらが規定の製造品質を保持しているか評価／確認する． 2) 評価結果に基づき，製品およびそれを作り込んでいる品質保証活動や品質システムの問題点／課題を発見する． 3) 発見した問題点／課題を品質情報ルートに乗せて必要な組織に伝達する．
6) 自社流通品質／他社流通品質の評価	1) サービスを含む顧客への総合提供品質が顧客の要求／要望／期待に適合しているか，顧客価値を正しく生み出しているか確認することにより，製品および品質システムの課題を見付け，品質保証活動の改善につなげる．	1) 市場に流通している製品およびサービス活動に対して，適宜，顧客の反応(満足度／クレームなど) を収集／分析し，評価する． 2) 競合他社の製品や提供しているサービスについても同様の評価を行い，自組織との比較を行う． 3) それを作り込んでいる品質保証活動や品質システムの問題点／課題を発見する． 4) 発見した問題点／課題を品質情報ルートに乗せて必要な組織に伝達する．

(2) 品質監査

機能	役割	重点活動
1) 品質の監査	1) 監査対象の製品品質があらかじめ定めた監査基準(可能な限り顧客の立場に立った客観的基準) に適合しているか判定することに	1) 市場調査／顧客調査などにより製品に対する顧客の要求／要望を明らかにするとともに市場における製品の使われ方／使用環境条件なども明確化する．

機能	役割	重点活動
1) 品質の監査	より問題点の顕在化と品質改善を促進する.	2) 上記活動によって得られた情報をもとに，製品を監査するための基準(監査項目／監査方法／監査水準など)を設定する. 3) 上記の監査基準に基づく製品監査が正しく実施できるよう監査員の力量評価ならびに教育／訓練による力量向上，監査環境／設備／計測機器などの充実を図る. 4) 監査計画を定め無理のない監査を実施する. 5) 監査結果を所定の様式にまとめ，必要部門に報告するとともに，その後のフォローを確実に行い，製品品質の改善を促進する. 6) 監査見逃しなどを反省し，監査基準の見直しなどの改善を適宜進める.
2) 品質システム／品質保証活動の監査	1) 監査対象の品質システムあるいは品質保証活動があらかじめ定めた監査基準(可能な限り顧客の立場に立った客観的基準)に適合しているか判定することにより問題点の顕在化と品質改善を促進する.	1) 当該組織自らが行う自主監査(内部監査を含む)，当該組織以外の組織が行う第二者監査，自組織以外の準公的機関によって行われる第三者監査とがあり，運営としてはそれぞれ別個に取り扱うが，活動自体は全体の整合性を持たせて計画／運営していく. 2) 自主監査を先行させ，それをベースとした活動とする. 3) 第二者監査は対象組織とは独立した監査部門などが中心となって企画／運営する. 4) 第二者監査はローリング方式を前提として計画的に実施し，PDCA が確実に回るよう運営する. 5) 第三者監査として ISO 9001 の認証登録／維持審査／更新審査に基づく QA システム監査を行う場合は，自主監査を含む他の監査活動との整合化を促進し，その有効活用を計画的に進める.

付　表

(3) 検査

機能	役割	重点活動
1) 個々の品物の検査（全数検査）	1) 個々の品物（製品／部品）の品質があらかじめ定めた検査基準に適合しているか判定することにより良品として判定された品物が検査適合品であることを保証する．	1) 全数検査が前提となるので，なぜ抜取検査ではいけないのか，その理由／背景を明確にする． 2) 測定によって品物の品質が変化しないことを確認する．品物の品質変化が避けられない場合は，非破壊検査など間接的な測定方法を検討するか，あるいは抜取検査への切換えを検討する． 3) 測定誤差ならびに測定の過誤（虚報／見逃し）を実験などによって求め，検査の目的から見て合理的な低い値に維持されていることを確認する．改善が必要なレベルであれば，検査実施に先立って測定法などの改善を事前に進める． 4) 検査対象品の総量と検査にかける工数とがバランスしていることを確認する．
2) ロットの検査（抜取検査）	1) 複数個の製品／部品で構成される集団としての品質（ロット品質）があらかじめ定めた検査基準に適合しているか判定することにより検査合格となったロット品質が一定水準以上にあることを保証する．	1) 一般に抜き取りによるサンプリング検査となるので，統計的方法によって合理的に設定された抜取検査方式をベースとする． 2) 多くの場合，JIS Z 9002～9015などにて規定されている「抜取検査の通則」に従うとよい． 3) JISと異なる基準を用いる場合は，その理由ならびに統計的根拠を明示しておく．
3) 工程の検査	1) 品質を作り込む工程があらかじめ定めた検査基準に適合しているか判定することにより，検査合格となった工程が一定水準以上の品質を作り込む能力があることを保証する．	1) 付表4の(2)品質監査の機能2)で述べた品質システム／品質保証活動の監査を前提とし，その活動結果をベースとして工程の合否判定を行う．工程の検査も基本的にサンプリング検査となるため原則としてJISで規定する「抜取検査の通則」に準拠する．

付表 5　計測管理の役割と重点活動

機能	役割	重点活動
1) 計測管理	1) 計測に関する4M（Man：測定者の力量＝計測能力／技術，官能／感性特性の測定など，Machine：計測機器，Method：計測方法／条件／環境など，Material は計測対象）を管理する（SDCAのサイクルを回す）ことにより精度／確度の高い計測を保証する．	1) 品質保証活動で使用されているすべての品質特性を調査し，一覧表に整理する． 2) 個々の品質特性に対して4Mを設定する． 3) 設定された4Mの元で計測による誤差を実験的に求め，その大きさを評価する． 4) 計測誤差が識別能力を持たない場合は4Mの改善を進める． 5) 各品質特性に対して計測の4Mが確定したら，それを標準化するとともに，その周知徹底と測定者に対する教育／訓練を行う． 6) 定期的に計測データ，計測の4M（Man, Machine, Material, Method）をチェックし，規定のレベルにあるかどうか評価し，不適合があればその是正措置を取る．

付表 6　環境性管理の役割と重点活動

機能	役割	重点活動
1) 環境性管理	1) CSR（企業の社会的責任）の観点から優先的に進めるべき活動であり，地球環境保全を前提とした上で顧客要求機能とのバランスをどう取るかを組織活動のしくみとして規定していく．	1) 製品への環境性作り込み ・環境適合／環境配慮設計（環境目標の設定を含む） ・環境アセスメントによる環境性保証 ・環境法規対応（各国の法令順守） ・環境性不適合の未然防止と予測／予防活動 ・環境性試験／評価 2) 環境性の維持管理 ・製造プロセスにおける環境性の維持／確保 ・市場プロセスにおける環境性の維持／確保 3) 環境性改善活動 4) 環境性不適合への対応と再発防止活動

付　表

機能	役割	重点活動
1) 環境性管理		・品質トラブルへの対応 ・確実な再発防止（組織としての PDCA サイクルの回転） 5) プロセス横断的環境性保証 ・国内外の環境法規制類（RoHS／WEEE／REACH など）の順守，環境マネジメントシステム（ISO 規格）の要求事項対応など，地球環境保全を目指した社会的要求事項に関する情報収集とその基準に合った環境性保証 ・グリーン調達ガイドライン，製品環境アセスメント，WEEE 適合設計など環境規則に準拠した活動

付表7　初期流動管理の役割と重点活動

機能	役割	重点活動
1) 初期流動管理	1) 新製品立上げ時や製造プロセスの大幅変更など，3H（初めて／変化／久しぶり）の初期流動段階において，定常とは異なる特別な組織体制を敷き，PDCA の回転スピードを高めた総合管理活動を展開することによって，組織内および市場における製品の不具合や管理体制の欠陥などを早期発見／顕在化するとともに，それらに対する応急処置や恒久対策を早期に図り，初期流動品とそれを生み出す品質保証プロセスの早期安定化を図る．	1) 初期流動管理の対象となる製品や品質保証プロセスの特徴，3H のどれによる初期流動かを明確化し，その管理に必要な管理項目（管理点／点検点）を設定する． 2) 各管理項目について目標値を定め，チェックの方法／頻度／異常判定基準／異常時処理体制など特別管理を進めるための管理のしくみと組織的運営体制を整備する． 3) スピーディーな PDCA が回るよう情報の管理（収集／集約／解析／伝達）と意思決定プロセスの整合化を図る． 4) 発見した製品またはシステムの不具合／不適合／欠陥などは，必要な部門にフィードバックし，集計／解析／対策立案（応急／恒久）／決定／処置のステップを確実かつタイミングよく進める．

付表8　設備管理の役割と重点活動

機能	役割	重点活動
1）　設備管理	1）　製造プロセスの中で用いられるすべての設備（機械設備／組立設備／検査設備／治工具／建屋／電気設備／搬送設備／倉庫など）について，それらが保有する固有の能力を確実に発揮するとともに，必要な期間，安定して稼動する（あるいは故障しても製造に支障をきたさない範囲で確実に復帰する）ことを保証し，設備に起因するトラブルを未然に防止して製造プロセスのQCDMSEを確実に達成し得るよう，その選定／設置／保全／廃棄といった設備のライフサイクルを管理する．	1）　設備に求められる要求仕様を明確化し，信頼性／保全性／安全性／操作性／経済性／工程能力などの面からの検討も加えた上で設備の仕様を設定する． 2）　設備を専門メーカーから購入する場合は，複数のメーカー／機種を候補とし，メーカーの信用度／能力／サービスといった基本評価を前提に，上記項目に基づく機器自体の評価を行い，最も適切なメーカーと機種を選定する．必要に応じてテストランも行い，評価の1つとする． 3）　購入する機器が確定したら，契約書を締結する． 4）　検収時は，契約書に基づき，確認する．特に品質に影響する重要項目を明確にして検査する． 5）　治工具など社内で製作する設備も，同様の観点から評価し，評価結果を元に必要な改善措置を事前に取る． 6）　大型設備の場合は，製造プロセスの大幅変更と同様の意味合いを持つため，初期流動管理のステップに基づき，設備導入に関する初期流動管理を確実に実施する． 7）　導入後の設備保全については，製造プロセスや当該設備の特徴を考慮し，事後保全か事前保全かを含めた保全計画を立案し，それに沿った保全活動を進める． 8）　設備の取替／廃棄も，製造プロセスや当該設備の特徴を考慮し，どのようなサイクルで検討するか計画（中期／短期）を立てて進める．

付表9　物流(量)管理の役割と重点活動

機能	役割	重点活動
1) 物流(量)管理	1) 製品の購入から廃棄に至る全プロセスにおいて，顧客が獲得する生涯価値を最大化し，かつ負担する生涯コストや環境負荷／安全リスクを最小化すべくモノの供給とその情報に関する量とタイミングの最適化を図る．	1) 顧客が求める量／納期の保証 2) 物流プロセスでの品質劣化防止 3) 品質システムを補完する量／納期の管理

付表10　アウトソーシングの役割と重点活動

機能	役割	重点活動
1) アウトソーシング	1) モノづくりプロセスの一部またはすべてを外部に委託しても，当該組織内で実施しているのと同等の品質保証を確保する．	1) アウトソースする目的／内容を明確化する(業務／アウトプット／納期／コストなど)． 2) 相手のQCD達成能力を調査し，こちらの要求が確実に達成できる組織かどうか評価する．特に品質の達成能力(工程能力，品質保証／品質管理体制など)をチェックする． 3) 組織から支給するもの／相手から受け入れるものについて，質的(書類・データ・材料・要求仕様・価格)／量的(納期・数量など)の面から明確化する． 4) 受入時の取決めを明確化する(検査・検収の項目／方法／基準など)．必要に応じ，アウトプットを生み出すプロセスについての指示／要求も明確化する．なお，自社ブランドが付与される場合は，ブランド価値を維持するため当該組織で定めるすべてのルールを適用することが望ましい． 5) 取引期間中，活動プロセスのチェックを定期的に行う． 6) 相手からのアウトプット(部品／製品／ソフト／サービスなど)受入れにあたっては，そのQCDレ

機能	役割	重点活動
1) アウトソーシング		ベルを評価／検査し，上記要求が満足していることを確認する．アウトプットだけでなく，それを生み出すプロセスについても，当該組織がその方法を指定する場合は，その実施状況の証しを合せて求める． 7) 上記要求を満足し，かつそれらが目的とする期間，安定して確保可能となるよう相手先とのコミュニケーション，必要な指導／育成を進める． 8) 以上をすべて明確化し，相手との意思疎通／合意を図った上で，品質に関する保証契約を締結する（品質保証責任の範囲と区分，順守すべき活動，保証期間，補償／決済の方法，クレーム処理／対応，PL対応，部品供給，技術対応など）．

付表 11 教育／訓練の役割と重点活動

機能	役割	重点活動
1) 教育／訓練	1) 品質保証システムを有機的に運用するため，それに求められる人の能力／力量や意欲／精神の維持／向上を目指した教育／訓練のしくみ，ならびに体系を整備し，その運用を図る．	1) 品質保証機能を果たすために，必要となる組織能力を求め，その組織で活動する人の能力／力量を規定し，それを育成するための教育／訓練体系／教育／訓練基本計画を整備する． 2) 各組織における現状の保有能力と求められる能力／力量とを比較評価し，能力ギャップを改善するための教育／訓練実施計画を作成し実行する． 3) 実施結果をフォローし，定期的なモニタリングを行い，教育／訓練体系や教育／訓練計画に反映する．

おわりに

　企業組織における TQM の推進にはさまざまな問題／課題が山積し，それぞれ明快な対応が求められている．この場合，どういう考え方でこれらの問題／課題に立ち向かえばいいのか．その答えは，決してユニークでは与えられない．しかし原則はある．それはやはり，我々のフィールドである「TQM の基本原理に立ち返る」ということではないかと思っている．つまり，TQM は品と質を管理する手段であり，各組織の実践する TQM は必ずしも同じものにはならず，その組織の体質／風土／環境に適した独自の TQM を地道に仕上げていくもの(our TQM for our way)という考え方である．結局は自分たちで悩み，創造していくしかないということである．他社がやっている TQM をそのままモノマネし，一般的 TQM の横展開だけしていたのでは，真にその組織に役立つ TQM には決してならないということを肝に銘ずるべきであろう．

　最後に，TQM 実施にあたっての気になる点，実施していくと必ずと言ってよいほど，疑問になる点，よく質問を受ける項目，そういったものを以下に列記しておく．

　紙幅の都合で，それぞれに対する解説は掲載できないが，これらの質問に対してキチンとした回答ができるぐらいのレベルをぜひ目指していただきたい．

　ただし，ここで言う回答とは，何も一般論としての回答ではなく，「我が社／我が組織としてはこう考えている」，「こう捉えている」，「こう定義している」といった回答でよい．それがその会社／組織の TQM なのだから…．

- 維持／改善／改革／創造の違いは

おわりに

- 問題か課題か
- 解析的アプローチと設計的アプローチの進め方の違いは
- 標準化と創造性の関係は
- 教育訓練と小集団活動／QC サークル活動の関係は
- 固有技術と管理技術の関係は
- データ（事実）と KKD（カン／経験／度胸）の関係は
- What／How／Why をどう追究するか
- あるべき姿かありたい姿か
- ニーズ／ウォンツの反映先は
- 真のお客は誰か
- CS／ES／SS，どれを優先するか
- 当り前品質と魅力品質の違いは
- Win-Win の実現法は
- OJT と OFF JT は別物か
- 品質第一か利益第一か
- 品質か質か
- 日常管理／方針管理／品質経営／ビジョン経営／経営戦略の関係は
- 部門別管理と機能別管理の関係は
- 新製品開発／新規事業開発の進め方はどうあるべきか
- QCD のバランスの取り方は　など

では，みなさんの取り組む TQM が，みなさんの会社や組織の役に立つことを祈念しつつ，本書のまとめとさせていただきます．

2014 年 1 月吉日
"木枯しの音を聞きながら" と初校の段階では書いていたのに，今はなぜか
"霜柱を踏む音を聞きながら" に変わってしまいました

光 藤 義 郎

参考文献

1) 石川　馨(1984)：『日本的品質管理』，日科技連出版社．
2) 池澤辰夫(1981)：『品質管理べからず集』，日科技連出版社．
3) 日本品質管理学会編(2008)：『新版　品質保証ガイドブック』，日科技連出版社．
4) 吉澤　正編著(2004)：『クォリティマネジメント用語辞典』，日本規格協会．
5) 吉川英夫，光藤義郎(1991)：『QC 手法の活かし方』，日科技連出版社．
6) 狩野紀昭編著(1997)：『現状打破・創造への道』，日科技連出版社．
7) 狩野紀昭編著(1999)：『QC サークルのための課題達成型 QC ストーリー　改訂第 3 版』，日科技連出版社．
8) QC サークル誌編集委員会編(2002)：品質月間テキスト No.313『職場の改善－お客様が起点です－』，光藤執筆部分，品質月間委員会．
9) 飯田修平編集(2010)：『新版　医療安全管理テキスト』，光藤義郎執筆部分，日本規格協会．
10) 光藤義郎編著(2005)：品質月間テキスト No.337『事務・販売・サービス分野に携わる人たちのための改善事例特選』，品質月間委員会．
11) 外島　忍(1975)：『要説品質管理』，日本規格協会．
12) 光藤義郎，他(1988)："日常管理，方針管理に関する基本的考え方とその実施例"，「日本品質管理学会第 18 回年次大会」．
13) 光藤義郎(1991)：論説"改善のアプローチとしての QC ストーリー"，『品質』，Vol.21，No.2．
14) 光藤義郎(2002)：論説"経営環境の変化と標準化"，『品質』，Vol.32，No.1．
15) 光藤義郎(2012)：論説"企業の品質教育 再考"，『品質』，Vol.42，No.2．
16) 光藤義郎，他(1987)："方針管理と日常管理"，『品質管理』，Vol.38，No.11，日本科学技術連盟．
17) 光藤義郎(1989)：論説"生産準備段階の品質保証"，『品質管理』，Vol.40，No.4，日本科学技術連盟．
18) 光藤義郎(1989)：論説"日常管理の実際"，『品質管理』，Vol.40，No.9，日本科学技術連盟．
19) 光藤義郎(2008)：論説"人の本質と品質の関係性について考える"，『クオリティマネジメント』，Vol.59，No.4，日本科学技術連盟．
20) 光藤義郎(2008)："ヒトの社会を工学する"，「Communication of WIA」，早稲田経営システム工学会．
21) "問題解決と課題達成"，「TQM セミナー部課長コース補助テキスト」(1998)，光藤義郎執筆部分，日本科学技術連盟．
22) "部課における TQM の進め方"，「TQM 入門コーステキスト」(2000)，光藤義郎執筆部分，日本科学技術連盟．

参考文献

23) "方針管理演習",「方針管理セミナー実践コース補助テキスト」(2001), 光藤義郎執筆部分, 日本科学技術連盟.
24) "品質保証体系の構築",「品質管理ベーシックコース補助テキスト」(2011), 光藤義郎執筆部分, 日本科学技術連盟.
25) "経営管理システムの構築",「品質管理ベーシックコース補助テキスト」(2013), 光藤義郎執筆部分, 日本科学技術連盟.
26) 光藤義郎監修(2013):『よくわかる製造請負・派遣ガイドブックシリーズ 品質管理編』, 日本生産技能労務協会.
27) 光藤義郎(2012):「品質保証の手引き」, JUKI(株)社内テキスト.

索　引

【数字】
1：4：4：1の原則　223
3H（初めて／変化／久しぶり）　258
5M　12, 65, 90
5W1H　65

【A-Z】
A コスト（Appraisal Cost）　86
A スケジュールタイプ　167
BPR（Business Process Re-engineering）　171
B スケジュールタイプ　167
CFT（クロスファンクショナルチーム）　21
CS／ES／SS　264
CSR　257
CS バリューチェーン　27
C から回す PDCA　30
Data based management　43
DNA 原理主義　247
ERP パッケージ　172
Error is human　34
Fact control　43
FMEA／FTA　82
For what ボーリング　28
F コスト（Failure Cost）　86
how-to 至上主義　234
Job Description　197
KKD　264
MBO（Management by Objectives）　117
OFF JT（Off the Job Training）　195
OJE（On the Job Education）　196
OJT（On the Job Training）　196
PDCA サイクル　61
PL 法　80
PL 防御　81
PL 予防　81
PM（Productive Maintenance：生産保全）　91
P コスト（Prevention Cost）　86
QA 表　64
QC 検定　189
QC サークル活動　264
QC 診断　109
QC ストーリー　37
　——的課題達成　39
　——的問題解決法　37, 38
Q コスト（Quality Cost）　86
SDCA サイクル　18
TPM 活動　91
TQC（総合的品質管理）　213
TQM　23, 60
　——指導会による推進体制強化　109
　——推進大日程計画　108
　——導入キックオフ宣言　109
VOC　63
WG（ワーキンググループ）　21
Win-Win　27, 247, 264
　——の思想　26
　——モデル　64

【あ行】
アイデア発想　41
アウトソーシング　92, 170, 199, 260
アウトプット管理グラフ　149
アウトプット保証条件確認シート　149
悪魔のささやき　242
アセスメント　82
アライアンス　105, 199
ありたい姿　155, 160
あるべき姿　155, 160
安全性　259
　——管理　62, 78
安全リスク　79
暗黙知　171
維持審査　255
異常　130
異常（状）　131
異常処置フローチャート　149
異常処理報告書（自部門発行）　149
異常対策報告書　141
異常報告制度　134
位置エネルギーの法則　227
一元管理　91
一里塚（マイルストーン）　238
一般化達成率　124
因果の連鎖　32
因果律　32, 155
インターナルコミュニケーション　66
裏の競争力　196
裏の戦力　106
影響性（influence）　209
影響評価　148
エネルギー保存の法則　227
演繹的アプローチ　118
エントロピー増大の法則　227
応急処置　65, 148
表の戦力　106

【か行】
解析的アプローチ　215, 264
解析力　156
かかるコスト　185
かけるコスト　185
過剰品質　78, 96
加速試験　83

267

索　引

課題達成型 QC ストーリー
　　　　　　　　　　　39
課題達成型思考プロセス　114
形から入る TQM　　　 241
価値の連鎖　　　　　　　18
活動実績評価書　　　　 149
ガラパゴス現象化した品質
　　　　　　　　　　　78
間隔尺度／比尺度　　　　46
環境アセスメント　　　 257
環境性管理　　 62, 257, 258
環境性試験　　　　　　 257
環境性保証　　　　　　 257
環境適合　　　　　　　 257
環境配慮設計　　　　　 257
監査（Audit）　　　　 174
慣性の法則　　　　　　 225
間接的な測定　　　　　 256
官能特性　　　　　　　　94
管理　　　　　　　　　　31
　　──技術　　　　　 264
　　──項目　　　　　 155
　　──項目一覧表　141, 149
　　──図の思想　　　　32
　　──体系　　　　　 178
　　──点　　　　　　 146
　　──のサイクル　　 147
　　──の力量　　　　 156
企画品質　　　　　　64, 68
　　──の設計品質への変換
　　　　　　　　　　　250
危険源　　　　　　　　　79
危険状態　　　　　　　　79
聞こえる化　　　　　　 238
技術力マップ　　　　　　94
期待値　　　　　　　10, 63
北風タイプ　　　　　　 233
北風と太陽　　　　　　 189
機能（ハタラキ）　　　　59
帰納的アプローチ　　　 118
機能部門型組織　　　　　19
機能別委員会　　　　　　22
機能別管理　　　　　　　54
基本業務量　　　　　　 161
ギャップ（乖離）　　　 123
脅威（リスク）　　　　 106

教育　　　　　　　　　 193
　　──体系　　　　 94, 178
教育／訓練　　　　　　　62
　　──計画　　　　　　93
教育効果半減期 3 カ月の法
　則　　　　　　　　　 190
共感性　　　　　　　　 121
協業／共創　　　　　　 105
共通インフラ要素　　　 102
強度限界／故障メカニズ
　ム／故障原因　　　　　85
業務遂行チェックシート　149
業務トラブル報告書（他部
　門発行）　　　　　　 149
業務の監査　　　　　　　69
業務標準／作業標準／管理
　標準　　　　　　　　 149
業務負荷量　　　　 117, 162
業務フロー　　　　　　　17
　　──チャート　　　 149
業務分掌　　　 117, 142, 149
許容可能な程度　　　　　79
金太郎アメの方針　　　 161
偶然の必然化　　　　　 247
偶発故障型　　　　　　　75
グリーン調達ガイドライン
　　　　　　　　　　　258
クレーム　　　　　　　　73
　　──処理　　　　　　21
グローバルスタンダード
　　　　　　　　　　　172
クロスファンクショナルな
　活動　　　　　　　　　19
訓練　　　　　　　　　 193
経営ビジョン　　　　　 111
傾向管理　　　　　　　　91
計測管理　　　　　　　　62
計測誤差　　　　　　　　49
継続寿命試験　　　　　　84
継続的改善　　　　 157, 171
計測に関する 4M　　　 257
結果の重大性　　　　74, 95
限界試験　　　　　　　　83
元凶　　　　　　　　　　33
検査　　　　　　　　　　11
　　──基準　　　　　 256

　　──プロセス　　　　94
源流管理　　　　　　　　13
効果性(effectiveness)　　209
恒久処置　　　　　　　　65
更新審査　　　　　　　 255
工程　　　　　　　　　　32
　　──FMEA　　　　　 90
　　──管理　　　　　　13
　　──能力　　　　　 259
効率性(efficiency)　　　 209
コーチングスキル　　　 247
顧客　　　　　　　　　　 6
　　──価値の構造　　 249
　　──歓喜　　　　　　66
　　──期待価値　　　 249
　　──志向　　　　　　60
　　──満足(CS : Customer
　Satisfaction)　　　　　 57
五ゲン主義　　　　　　　48
故障モード　　　　　　　85
故障予知技術　　　　　　91
個人別教育実施計画　　 189
コト語り　　　　　　　 247
コト作り　　　　　　　　66
コミットメント　　　　 121
固有技術　　　　　　　 264
固有信頼度　　　　　　　82
コラボレーション　　　 200
コンプライアンス　　　　80
コンプレイン　　　　　　73
梱包設計　　　　　　　　91
根本原因対策　　　　　　95

【さ行】
サービスマニュアル　　　84
再現実験　　　　　　　　85
最弱リンクモデル　　　 227
再発防止　　　　　　33, 148
作業管理　　　　　　　　12
作業標準　　　　　　　　93
参加(involve)　　　　 56, 121
参画(participate)　　 56, 121
三現主義　　　　　　　　47
残存安全リスク　　　　　79
賛同(commitment)　　 56, 121
サンプリング誤差　　　　49

索　引

サンプル	48	情報伝達	64	製品欠陥	80
時間的な序列	115	情報変換	64	製品事故	78, 79
識別能力	257	情報履歴	71	製品トレーサビリティ	
試験	82	初期故障型	75		92, 253
——プロセス	93	初期市場品質	68	製品の使われ方	85
自工程完結（自律型品質保証）	69	初期流動管理	62, 89, 253, 258, 259	積極的参画	60
事後保全	84, 259	処置限界	127	設計情報	250
事実による管理	43	初動ランク	74	設計信頼性	82
自主監査	255	ジョブセグメント	170	設計的アプローチ	264
システム	32	初物管理	87, 89	設計品質	68
——志向	32	進化論	198	設備カルテ	91
——的アプローチ	216	——モデル	247	設備管理	90, 259
——デザイン	40	人材	186	設備保全	91, 259
自責要因	133	人財	186	全員参加	182
事前期待	10	——育成ロードマップ	189	潜在期待価値	63
事前保全	259	診断	167	戦術	104, 155
質	24	信頼性	259	センシング	88
実施計画／進度チェック表	141	——管理	62	全数検査	256
質的基準	252	——試験	82	全体最適	50
自働き	162, 164	——設計	82	全体バランス	52
自前主義	199	——ブロック図	82	線の改善	157
社会的責任（CSR：Corporate Social Responsibility）	61	信頼性／保全性	9	全部門参加	182
社外品質トラブル	73	信頼と信用	163, 227	専門化（Specialization）	170
社内資格制度	189	推進期	212	戦略	104, 155
社内品質トラブル	73	推進者会議	110	戦力	106
従業員満足（ES：Employee Satisfaction）	57	推進阻害要因（推進の壁）	232	総合管理体制	178
習熟性	93	水平展開	34	総合的人財育成経営（THDM）	202
重点管理	152	スクリーニング	83	総合品質評価	254
重点志向	43	ステアリング	240	総合メリット	249
重点問題点一覧表	139, 149	ストックポイント	92	相互補完関係	118
重要度ランク	72	スパイラルアップ	30	創造性	264
重要品質トラブル報告書	95	性悪説	179, 193, 200, 243	相対性原理	227, 242
主管責任	151	成果主義	234	層別	46
出荷停止	95	性弱説	201, 243	双方向コミュニケーション	80, 239
寿命試験	83	正常(状)	131	測定誤差	256
需要予測精度	91	性善説	179, 193, 200, 243	測定の過誤（虚報／見逃し）	256
順序／順位尺度	46	製造情報	251	組織間分担	142
使用環境条件	85	製造停止	95	組織体系	178
常識の壁	220	製造品質	68, 250	組織内分担	142
小集団活動	53, 264	製造物責任（PL：Product Liability）	79, 80	組織能力	261
消費者保護法	81	正の資産	187	組織のカベ	27
情報収集	148	正の人財	187	組織保存の法則	227
				外出し	199

269

索　引

【た行】

第Ⅰ種の過誤	129
第Ⅱ種の過誤	129
対岸の火事	34
大義名分	105
体系図	18
第三者監査	255
ダイナミックプランニング（逐次変更型計画法）	125
第二次 TQM 推進計画への移行	109
第二者監査	255
タイムラグ	115
太陽タイプ	233
宝の山	247
他山の石	34
他責への逃避	159, 246
脱自前主義	199
タテマエとホンネ	221
他力本願	159
単純化（Simplification）	170
中間管理職	53
突き止め得る原因	131
定性モデル	247
定着期	212
定点観測	68, 85
データ	43
デミングサイクル	14, 15
デミング賞	200
――への挑戦	109
点検点	146
点の改善	157
動機付け	204
同時性	64
導入期	212
登録テーマカルテ	141
トータルコスト	249
特別管理体制	134, 160
トップ診断	167
トップダウン	53, 119
ドメイン	105
取りにいく情報	71
鳥の眼	50, 92
トレーサビリティ	71, 90
トレーシング	88
トレードオフ	129
――化	78
トンネル型方針	161

【な行】

中だるみ	244
なぜなぜボーリング	33
納得性	121, 237
納得と共感	219
日常管理	103, 111, 141
日常業務	157
人間性尊重	57
――の経営	182
人間の器	247
認証登録	255
抜取検査	256
――の通則	256
能力の構造化	192
能力／力量	261

【は行】

入ってくる情報	70
入ってこない品質情報	71
ハイブリッドな教育／訓練	200
旗方式	113
場と脚本	163
バラツキの管理	45
張り子のトラ	216
バリューチェーン	18
パレートの原則	43
判断の誤り	50
販売停止	95
販売前／販売時／販売後の品質保証	94
人重視	57
非破壊検査	256
ヒューマンエラー	171
ヒューマンマシンシステム	171
評価／監査／検査	62, 68
評価基準	68
評価項目	68
評価／絞込み	41
評価方法	68
氷山の一角	35
標準化（Standardization）	41, 170
標準作業	93
――先行主義	235
標準に基づく管理	169
標準の設定と徹底	169
標本	48
品	24
品質改善プロセス	66
品質監査	21
品質企画	13
品質機能展開	67
品質コストによる管理	62
品質実現プロセス	64
品質賞	201
品質情報管理	62, 70
品質製造	64
品質設計	13, 64
品質戦略	105
品質創造	63
――・設定プロセス	63
品質第一	24
品質提供プロセス	65
品質トラブル（広義）	73
品質トラブル経過反省表	95
品質トラブル処理	94
品質トラブル処理／品質改善	62
品質の「具現化」	64
品質不具合	73
品質不適合	73
品質補償	6
品質保証委員会	22
品質保証設計	249
品質保証組織機能図	67
品質保証体系	67
――図	67
ファンクショナルな組織	19
フィードバックルート	65
フィードフォワードルート	65
不易流行	198
不確定性原理	227
節づくり	233, 237
節目	201

索引

物流(量)管理	91	——の推測	50	問題解決型思考プロセス	
負の資産	187	保守マニュアル	84		113
負の人財	187	保証	7	問題点取組(問題点対策完	
部品の互換性	85	——契約	261	了)報告書	95
部門別管理	53, 54	保全性	81, 259	**【や行】**	
ブランド価値	260	保全方式	84	大和魂的管理	162
ブレークダウン	112	ボトムアップ	53, 119	大和魂的方針管理	117
プロジェクト	116	本質的な安全設計	79	やらされ感	162, 204
プロセス別品質保証機能		ホンネでやる TQM	230	幽体離脱	247
	61	ボンヤリモノの誤り	50	揺さぶり	233
プロダクトアウトの思想		**【ま行】**		ゆでガエル現象	245
	26	マーケットイン	60, 199	要素別品質保証機能	61
文書化によらない業務の標		——の思想	26	ヨコ展開	34
準化	172	マイルストーン	189	予測トラブル評価シート	
ベストプラクティス	234	マニュアル	170	(FMEA シート)	149
変化	87	磨耗故障型	75	予測予防	34, 65, 148
——点	87	慢性問題	245	——活動	79, 82
——点管理	62, 87	マンネリ打破	237	予防措置	148
——点管理シート	149	見える化	18, 155, 238	予防保全	84
変化点／変更点	85	未然防止	33, 79, 82, 148	**【ら行】**	
変換品質の妥当性検証	250	ミッション	111	リードタイム	91
変更	87	ミドルの役割	161	力量向上	255
——管理	65, 88, 149	魅力品質	264	リコール	95
——ランク	74	虫の眼	50	リスクアセスメント	75, 78
ベンチマーキング	234	名義尺度	46	リスク評価	75
方策項目	112	メルクマール	189	立体の構築	160
方策実施計画進度チェック		面の改善	157	量管理	91
表	127	模擬試験(シミュレーショ		両手モデル	117, 247
方策達成度	124	ン)	252	レビュー	82
方策展開表	141	目的志向	28	ロイヤルカスタマー	66
望小特性	124	目的喪失病	234	ローリング方式	255
方針管理	53, 54, 111	目的のなぜなぜボーリング		ロット品質	256
方針実績評価書	141		28	**【わ行】**	
方針実績報告書	141	目標管理グラフ	127, 141	悪さ加減の追究	231
方針書	139	目標項目	111		
方針による管理		目標実績差異	128		
(Management by Policy)		目標達成度	124		
	166	目標値	111		
方針の管理(Policy		目標展開表	141		
Management)	166	モニタリング	88		
方針のスリ合せ	118	モノ語り	247		
望大特性	124	モノ／コト	249		
保守・点検	85	モノマネ体質	234		
母集団	49	問題意識	36		
——とサンプル	32, 123				
——とサンプルの考え方					

271

【著者紹介】

光藤義郎 (みつふじ よしろう)(1952年生まれ)

現　職　文化学園大学　特任教授
学　歴　1976年3月　早稲田大学理工学部工業経営学科卒業
　　　　1978年3月　早稲田大学大学院理工学研究科修了
職　歴　1978年4月　東京重機工業株式会社(現 JUKI)入社．TQM 推進／品質保証／新事業企画／経営企画／技術企画，米国駐在．技術統括部長，品質統括部長等を歴任後定年退職
　　　　2013年4月　文化学園大学特任教授就任，現在に至る
教職歴　1989年～1991年　東京理科大学非常勤講師(米国駐在のため終了)
学会／団体等の活動(現在)
　　　　デミング賞審査委員
　　　　品質月間委員会副委員長
　　　　QC 検定運営委員会委員
　　　　(一社)日本品質管理学会理事　　など
著書等　『TQC 用語辞典』1985，日本規格協会(分担執筆)
　　　　『営業の QC 事例集』1986，日科技連出版社(共著)　日経品質管理文献賞
　　　　『品質展開活用の実際』1988，日本規格協会(共著)
　　　　『Quality Function Deployment』1990，Productivity Press(Translation)
　　　　『QC 手法の活かし方』1991，日科技連出版社(共著)
　　　　『現状打破・創造への道』1997，日科技連出版社(共著)　日経品質管理文献賞
　　　　『QC サークルのための課題達成型 QC ストーリー　改訂第3版』1999，日科技連出版社(共著)
　　　　『医療の質向上への革新』2005，日科技連出版社(一部執筆)　日経品質管理文献賞
　　　　『顧客価値創造ハンドブック』2004，日科技連出版社(一部執筆)
　　　　『医療の質用語事典』2005，日本規格協会(一部執筆)　日経品質管理文献賞
　　　　『新編　品質保証ガイドブック』2009，日科技連出版社(編集副委員長，分担執筆)　日経品質管理文献賞
　　　　『新版　医療安全管理テキスト』2010，日本規格協会(分担執筆)
　　　　『医療の TQM 七つ道具』2012，日本規格協会(分担執筆)
　　　　その他論文／論説多数

TQMの考え方とその推進

2014年2月22日　第1刷発行
2024年3月15日　第4刷発行

著　者　光　藤　義　郎
発行人　戸　羽　節　文

発行所　株式会社 日科技連出版社
〒151-0051　東京都渋谷区千駄ヶ谷5-15-5
DSビル
電　話　出版　03-5379-1244
　　　　営業　03-5379-1238

検印省略

Printed in Japan

印刷・製本　株式会社リョーワ印刷

© Yoshiro Mitsufuji 2014
ISBN 978-4-8171-9496-1
URL http://www.juse-p.co.jp/

本書の全部または一部を無断でコピー，スキャン，デジタル化などの複製をすることは著作権法上での例外を除き禁じられています．本書を代行業者等の第三者に依頼してスキャンやデジタル化することは，たとえ個人や家庭内での利用でも著作権法違反です．